JN443224

R 데이터분석 입문

정기문 · 한성실 지음

자유아카데미

머리말

통계 데이터를 분석하기 위한 프로그램으로 SAS와 SPSS는 일반적으로 널리 사용되는 통계패키지이다. 그러나 이러한 통계패키지 프로그램을 사용하기 위해서 지불해야 하는 사용료가 교육기관이나 소규모 기관 또는 개인 사용자의 경우에는 부담이 될 수밖에 없다. 이러한 이유로 인해 통계패키지가 불법적으로 사용되거나, 더 나아가서는 이를 사용할 기회조차 가질 수 없는 현실적인 문제가 존재하는 상황이다. 다행히 1992년 뉴질랜드 오클랜드 대학교 통계학과 교수인 Ross Ihaka와 Robert Gentleman에 의해 무료로 사용할 수 있는 통계분석용 프로그램인 R이 개발되었고, 통계학과를 중심으로 고비용을 부담해야 하는 통계패키지 대신에 R의 사용이 확대되고 있다는 점은 매우 다행스러운 일이다.

R 프로그램은 누구나 무료로 사용가능하고 그래픽 기능이 매우 뛰어나다는 장점이 있으나, 프로그램을 사용하기 위해서는 R 코드를 직접 입력해야 하므로 R 프로그램을 활용하여 데이터 분석을 하고자 하는 통계학 비전공 대학생과 연구자는 물론이고 통계학과 학부생 또한 이를 사용하는데 어려움을 느끼고 있는 것이 사실이다. 이러한 점 때문에 통계학 전공자 또는 비전공자들이 쉽게 접근하여 R 프로그램을 사용하지 못하고 있는 실정이므로 R 프로그램 입문자들이 이를 쉽게 활용하는데 도움을 줄 수 있는 R 데이터분석 입문 도서가 필요하다. 실제로 많은 R 데이터분석 관련 도서들이 출간되고 있으나 대부분의 도서들이 프로그래밍 부분과 데이터분석 부분의 연결성을 고려하지 않고 단순히 필요에 의해서 독립적으로 R을 소개하고 있어 R 프로그램 입문자들이 원하는 데이터분석에 이를 활용하는데 한계가 있는 것으로 보인다. 따라서 저자는 이러한 부분을 해결하기 위해서 데이터 프레임을 중심으로 한 R 교재가 필요하다는 생각을 하게 되었다.

이 책은 통계학 전공자와 비전공자들이 R 프로그램을 활용하여 데이터분석을 스스로 수행할 수 있도록 R 설치방법부터 R을 이용한 데이터 분석까지 5개의 단계로 구분하여 설명하고 있으며 각 단계별로 본문에서 설명된 R 함수를 정리한 R 함수 요약을 제시하고 있다. 특히 하나의 자료파일을 사용하여 교재의 처음부터 끝까지 설명함으로써 R 프로그램을 다루고 이를 활용하여 실제 데이터에 대하여 통계분석을 수행하고자 하는 독자들이 쉽게 응용할 수 있도록 하였으며, 다양한 유형의 예제를 통하여 직접 R 프로그램을 실행해 볼 수 있도록 하였다.

또한, R을 보다 효율적으로 사용하기 위해서 프로그래밍 언어 콜드퓨전의 개발자인 JJ Allaire에 의해 오픈 소스 통합 개발 환경(IDE)으로 개발된 RStudio의 설치 및 이를 이용하는 방법에 대해서도 자세하게 설명하고 있다. 마지막으로 독자들이 좀 더 편리하게 교재를 이용하여 R 프로그램을 사용할 수 있도록 R 함수 찾아보기와 본문에서 다루어진 Example에 대한 찾아보기를 통하여 특정 R 함수의 사용방법 및 R 프로그램 예제를 쉽게 찾아볼 수 있도록 하였다.

책을 내면서 부족하고 미흡한 점이 많이 있다고 생각되나, R 프로그램을 활용해서 데이터를 분석하고자 하는 독자들에게 조금이나마 도움이 되기를 기대하며, 미진한 부분에 대해서는 앞으로도 계속 수정해 나가고자 한다. 더불어 이 책의 출판을 도와주신 자유아카데미 여러분의 수고에 진심으로 감사를 드린다.

2024년 2월

정기문, 한성실

차 례

단계 1 R 시작하기

단계 2 데이터 만들고 다루기

단계 3 데이터 프레임 만들고 다루기

단계 5 데이터 분석하기

단계 1

R 시작하기

1. R / RStudio 설치하기
2. RStudio 사용하기

3. 변수 설정하기
4. 벡터 만들고 다루기
5. 행렬 만들고 다루기

6. 데이터 프레임 만들기
7. 데이터 프레임 다루기

8. 데이터 요약하기
9. 확률분포 이해하기

10. 모평균 검정
11. 분산분석
12. 범주형 자료분석
13. 상관분석
14. 회귀분석

Chapter 1. R / RStudio 설치하기

최근에 와서 어떠한 학문 분야를 막론하고 통계학을 응용하지 않는 분야는 찾아보기가 어려우며, 각 분야에서 다루어지는 방대한 양의 통계 자료를 해석하기 위해서는 통계패키지의 사용이 필수적인 일이 되었다. 이러한 통계패키지에는 각각 고유의 특성을 갖고 개발된 SAS, SPSS, MINITAB, R 등이 있는데, 이 중에서 R은 사용료를 지불하지 않고 사용할 수 있는 무료 공개용 소프트웨어라는 큰 장점을 가지고 있어서 최근에 통계적 방법론을 활용하여 데이터를 분석하고자 하는 통계 전문가는 물론 일반인들에게 많은 사랑을 받고 있다.

R 프로그램은 명령어 프롬프트에서 프로그램 코드를 입력하여 분석용 R 데이터를 생성하고, 이를 사용하여 통계분석을 수행하게 된다. 이 장에서는 R을 처음 접하는 사용자에게 기본적으로 필요한 부분인 R 프로그램 설치방법과 R을 보다 효율적으로 사용하기 위해서 오픈 소스 통합 개발 환경(IDE)으로 개발된 RStudio의 설치방법에 대해 살펴보고자 한다.

1.1 R 설치하기

R 프로그램을 사용하기 위해서는 먼저 R 프로그램을 설치해야 한다. R 프로그램은 http://www.r-project.org/에서 설치파일을 다운로드 받은 후 설치할 수 있으며, **[그림 1.1]**은 R 프로그램 설치를 위한 사이트의 첫 화면 일부를 보여준다.

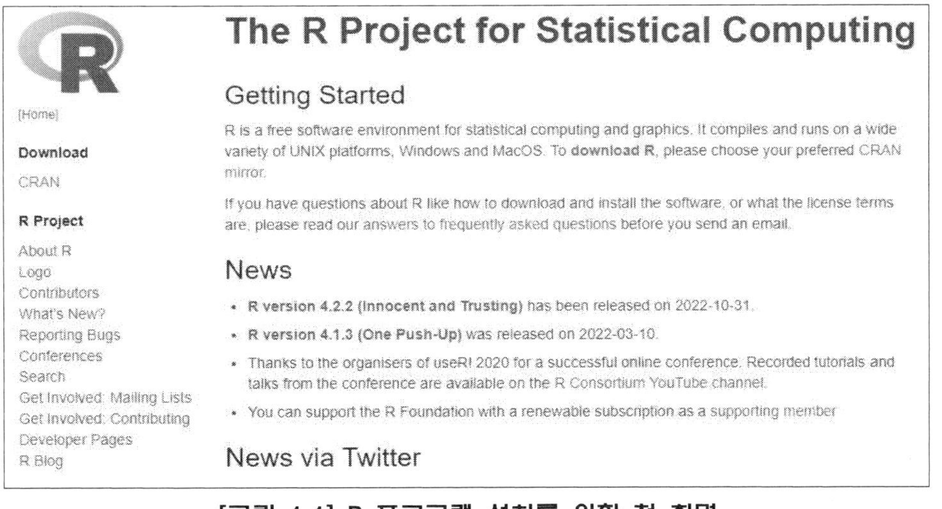

[그림 1.1] R 프로그램 설치를 위한 첫 화면

[그림 1.1]의 화면에서 다음에 제시되는 단계별 설치방법에 따라 작업을 수행한다면, 특별한 어려움 없이 R 프로그램을 성공적으로 설치할 수 있을 것이다.

R 프로그램 설치 단계

STEP 1 R 프로그램 홈페이지 **http://www.r-project.org/**에 접속한다.

STEP 2 홈페이지 왼쪽 **Download**의 **CRAN**을 선택한다.

STEP 3 국가별 미러 사이트 목록(**CRAN Mirrors**)에서 먼저 **KOREA**를 찾고, 여기서 제공되는 사이트 중 임의로 하나의 사이트를 선택한다.

STEP 4 **The Comprehensive R Archive Network** 창에서 **Download and Install R** 부분의 **Download R for Windows**를 선택한다.

STEP 5 **R for Windows** 창에서 **base를** 선택한다.

STEP 6 **Download R-*.*.* for Windows**를 선택해서 최신 R 실행파일을 다운로드한다.

STEP 7 다운로드 종료 후 실행파일(**R-*.*.*-win.exe**)을 실행하여 R 프로그램을 설치한다.

STEP 3에서 제시되는 목록의 사이트 중에는 상황에 따라 연결이 원활하지 않은 경우가 있다. 어떤 사이트를 이용하더라도 동일한 R 프로그램을 다운로드 받을 수 있으므로 현재 시점에서 연결 가능한 사이트에 접속하여 다운로드를 진행하면 된다. 프로그램 다운로드가 완료되면 바탕화면에 다음과 같이 R 시작 아이콘이 생성되며, 아이콘 아랫부분에 현재 다운로드된 R 프로그램의 버전이 표시된다. 이 교재에서는 R 4.2.1 버전이 사용되었다.

1.2 RStudio 설치하기

RStudio는 통계 분석과 그래프 작성을 위한 프로그래밍 언어인 R을 효율적으로 사용하기 위해 개발된 것으로 프로그래밍 언어 콜드퓨전의 개발자 JJ Allaire에 의해 만들어졌다. RStudio를 설치하기 위해서는 R과 마찬가지로 먼저 설치 프로그램을 다운로드해야 한다.

RStudio를 다운로드 하기 위해서 공식 사이트 https://posit.co/에 접속하면 **[그림 1.2]**와 같은 화면이 나타나고, 화면의 오른쪽 상단에 있는 **DOWNLOAD RSTUDIO**를 클릭하면 **[그림 1.3]**과 같은 RStudio 파일을 다운로드할 수 있는 화면으로 이동한다.

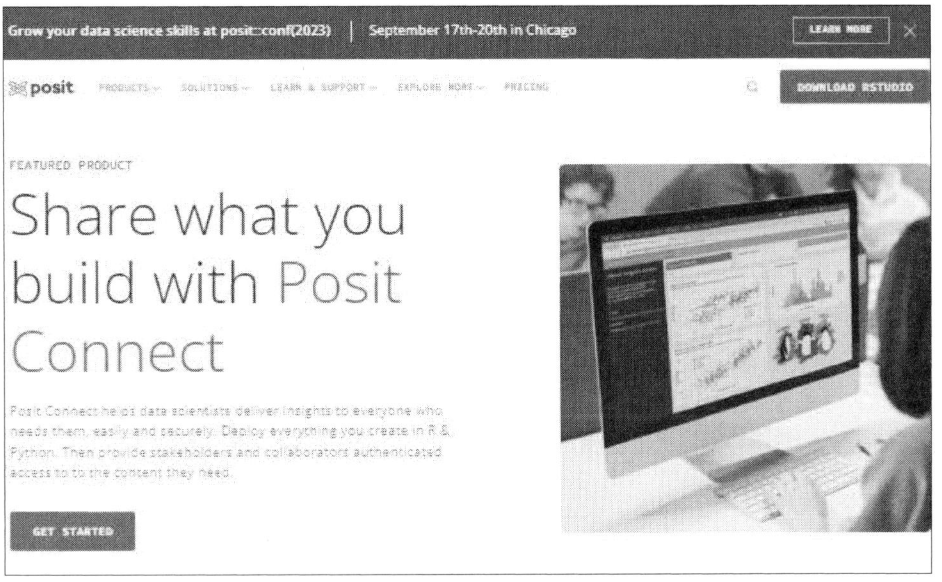

[그림 1.2] RStudio 프로그램 설치를 위한 첫 화면

우리는 Desktop용 RStudio를 설치해야 하므로 **[그림 1.3]**에서 **RStudio Desktop**에 있는 **DOWNLOAD RSTUDIO**를 선택하면 **[그림 1.4]**의 화면으로 이동한다. **[그림 1.4]**는 RStudio Desktop을 다운로드할 수 있는 화면의 일부를 보여준다.

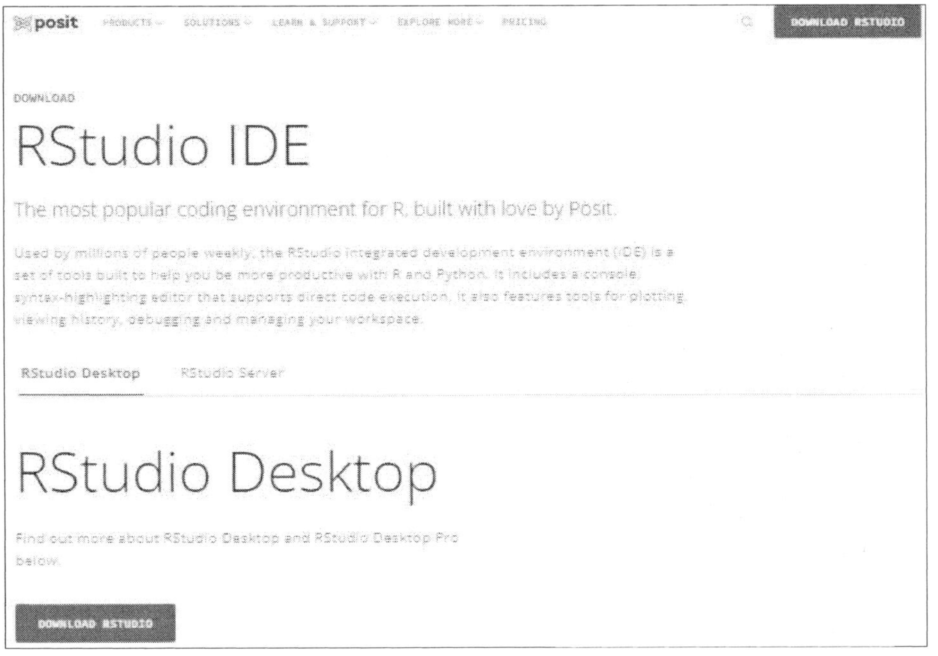

[그림 1.3] RStudio 파일 다운로드 화면

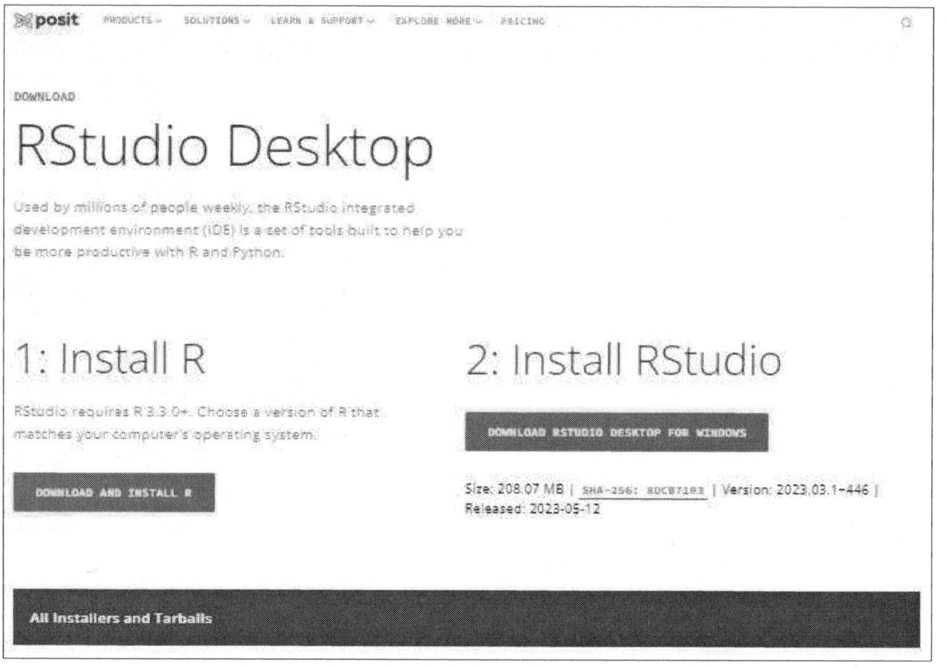

[그림 1.4] RStudio Desktop 파일 다운로드 화면

[그림 1.4]에서, **1 : Install R**에 있는 **DOWNLOAD AND INSTALL R**을 선택하면 1.1절에서 설명한 R을 설치하기 위한 첫 화면으로 이동하게 되며 **2 : Install RStudio**에 있는 **DOWNLOAD RSTUDIO DESKTOP FOR WINDOWS**를 선택하면 RStudio를 설치하기 위한 파일(**RStudio-2023.03.1.-446.exe)**이 다운로드된다. 다운로드를 완료한 후 파일을 실행시키면 다음과 같은 RStudio 설치를 위한 창이 뜨고, 다음을 클릭하면 RStudio가 설치된다.

설치가 완료된 후 RStudio를 실행시키면 **[그림 1.5]**와 같은 RStudio 초기화면이 생성된다. RStudio의 초기화면은 보는 바와 같이 스크립트, 콘솔, R 환경, 파일 관리를 위한 4개의 창으로 분할되어 있다. 각 창의 기능 및 사용방법에 대해서는 다음 장에서 자세하게 살펴보자.

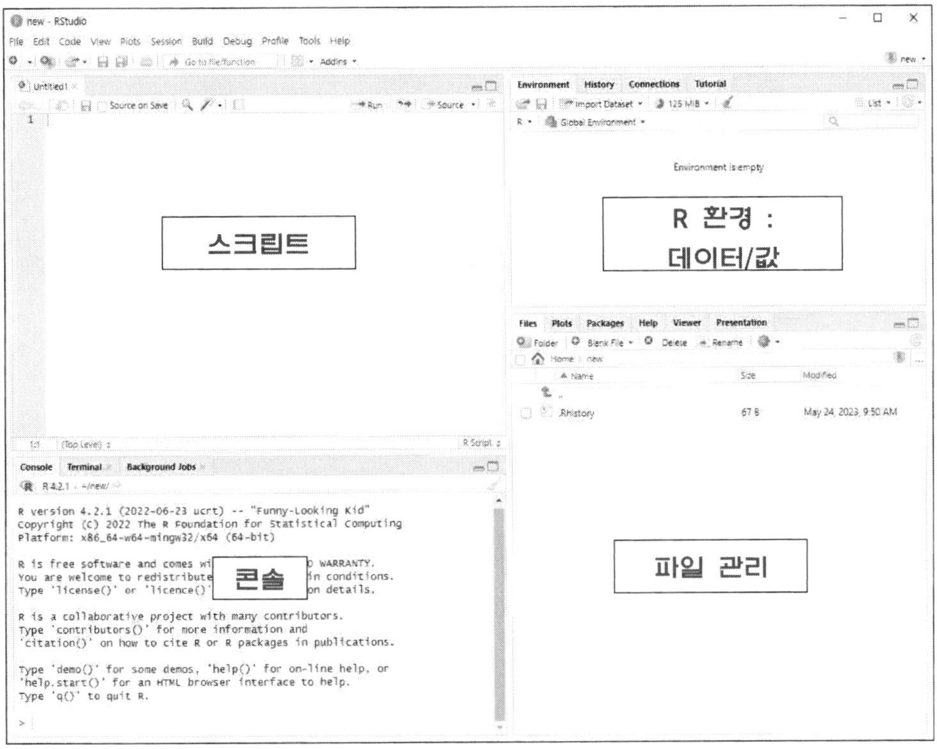

[그림 1.5] RStudio 초기화면

Chapter 2. RStudio 사용하기

이 장에서는 RStudio 실행 초기화면에 나타나는 4개 창의 기능 및 사용방법에 대해서 살펴보고자 한다. RStudio가 설치되고, 이를 실행하면 **[그림 1.5]**와 같이 4개의 창으로 구성된 첫 화면이 나타나게 된다.

스크립트 창에서는 R 명령어를 입력하여 실행시킬 수 있으며, 이를 스크립트 파일로 저장하여 다음 분석을 할 때 계속 이용할 수 있도록 해준다. 또한, R 환경창에서 R 데이터파일을 선택하면 파일의 내용을 볼 수 있다. 콘솔 창에서는 명령어 프롬프트에 직접 R 명령어를 입력하여 실행시킬 수 있으며, 스크립트 창에서 실행된 R 명령어 및 결과를 보여준다. R 환경 창에서는 R 프로그램 실행으로 생성된 R 데이터파일의 이름과 형식, 내용을 간략하게 볼 수 있도록 해주며, 여기서 특정 R 데이터파일을 선택하면 이 파일의 내용을 스크립트 창에 제시해준다. 마지막 파일 관리 창에서는 현재 사용되고 있는 파일 및 폴더의 위치를 보여주며, 그래프가 작성되는 경우 이를 제공해준다. 이제 각 창의 사용방법과 도움말 이용방법에 대해서 자세히 살펴보자.

2.1 RStudio 콘솔창에서 R 명령어 입력하고 실행하기

R 프로그램은 R 콘솔 창의 명령어 프롬프트(>)에서 직접 프로그램 코드를 입력하여 분석용 R 데이터를 생성하고, 이 데이터를 사용하여 실행함으로써 통계분석을 수행하게 된다. **[그림 2.1]**은 RStudio 콘솔 창을 보여주고 있으며, 첫 번째 줄을 살펴보면 현재 사용되고 있는 R 프로그램의 버전을 확인할 수 있다.

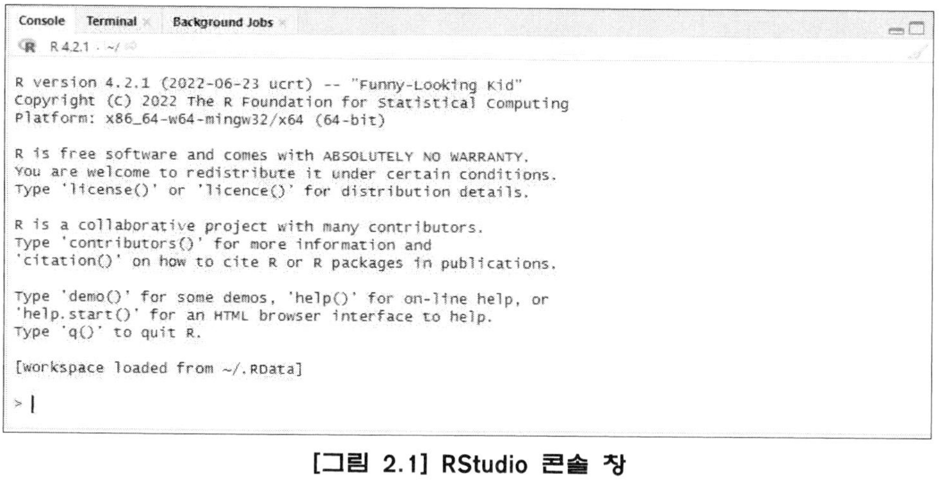

[그림 2.1] RStudio 콘솔 창

명령어 프롬프트(>)에서 프로그램 코드를 입력한 후에 엔터를 누르면 프로그램이 실행되는데 실제 R 콘솔 창에서 명령어는 파랑색으로 표시되며, 엔터를 누르면 연산 결과를 [1]에 제시해준다. 여기서 [1]은 실행 결과가 한 줄이라는 것을 의미하며, 만일 실행 결과가 두 줄 이상인 경우 [1][2]...와 같이 결과가 제시된다.

Example 2.1

간단한 연산하기 원하는 연산식을 명령어 프롬프트에 입력한 후 엔터를 누르면 결과가 제시된다. R 프로그램에서 기본적인 사칙연산은 다음 예에서 보는 바와 같이 +, -, *, / 기호가 사용된다.

```
> 6+2
[1] 8
> 6-2
[1] 4
> 6*2
[1] 12
> 6/2
[1] 3
```

2.2 R 도움말 사용하기

R 프로그램에서는 다양한 R 함수를 사용하기 때문에 모든 R 함수를 교재에서 다 소개하는 것이 불가능할 뿐만 아니라 이를 모두 설명하기 위해서 지면을 할애하는 데에도 한계가 있다. 따라서 R 함수 도움말을 사용하는 것이 필요하며 이러한 경우 유용하게 사용할 수 있는 R 함수로 **help( )** 함수와 **example( )** 함수가 있다. **help( )** 함수는 특정 R 함수에 대한 도움말을 제공해주는 함수로 이 함수의 사용법에 대해서 살펴보자.

help( ) 함수를 사용하기 위해서는 다음과 같이 3가지 방법으로 콘솔 창의 명령어 프롬프트에 입력하면 되는데 이 중에서 사용자가 편리한 방법을 사용하면 된다. 여기서, **?함수이름**을 사용하는 경우 소괄호( )는 입력하지 않아야 한다는 점을 주의해야 한다. 다음은 **help( )** 함수의 일반적인 사용형식이다.

help	> ?함수이름 > help(함수이름) > help("함수이름")

Example 2.2

함수 도움말 사용하기 R 함수 **mean( )**에 대한 도움말을 얻고 싶으면, 다음과 같이 입력하면 된다. 그러면 새로운 창으로 **mean( )** 함수에 대한 사용형식, 인수, 프로그램 예 등과 관련된 정보를 제공해주는 화면이 나타난다.

```
> help(mean)
httpd 도움말 서버를 시작합니다 ... 완료
> ?mean
> help("mean")
```

[그림 2.2]는 **help(mean)**을 실행한 결과 새로운 창에서 얻어지는 도움말 결과 창의 일부분이다. 이를 보면 **mean( )** 함수의 기본적인 사용형식과 이와 관련된 자세한 정보를 얻을 수 있다.

mean {base} R Documentation

Arithmetic Mean

Description

Generic function for the (trimmed) arithmetic mean.

Usage

```
mean(x, ...)

## Default S3 method:
mean(x, trim = 0, na.rm = FALSE, ...)
```

Arguments

x
An R object. Currently there are methods for numeric/logical vectors and date, date-time and time interval objects. Complex vectors are allowed for trim = 0, only.

trim
the fraction (0 to 0.5) of observations to be trimmed from each end of x before the mean is computed. Values of trim outside that range are taken as the nearest endpoint.

na.rm
a logical evaluating to TRUE or FALSE indicating whether NA values should be stripped before the computation proceeds.

...
further arguments passed to or from other methods.

Value

If trim is zero (the default), the arithmetic mean of the values in x is computed, as a numeric or complex vector of length one. If x is not logical (coerced to numeric), numeric (including integer) or complex, NA_real_ is returned, with a warning.

If trim is non-zero, a symmetrically trimmed mean is computed with a fraction of trim observations deleted from each end before the mean is computed.

[그림 2.2] help(mean) 실행 결과

R 함수 도움말을 이용하기 위해서는 파일관리 창의 help 메뉴를 이용할 수도 있다. 다음 **[그림 2.3]**은 Help 메뉴를 선택한 화면으로 에 필요한 내용을 직접 입력하여 검색하면 도움말을 얻을 수 있다.

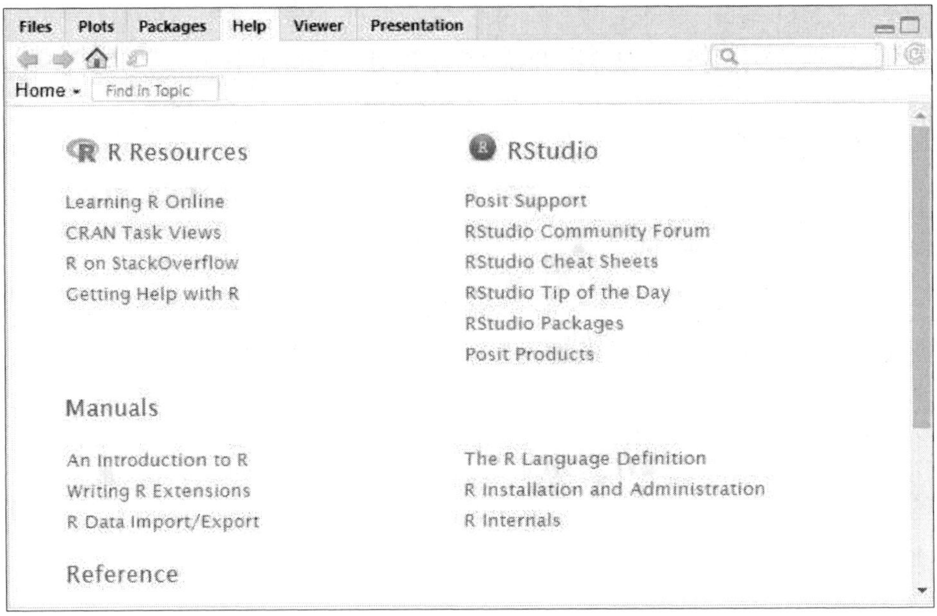

[그림 2.3] Help 메뉴 선택 화면

다음으로 **example( )** 함수에 대해 살펴보자. 이 함수는 특정 R 함수에 대한 사용 예 즉, 예제 파일을 제공해 주기 때문에 이를 활용하면 R 프로그램을 작성하는데 많은 도움을 받을 수 있다.

Example 2.3

특정 함수의 사용 예 찾아보기 함수 **mean( )**에 대한 사용 예를 보고 싶으면, 다음과 같이 입력하면 된다. 제시되는 예제 프로그램을 보면 아직 설명되지 않은 함수 **c( )**가 사용되고 있는데 이는 4장에서 자세하게 설명될 것이다.

x <- c(0:10, 50)를 실행시키면 (0, 1, 2, 3, 4, 5, 6, 7, 8, 9, 10, 50)의 12개 자료가 생성되어 변수 x에 저장된다. 여기서 기호 <-은 할당연산자로 =와 서로 혼용되어 사용되므로 편한 기호를 사용하면 된다. 즉, 이 코드를 **x = c(0:10, 50)**와 같이 입력하여 실행해도 동일한 결과를 얻을 수 있다. 다음은 **mean( )** 함수를 이용해서 변수 x의 평균값 및 10% 절삭평균값을 얻기 위한 예를 보여주고 있다.

```
> example(mean)
mean> x <- c(0:10, 50)

mean> xm <- mean(x)

mean> c(xm, mean(x, trim = 0.10))

[1] 8.75 5.50
```

2.3 RStudio 파일 관리 창 사용하기

RStudio의 파일관리 창에서는 현재 사용하고 있는 프로그램의 실행결과와 프로그램 등의 파일이 저장된 위치를 제공해준다. 디폴트는 내문서 폴더를 사용하게 되므로 새로운 폴더를 생성하기 위해서는 New Folder 를 클릭하여 나타나는 다음과 같은 창에 생성하고자 하는 폴더의 이름을 지정하고 OK를 클릭한다.

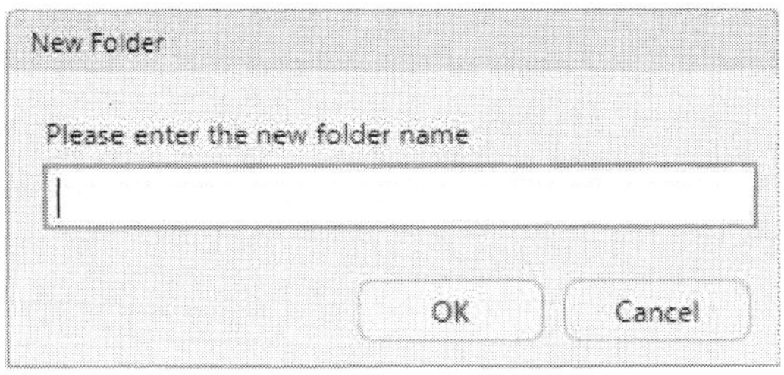

이 폴더를 RStudio에 지정하기 위해서는 파일관리 창의 오른쪽 상단의 …를 클릭하여 나타나는 **Go To Folder** 창에서 위에서 지정한 폴더를 선택하고 **open**을 클릭한다. 다음은 new 폴더를 생성하여 이 폴더에 파일이 저장되도록 한 결과로 **[그림 2.4]**는 이와 같이 실행한 후의 파일관리 창을 보여준다.

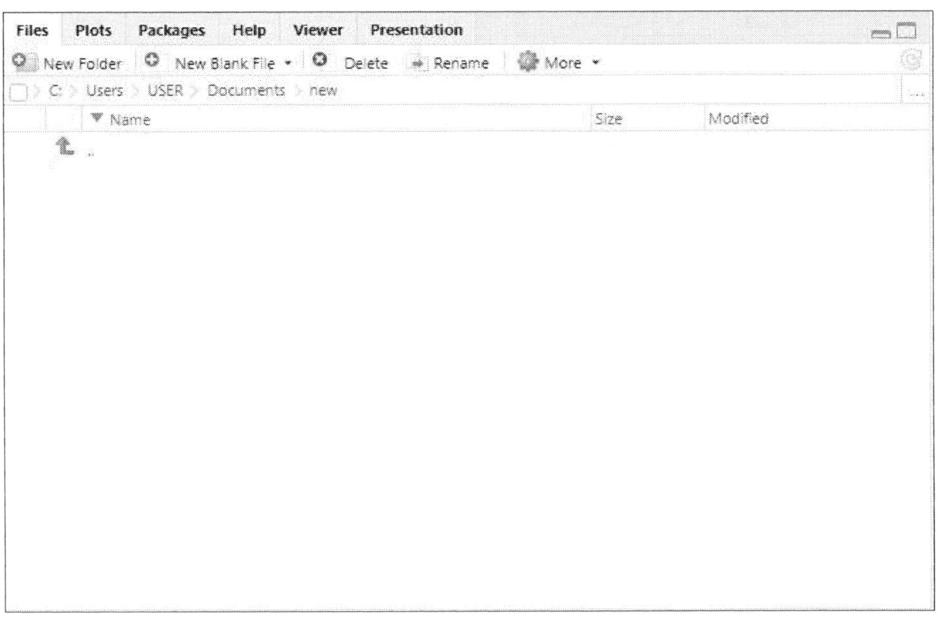

[그림 2.4] RStudio 파일관리 창

2.4 RStudio 스크립트 창 사용하기

R 프로그램에서 명령어를 입력하고 실행하기 위해서는 2.1절에서 설명한 것과 같이 R Studio 콘솔 창의 명령어 프롬프트에서 직접 프로그램 코드를 입력하여 실행할 수도 있지만 이 방법을 사용하게 되면 여러 줄의 프로그램 코드가 있는 경우 이를 한 번에 실행할 수 없을 뿐 아니라 R 프로그램을 종료하면 콘솔 창에 입력한 프로그램 코드가 모두 사라지게 된다. 따라서 입력된 프로그램 코드를 저장해서 다음 분석시 이를 계속 이용하기 위해서는 스크립트 창을 사용하는 것이 좋다. **[그림 2.5]**와 같은 R Studio 스크립트(R Studio 편집기) 창에서는 프로그램 코드를 입력하고 편집할 수 있으며, 실행시키고자 하는 명령어를 모두 입력한 후 이를 한 번에 실행시킬 수 있다.

초기에 R Studio 스크립트 창의 파일명은 **Untitled1**과 같이 지정되어 있는데 **FILE** 메뉴에서 **Save(Save as)** 메뉴를 이용하여 스크립트 파일의 이름을 사용자가 지정하여 저장할 수 있다. 여기서, 스크립트 파일을 저장하고자 하는 위치와 파일 이름을 지정할 수 있고 스크립트 파일은 파일형식이 기본적으로 R files(*.R)로 저장된다.

R Studio 스크립트 창에서 입력한 프로그램 코드를 실행시키기 위해서는 오른쪽 상단의 →Run 아이콘을 클릭하면 되는데, 이 때 기본적으로는 한 줄씩 프로그램 코드가 실행되며, 여러 줄의 프로그램 코드를 실행하기 위해서는 블록을 생성한 후 실행시키면 된다. 그러면 실행시킨 명령어와 결과가 R Studio 콘솔 창에 자동으로 입력되고 실행된다.

[그림 2.5] RStudio 스크립트 창

다음 예제를 통하여 RStudio 스크립트 창에서 프로그램 코드를 입력하고 저장하는 방법을 살펴보자.

Example 2.4

RStudio 스크립트 창에서 프로그램 코드 입력하고 저장하기 **Example 2.3**에서 사용된 변수 x의 평균값 및 10% 절삭평균값을 얻기 위한 프로그램 코드를 RStudio 스크립트 창에 다음과 같이 입력하자. 여기서, <- 대신에 = 이 사용되었는데 이들 기호는 할당연산자로 서로 혼용되어 사용될 수 있으며, 이에 대한 자세한 내용은 3.3절에서 설명될 것이다.

```
> x = c(0:10,50)
> xm = mean(x)
> c(xm, mean(x, trim=0.10))
```

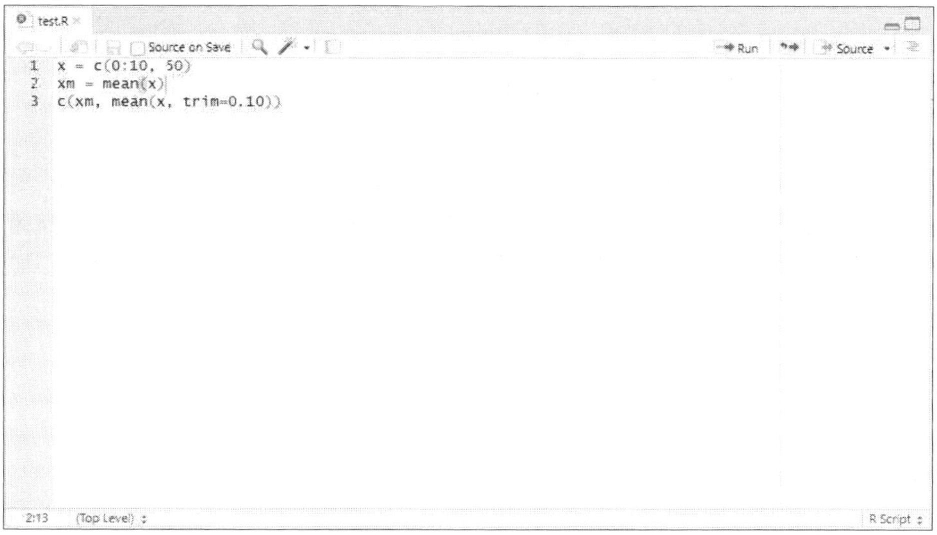

입력이 완료되었으면 파일명을 test로 하여 저장해보자. **File** 메뉴의 **Save/Save as...**를 이용하면 파일명을 지정할 수 있다. 위 화면은 **Example 2.3**의 내용을 R Studio 스크립트 창에 입력하고 파일명을 test로 하여 저장한 결과를 보여준다. 이를 보면 R Studio 스크립트 창의 제목이 **test.R**로 바뀌어 있음을 알 수 있다. 저장 후 R Studio 파일관리 창을 보면 이 파일이 저장된 위치를 알 수 있다.

[그림 2.6]은 저장된 **test.R** 파일이 **new** 폴더에 저장되어 있음을 보여주고 있다. 이와 같이 저장된 R 스크립트 파일은 **File** 메뉴의 **Open File**을 선택하면 다시 불러올 수 있다.

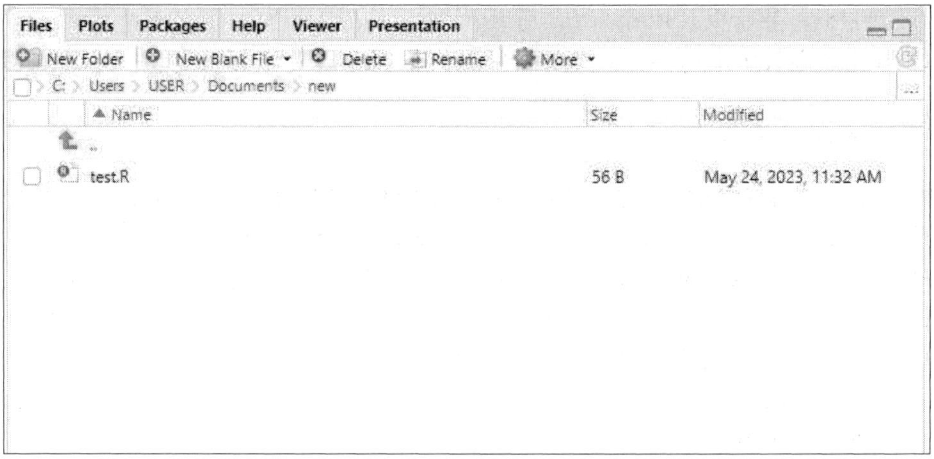

[그림 2.6] RStudio 파일관리 창

2.5 RStudio 환경 창 사용하기

R Studio 환경 창에서는 현재 실행되고 있는 프로그램에서 만들어지는 변수 및 그 값, 파일 목록 등을 보여주며, 이를 관리할 수 있도록 해준다. **Example 2.4**에서 입력된 프로그램코드를 실행시키면 오른쪽 R Studio 환경 창에 다음 **[그림 2.7]**과 같이 프로그램 실행 결과 생성된 변수 x와 xm의 값을 보여준다.

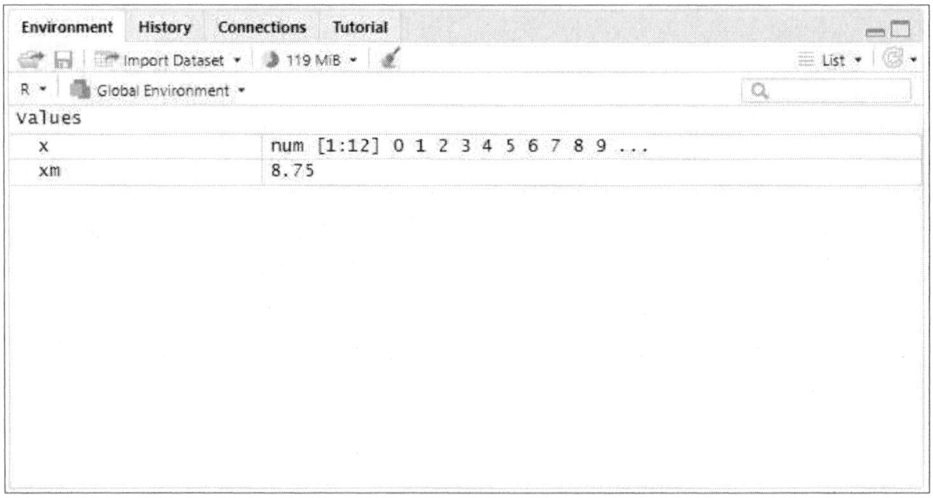

[그림 2.7] RStudio 환경 창

R 함수 요약

단계 1

R / RStudio 설치하기

http://www.r-project.org/
https://posit.co/

도움말 사용하기

```
> ?함수이름
> help(함수이름)
> help("함수이름")
```

함수의 사용 예 찾아보기

```
> example(함수이름)
> example("함수이름")
```

단계 2

데이터 만들고 다루기

Chapter 3. 변수 설정하기

1장과 2장에서 R 및 RStudio을 사용하기 위해서 기본적으로 필요한 프로그램 설치방법과 R 프로그램을 시작하고 종료하는 방법 및 도움말 사용방법 등에 대하여 살펴보았다. 이 장에서는 R 프로그램을 실행하기 위해서 기본적으로 필요한 출력 방법, 기본 연산자와 변수 설정방법, 데이터의 유형 등에 대해 설명하고자 한다.

3.1 출력하기

2장의 **Example 2.1**에서 살펴 본 것처럼 R 프로그램에서 연산 결과와 변수 내용, 분석 결과 등을 출력하기 위해서는 단순히 명령어 프롬프트(>)에서 프로그램 코드 또는 변수 이름을 입력하고 엔터를 누르면 된다.

3.2 기본적인 연산하기

R 프로그램에서 사용되는 기본적인 사칙연산의 연산자 기호와 기능, 연산 우선순위 등은 SAS나 SPSS 등 일반적인 프로그램에서 사용되는 방법 및 기능과 큰 차이가 없다. 다만, 연산자 우선순위는 언제나 중요하게 고려되어야 할 사항이므로 조심해서 사용해야 하는데, 가장 우선하는 연산에 괄호를 사용하면 큰 문제는 없을 것이다.

[표 3.1]은 기본적인 산술연산자에 대한 기능 및 표시방법과 의미를 나타낸 것으로, 이를 참고하여 기본적인 연산을 위한 프로그램 코드를 생성하면 된다. 거듭제곱의 경우 제시된 두 개의 연산자 중 한 가지를 사용할 수 있으며, 동일한 결과를 제공해준다.

[표 3.1] 산술연산자의 종류와 기능

연산자	기능	표시	의미
+	더하기	$a+b$	a와 b의 합을 계산
−	빼기	$a-b$	a와 b의 차를 계산
*	곱하기	$a*b$	a와 b의 곱을 계산
/	나누기	a/b	a의 값을 b로 나누기
^, **	거듭제곱	$a**b$, a^b	a^b을 계산

3.3 변수 생성하기

이제, 변수를 생성하여 특정 값을 할당하는 방법에 대하여 살펴보자. 먼저 변수를 생성하기 위해서는 변수 이름을 지정해야 하는데, 다음에 제시되는 규칙에 어긋나지 않도록 변수 이름을 지정하면 된다.

R 변수 이름 지정하기

- 대문자와 소문자를 구분하여 사용한다.
- 문자(a~z, A~Z), 숫자 그리고 특수문자(. 또는 _)의 조합으로 지정한다.
- R 예약어(if, for, ...)는 사용할 수 없다.

Example 3.1

변수 설정과 연산자 사용하기 변수 x, y에 각각 5와 2의 값을 할당하고, 두 변수의 합을 계산하여 z_1 변수에 저장해보자. 계산된 값을 출력하기 위해서는 z_1을 입력하고 엔터를 치면 7이 출력된다. 마찬가지 방법으로 두 변수의 차(x-y)와 곱(x×y), 나누기(x/y), 거듭제곱 (x^y)의 값을 계산하고 이 값을 출력하도록 한 결과가 다음과 같다.

```
> x <- 5
> y <- 2
> z_1 <- x+y
> z_1
[1] 7
> z_2 = x-y
> z_2
[1] 3
> z_3 <<- x*y
> z_3
[1] 10
> z_4 <- x/y
> z_4
[1] 2.5
> z_5 <- x^y
> z_5
[1] 25
```

Example 3.1에서 보는 바와 같이 변수 이름을 지정하는 기준에 맞도록 변수 이름을 지정한 후에는 그 변수에 특정 값 또는 데이터를 할당해야 하는데, 이를 위해서 할당 연산자를 사용한다. 할당 연산자에는 3가지 연산자 =, <-, <<-가 사용될 수 있는데 이 중에서 어떤 것을 사용해도 상관없다. 할당 연산자의 의미는 연산자 오른쪽의 값을 왼쪽의 변수에 전달해 주라는(할당하라는) 것이다. 위 예제는 변수를 생성한 다음 이 변수에 특정 값을 부여하고, 이를 이용하여 기본적인 산술연산자를 사용하는 예를 보여주고 있다.

3.4 데이터 유형 익히기

R에서 인식되는 데이터 유형에는 수치형, 문자형, 논리형 등이 있다. 수치형은 정수형과 실수형으로 구분되고 문자형은 문자와 문자열을 나타내며 논리형은 참(TRUE)과 거짓(FALSE)의 논리값을 나타낸다.

데이터 유형

- 수치형 : 정수형, 실수형
- 문자형 : 문자, 문자열
- 논리형 : 참 또는 거짓의 논리값

지정된 데이터의 유형을 확인하기 위해서는 **mode( )** 함수를 사용하면 되는데, 다음은 **mode( )** 함수의 사용 형식으로 인수에 값 또는 변수를 지정한다. 인수에 값을 지정할 때 수치형의 경우 그 값을 그대로 입력하면 되고, 문자형의 경우 문자 또는 문자열을 따옴표(' ' 또는 " ")안에 입력해야 한다.

mode( )	> mode(인수)

Example 3.2는 지정된 인수에 대한 데이터 유형을 확인하는 예를 보여주고 있다.

Example 3.2

데이터 유형 확인하기 인수에 지정된 값 또는 변수의 데이터 유형을 알아보자. 수치형은 "**numeric**"으로 문자형은 "**character**"로 표시되며, 논리형은 "**logical**"로 표시된다. 다음은 숫자 5와 문자 'R'의 데이터 유형을 출력한 결과이다.

```
> mode(5)
[1] "numeric"
> mode('R')
[1] "character"
```

다음은 인수에 변수를 지정한 예이다. 변수 x와 y에 각각 5와 3의 값을 부여하였고, 변수 a는 논리형 변수로 x가 y보다 작다(x<y)라고 지정하였다. 따라서, 이 경우 변수 a의 데이터 유형은 논리형이 되며, 이 값을 출력하였더니 거짓(FALSE)으로 나타났다.

```
> x <- 5
> y <- 3
> a = x<y
> mode(a)
[1] "logical"
> a
[1] FALSE
```

Chapter 4. 벡터 만들고 다루기

R을 사용하는데 있어서 정의하게 되는 데이터 객체로는 벡터(vector), 행렬(matrix), 데이터 프레임(data frame), 배열(array), 요인(factor), 리스트(list) 등이 있다. 이 중에서 데이터 분석 측면에서 주로 정의되는 데이터 객체는 벡터와 행렬, 데이터 프레임으로 4, 5, 6장에서는 각각 이들 데이터 객체에 대해서 자세히 다루고자 한다. 먼저 이 장에서는 R 함수를 사용하여 벡터 객체를 만들고 이를 이용하는 다양한 방법에 대하여 설명하고자 한다.

4.1 벡터 이해하기

벡터 객체는 하나 이상의 자료 값으로 구성되는 1차원의 자료구조로 하나의 열(column)로 구성되며, 데이터 분석의 기본 단위이다. 벡터는 수치형, 문자형, 논리형 중 하나의 유형으로 구성되며, 수치형 벡터, 문자형 벡터, 논리형 벡터를 생성할 수 있다. 다음에 정의되는 벡터 **x**는 크기가 3×1인 수치형 벡터이며, 벡터 **y**는 크기가 4×1인 문자형 벡터이다.

$$\mathbf{x} = \begin{pmatrix} 5 \\ 10 \\ 15 \end{pmatrix}, \quad \mathbf{y} = \begin{pmatrix} p \\ q \\ r \\ s \end{pmatrix}$$

이러한 벡터는 **c( )**, **rep( )**, **seq( )**, **scan( )** 등의 함수를 사용하여 생성할 수 있는데, 벡터 생성 방법은 크게 R 콘솔 창에서 직접 값을 입력하여 만드는 방법과 외부에서 작성된 텍스트 파일을 불러와서 만드는 방법으로 구분할 수 있다.

벡터를 만드는 방법

METHOD 1 R 콘솔 창에서 직접 입력하기 : **c( )**, **rep( )**, **seq( )**, **scan( )** 사용
METHOD 2 외부에서 작성된 텍스트 파일 불러오기 : **scan( )** 사용

4.2 R 콘솔 창에서 직접 벡터 만들기

1) c( ) 함수의 사용

c( ) 함수를 사용하면 수치형 또는 문자형 자료로 이루어진 벡터를 생성할 수 있는데, 각 자료는 콤마(,)로 구분해주어야 하며, 문자형은 따옴표(' ') 또는 (" ") 안에 입력되어야 한다. 다음은 **c( )** 함수의 일반적인 사용형식이다.

c( )	> c(자료1, 자료2, …)

Example 4.1

c( ) 함수를 이용하여 벡터 생성하기 1부터 10까지 10개 숫자를 입력하여 수치형 벡터 **x**를 생성해보자. 여기서, 벡터 **x**는 크기가 10×1인 수치형 벡터이다.

```
> x = c(1, 2, 3, 4, 5, 6, 7, 8, 9, 10)
> x
[1]  1  2  3  4  5  6  7  8  9 10
```

다음은 문자형 벡터 **y**에 a부터 e까지 5개의 문자를 가지도록 입력한 예로 벡터 **y**는 크기가 5×1인 문자형 벡터이다.

```
> y <- c('a', 'b', 'c', 'd', 'e')
> y
[1] "a" "b" "c" "d" "e"
```

2) scan( ) 함수의 사용

scan( ) 함수를 사용하면 R 콘솔 창에서 키보드를 통해서 자료 값을 직접 입력하여 벡터를 생성할 수 있는데, 다음은 **scan( )** 함수의 일반적인 사용형식이다.

scan( )	> scan(what=)

위의 일반 사용형식에서 사용되는 옵션은 다음과 같은 의미로 사용된다.

- **what=** : 데이터의 유형(수치 또는 문자)을 지정하는데, 수치형의 경우는 **what=numeric( )**, 문자형인 경우에는 **what=character( )**라고 입력한다. 디폴트는 수치형이며 생략가능하다.

R 콘솔 창의 명령어 프롬프트에서 할당 연산자 다음에 **scan( )**이라고 입력한 후 엔터를 누르면 자료 값을 입력할 수 있는 화면을 제공해 주는데, 이 때 자료 값들 사이를 구분하기 위해서 공백 또는 엔터가 사용된다. 그리고 자료 값의 입력을 종료하기 위해서는 엔터를 두 번 누르면 된다. **Example 4.2**는 **scan( )** 함수를 이용하여 수치형 벡터를 만드는 예를 보여주고 있다.

Example 4.2

scan( ) 함수를 이용하여 수치형 벡터 생성하기 수치형 벡터 **x** = (1 2 3 4 5)를 만들어보자. 벡터 이름을 **x**로 지정하기 위하여 **x = scan( )**을 입력하고 엔터를 치면 다음과 같이 자료를 입력할 수 있도록 **1 :** 와 같이 나타난다. 여기서 입력되는 자료가 벡터 **x**에 지정된다. 자료 값을 구분하기 위해서 공백을 사용하거나 엔터를 칠 수 있다. 수치형 벡터이므로 데이터 유형 지정은 생략하였다.

```
> x = scan()
1:
```

벡터 **x**에 1부터 5까지의 자료를 공백을 이용하여 입력한 다음 한번 엔터를 치면 다음 자료 값 입력을 위한 **6 :** 이 나타나는데 여기서 자료 값의 입력을 종료하기 위해서는 한 번 더 엔터를 치면 된다. 자료 값의 입력이 종료되면 **Read 5 items** 라는 메시지로 몇 개의 자료 값이 입력되었는지를 알려준다. 벡터 **x**를 확인하기 위해 **x**를 입력하고 엔터를 치면 5개의 자료 값이 정확하게 입력되었음을 알 수 있다. 여기서, 벡터 **x**는 5×1 수치형 벡터이다.

```
> x = scan()
1: 1 2 3 4 5
6:
Read 5 items
> x
[1] 1 2 3 4 5
```

이제 문자형 벡터를 만들어보자. 문자형 벡터의 경우 데이터 유형을 반드시 지정해 주어야 한다. **Example 4.3**은 **scan( )** 함수를 이용하여 문자형 벡터를 만드는 예이다.

Example 4.3

---

scan( ) 함수를 이용하여 문자형 벡터 생성하기 문자형 벡터 **y** = (A B C D E)를 만들어보자. 문자형 벡터이므로 데이터 유형을 **what=character( )**와 같이 지정해야 하며, 나머지는 수치형 벡터를 만드는 것과 동일한 방법으로 작성하면 된다. 문자열을 입력할 때 다음과 같이 따옴표를 사용하지 않아도 상관없으며, 생성된 **y**는 5×1 문자형 벡터이다.

```
> y = scan(what=character())
1: A B C D E
6:
Read 5 items
> y
[1] "A" "B" "C" "D" "E"
```

---

3) seq( ) 함수의 사용

seq( ) 함수를 사용하면 일정한 규칙을 갖고 연속적으로 발생되는 값으로 이루어진 벡터를 매우 편리하게 생성할 수 있는데, 다음은 **seq( )** 함수의 일반적인 사용 형식이다.

seq( )	> seq(from= , to= , by=)

위의 일반 형식에서 사용되는 옵션은 다음과 같은 의미로 사용된다.

- **from=** : 연속적으로 자료를 입력하고자 할 때 시작 값을 지정한다. 1부터 시작할 경우 **from=1**과 같이 사용되며, **from=**은 생략될 수 있다.
- **to=** : 연속적으로 입력될 자료의 최댓값이다. 3까지 입력하고자 할 때 **to=3**과 같이 사용되며, **to=**은 생략될 수 있다.
- **by=** : 연속적으로 입력될 자료의 증가 또는 감소 값을 지정한다. **by=1**, **by=2**, **by=-1** 등과 같이 사용되며, 증가값이 1인 경우(**by=1**)에는 생략할 수 있다.

Example 4.4

seq( ) 함수를 이용하여 수치형 벡터 생성하기 1부터 10까지의 값을 가지는 10×1 열벡터를 만들어보자. 다음의 4가지 예는 모두 동일한 결과를 제공해주며, **seq( )** 함수 생성 결과를 변수 **x**로 지정하면 벡터 **x**를 생성할 수 있다.

```
> seq(from=1, to=10, by=1)
[1]  1  2  3  4  5  6  7  8  9 10
> seq(1, 10, 1)
[1]  1  2  3  4  5  6  7  8  9 10
> seq(from=1, to=10)
[1]  1  2  3  4  5  6  7  8  9 10
> seq(1, 10)
[1]  1  2  3  4  5  6  7  8  9 10
> x = seq(1, 10)
> x
[1]  1  2  3  4  5  6  7  8  9 10
```

증가값이 1이 아닌 경우에는 이 값을 지정해주어야 하며, 증가 값으로 음수를 사용할 수도 있다.

```
> seq(from=1, to=10, by=2)
[1] 1 3 5 7 9
> seq(from=10, to=1, by=-1)
[1] 10  9  8  7  6  5  4  3  2  1
```

4) rep( ) 함수의 사용

rep( ) 함수를 사용하면 일정한 규칙을 갖고 반복적으로 발생되는 값으로 이루어지는 벡터를 매우 편리하게 생성할 수 있다. 다음은 **rep( )** 함수의 일반 형식이다.

rep( )	> rep(자료 값, times=)

일반 사용형식에서 사용되는 옵션은 다음과 같은 의미로 사용된다.

- **자료 값** : 반복해서 입력할 자료 값으로 수치형 또는 문자형 값을 입력할 수 있으며, **c( )** 함수 형태로 입력할 수도 있다. 또한, a:b와 같은 형태의 배열로 입력할 수도 있으나 이 경우에 a와 b의 값은 수치형이어야 한다.
- **times=** : 반복해서 입력할 자료 값들의 반복 횟수를 지정한다.

Example 4.5

rep( ) 함수를 이용하여 벡터 생성하기 일정한 규칙을 갖고 반복적인 값을 발생시키는 수치형 벡터를 생성해보자.

```
> rep(1, times=3)
[1] 1 1 1
> rep(1:4, times=3)
[1] 1 2 3 4 1 2 3 4 1 2 3 4
> rep(c(1, 2, 3), times=3)
[1] 1 2 3 1 2 3 1 2 3
```

마찬가지 방법으로 일정한 규칙을 갖고 반복적으로 발생되는 문자형 벡터를 생성해보자. 문자형 벡터는 다음과 같이 문자형 값을 입력하거나 **c( )** 함수 형태로 입력되어야 한다.

```
> rep('a', times=3)
[1] "a" "a" "a"
> rep(c('a', 'b', 'c'), times=3)
[1] "a" "b" "c" "a" "b" "c" "a" "b" "c"
```

4.3 텍스트 파일로 벡터 만들기

4.2절에서는 R 콘솔 창에서 직접 자료 값을 입력하여 벡터를 만드는 방법에 대하여 설명하였는데, 일반적으로 분석용 데이터는 외부에서 작성된 텍스트 파일로 저장되어 있는 경우가 많이 있다. 따라서 외부에서 작성된 텍스트 파일을 R로 불러들여 벡터를 만들어야 하는데, 이를 위해서 **scan( )** 함수가 사용된다. 물론, **scan( )** 함수는 R 콘솔 창에서 직접 데이터를 입력하여 벡터를 생성하기 위해서도 사용될 수 있다(4.2절 참조). 다음은 외부에서 작성되어 저장된 텍스트 파일을 불러오기 위한 **scan( )** 함수의 일반적인 사용형식이다.

scan( )	> scan(file= , what= , sep= , multi.line=)

위의 일반 사용형식에서 사용되는 옵션은 다음과 같은 의미로 사용된다.

- **file=** : 외부에 저장되어 있는 텍스트 파일의 경로와 파일 이름을 지정한다. 만약 d 드라이브에 저장되어 있는 test1.txt파일을 불러오기 위해서는 **file="d:/test1.txt"**와 같이 지정한다.
- **what=** : 데이터 유형을 지정하기 위한 옵션으로 수치형과 문자형 중 하나를 지정하며, 데이터 유형이 수치형인 경우 생략할 수 있다.
- **sep=** : 텍스트 파일의 자료 값들을 구분하기 위해서 사용되는 구분 기호를 " "에 지정할 수 있다. 이 옵션이 지정되지 않으면 디폴트는 빈칸 또는 입력라인의 끝이다. 만약 자료 값들을 콤마(,)로 구분하여 입력하였다면, **sep=","** 라고 지정한다.
- **multi.line=** : 하나의 관측치에 해당하는 데이터 값들이 여러 행에 걸쳐서 입력되어 있을 경우에는 **mult.iline=TRUE**라고 지정한다.

Example 4.6

scan( ) 함수로 텍스트 파일 불러오기 **scan( )** 함수로 d 드라이브에 저장되어 있는 텍스트 파일을 불러와서 수치형 벡터 또는 문자형 벡터를 만들어보자. 불러들이고자 하는 각 텍스트 파일은 다음과 같은 형태로 저장되어 있으며, test1, test2, test3은 동일한 자료가 다른 형태로 저장된 것이다. 마찬가지로 test4, test5, test6의 3개 파일도 동일한 자료가 다른 형태로 저장된 것이다.

test1.txt	test2.txt	test3.txt	test4.txt	test5.txt	test6.txt
1 2 3 4 5	1 2 3 4 5	1,2,3,4,5	a b c d e	a b c d e	a,b,c,d,e

텍스트 자료파일 test1과 test2는 동일한 방법으로 불러올 수 있으며, test3과 같이 구분자가 사용된 경우에만 **sep=" "**에 구분자를 지정해주면 된다. 두 번째 예와 같이 변수 **x**_2를 생성할 때 자료의 데이터 유형이 수치형이므로 **what=**는 생략할 수 있다. 다음 결과에서 볼 수 있는 것처럼 **x**_1, **x**_2, **x**_3는 모두 동일한 5×1 수치형 벡터이다.

```
> x_1 = scan(file="d:/test1.txt", what=numeric())
Read 5 items
> x_1
[1] 1 2 3 4 5

> x_2 = scan(file="d:/test2.txt")
Read 5 items
> x_2
[1] 1 2 3 4 5
```

```
> x_3 = scan(file="d:/test3.txt", sep=",")
Read 5 items
> x_3
[1] 1 2 3 4 5
```

텍스트 자료파일 test4와 test5는 다음과 같이 동일한 방법으로 읽을 수 있으며, test6과 같이 구분자가 사용된 경우에는 구분자를 지정해주면 된다. 여기서 주의할 점은 문자형의 경우 데이터 유형을 지정하는 **what=character( )**를 생략할 수 없다는 점이다. 마찬가지로 **x_4**, **x_5**, **x_6**은 동일한 5×1 문자형 벡터이다.

```
> x_4 = scan(file="d:/test4.txt", what=character())
Read 5 items
> x_4
[1] "a" "b" "c" "d" "e"

> x_5 = scan(file="d:/test5.txt", what=character())
Read 5 items
> x_5
[1] "a" "b" "c" "d" "e"

> x_6 = scan(file="d:/test6.txt", what=character(), sep=",")
Read 5 items
> x_6
[1] "a" "b" "c" "d" "e"
```

4.4 벡터 다루기

1) 산술함수와 수학함수

앞에서 설명된 방법에 의해서 만들어지는 벡터에 기본적인 산술함수와 수학함수를 적용하여 분석자가 원하는 연산을 수행하는 방법에 대해서 살펴보자. 일반적으로 연산에 많이 사용되는 산술함수와 수학함수의 종류와 기능을 **[표 4.1]**에 정리하였으니 참고하기 바란다. 다음에 제시되는 **Example 4.7**과 **Example 4.8**은 다양한 함수의 사용방법에 대하여 설명하고 있는데 함수에는 수치형 자료값 또는 벡터가 지정될 수 있다.

Example 4.7

산술함수와 수학함수 사용하기 1 R에서 제공되는 다양한 산술함수와 수학함수를 이용해서 다음 값들을 구해보자.

① $x = \sqrt{79}$

```
> x = sqrt(79)
> x
[1] 8.888194
```

② $y = e^7$

```
> y = exp(7)
> y
[1] 1096.633
```

③ $z = \log_e(10)$

```
> z = log(10)
> z
[1] 2.302585
```

④ $w = \log_3(25)$

```
> w = log(25, base=3)
> w
[1] 2.929947
```

⑤ 수치형 벡터 **k**를 구성하는 자료의 최대값과 최소값

```
> k = c(1, 2, 3, 4, 5)
> max(k)
[1] 5
> min(k)
[1] 1
```

⑥ 수치형 벡터 **k**의 자료의 갯수

```
> length(c(1, 2, 3, 4, 5))
[1] 5
> length(k)
[1] 5
```

⑦ $x = 3.785$라고 할 때 4가지 함수(round, ceiling, trunc, floor)를 사용한 결과 값을 비교해보자.

```
> x = 3.785
> round(x, 1)
[1] 3.8
> round(x, 2)
[1] 3.79
> ceiling(x)
[1] 4
> trunc(x)
[1] 3
> floor(x)
[1] 3
```

Example 4.8

산술함수와 수학함수 사용하기 2 정규분포에서 특정 값에 대응되는 확률밀도함수 값을 R 함수를 이용해서 구해보자. 확률변수 X는 평균이 70이고, 표준편차가 5인 정규분포를 따르며, 정규분포의 확률밀도함수 $f(x)$는 다음과 같이 정의된다. $f(80)$의 값을 구하고, 이 값을 소수점 이하 3째 자리까지 나타내보자.

$$f(x) = \frac{1}{\sqrt{2\pi}\,\sigma} e^{-\frac{(x-\mu)^2}{2\sigma^2}}$$

```
> m = 70
> s = 5
> f_80 = 1/(sqrt(2*pi)*s)*(exp(-(80-m)^2/(2*s^2)))
> f_80
[1] 0.01079819
> round(f_80, 3)
[1] 0.011
```

[표 4.1] 산술함수와 수학함수의 종류와 기능

함수	기능	R 코드 입력 예
abs( )	절댓값	abs(3), abs(x)
max( )	최댓값	max(c(1, 2, 3, 4, 5)), max(x)
min( )	최솟값	min(c(1, 2, 3, 4, 5)), min(x)
sqrt( )	제곱근 값	sqrt(4), sqrt(x),
exp( )	지수 승	exp(2), exp(x)
gamma( )	감마함수 값	gamma(3), gamma(x)
log( )	자연로그(e) 값	log(2), log(x)
log(x,base=y)	밑이 y인 로그값 $\log_y(x)$	log(2,base=10), log(x,base=8)
length( )	데이터 개수	length(2), length(x)
pi	원주율	pi
round(x,단위)	x값을 반올림하여 소수점 이하 단위까지 표시한 값	round(3.785,1), round(x,2)
ceiling(x)	x보다 크거나 같은 가장 작은 정수 값	ceiling(3.785), ceiling(x)
trunc(x)	소수점 이하를 버린 값	trunc(3.785), trunc(x)
floor(x)	x보다 크지 않은 정수 값	floor(3.785), floor(x)

2) 통계함수

앞에서 설명된 방법에 의해서 만들어지는 벡터에 기본적인 통계함수를 적용하여 분석자가 원하는 통계 결과를 얻기 위한 방법에 대해서 살펴보자.
일반적으로 통계 분석용 데이터는 벡터 형태가 아니라 데이터 프레임의 형태를 취하기 때문에 이 절에서 소개되는 함수는 데이터 프레임 객체에 사용하게 될 것이며 이에 대한 자세한 설명은 7장에서 다루어질 것이다. 일반적으로 통계 분석에 많이 사용되는 통계 함수를 **[표 4.2]**에 정리하였다.

[표 4.2] 통계 함수의 종류와 기능

함수	기능	R 코드 입력 예
sum( )	자료의 합	sum(x)
mean( )	평균	mean(x)
median( )	중앙값	median(x)
var( )	분산	var(x)
sd( )	표준편차	sd(x)
quantile( )	사분위수와 백분위수	quantile(x) quantile(x, c(0.3, 0.95))
IQR( )	사분위수범위	IQR(x)
scale( )	표준화 값	scale(x)
summary( )	6개 요약값 (최솟값, 사분위수, 평균, 최댓값)	summary(x)

Example 4.9

통계함수 사용하기 1 통계 함수를 이용해서 1, 2, 3, 4, 5로 구성된 데이터의 여러 가지 기술통계량 값들을 구해보자.

측도	함수	R 코드	결과 값
합	sum(c( ))	`> sum(c(1,2,3,4,5))`	15
평균	mean(c( ))	`> mean(c(1,2,3,4,5))`	3
중앙값	median(c( ))	`> median(c(1,5,4,3,2))`	3
분산	var(c( ))	`> var(c(1,2,3,4,5))`	2.5
표준편차	sd(c( ))	`> sd(c(1,2,3,4,5))`	1.581139

Example 4.10

통계함수 사용하기 2 수치형 벡터 **x**=(1 2 3 4 5)에 대해서 다음에 주어진 값들을 통계 함수를 이용해서 구해보자.

① 사분위수

```
> x = c(1, 2, 3, 4, 5)
> quantile(x)
  0%  25%  50%  75% 100% 
   1    2    3    4    5 
```

② 25백분위수와 75백분위수

```
> quantile(x, c(0.25, 0.75))
25% 75%
  2   4
```

③ 사분위수 범위

```
> IQR(x)
[1] 2
```

④ 표준화 값

```
> scale(x)
           [,1]
[1,] -1.2649111
[2,] -0.6324555
[3,]  0.0000000
[4,]  0.6324555
[5,]  1.2649111
attr(,"scaled:center")
[1] 3
attr(,"scaled:scale")
[1] 1.581139
```

⑤ 6개의 요약값(최솟값, 제 1사분위수, 중앙값, 평균, 제 3사분위수, 최댓값)

```
> summary(c(1, 2, 3, 4, 5))
Min. 1st Qu.  Median    Mean 3rd Qu.    Max.
1        2         3       3       4       5
```

Example 4.11

통계함수 사용하기 3 다음은 통계학과에서 개설된 R 강좌를 수강한 학생들의 중간성적 데이터이다. 이 데이터를 사용하여 간단한 기술통계량 값을 구해보자.

번호	1	2	3	4	5	6	7	8	9	10
성적	90	95	85	90	70	75	85	80	80	85

① 평균과 표준편차

```
> test_R = c(90, 95, 85, 90, 70, 75, 85, 80, 80, 85)
> test_R
[1] 90 95 85 90 70 75 85 80 80 85
> mean(test_R)
[1] 83.5
> sd(test_R)
[1] 7.472171
```

② 사분위수와 사분위수 범위

```
> quantile(test_R, c(0.25, 0.5, 0.75))
  25%    50%     75%
80.00  85.00  88.75

> IQR(test_R)
[1] 8.75
```

③ 백분위수

```
> quantile(test_R, c(0.1, 0.2, 0.3, 0.4, 0.5, 0.6, 0.7, 0.8, 0.9))
  10%   20%   30%   40%   50%   60%   70%   80%   90%
 74.5  79.0  80.0  83.0  85.0  85.0  86.5  90.0  90.5
```

④ 표준화값과 표준화값의 평균

```
> scale(test_R)
            [,1]
 [1,]  0.8698945
 [2,]  1.5390441
 [3,]  0.2007449
 [4,]  0.8698945
 [5,] -1.8067039
 [6,] -1.1375543
 [7,]  0.2007449
 [8,] -0.4684047
 [9,] -0.4684047
[10,]  0.2007449
attr(,"scaled:center")
[1] 83.5
attr(,"scaled:scale")
[1] 7.472171

> mean(scale(test_R))
[1] 2.752518e-18
```

[표 4.2]를 살펴보면 일반적으로 많이 사용되는 통계함수가 정리되어 있는데, 중심위치를 나타내는 측도 중 최빈값을 구하기 위한 함수는 찾아볼 수 없다. R 함수 중에서 **mode( )** 함수가 있는데 이 함수는 정의한 변수의 자료 형태를 확인할 수 있는 함수로 최빈값을 구하는 함수가 아니다.

R에서 최빈값을 찾기 위한 **Mode( )** 함수는 **DescTools 패키지**에 있으므로 이 패키지를 먼저 실행시킨 후 **Mode( )** 함수를 사용하면 최빈값을 구할 수 있다. R 패키지를 설치하고 이를 실행시키는 방법은 6.6절에서 설명되며, 이 패키지를 이용하여 최빈값을 구하는 방법은 8.1절에서 자세하게 설명될 것이므로 이를 참조하기 바란다.

Chapter 5. 행렬 만들고 다루기

행렬은 실제로 통계 전문가가 아니라면 사용할 기회가 그렇게 많지 않을 수도 있다. 그러나 R에서 제공되는 함수만으로 원하는 결과를 얻지 못하는 경우에는 행렬의 연산과 행렬 함수 등을 사용하여 분석자가 원하는 연산 또는 통계분석을 수행해야 한다. 이런 경우에는 행렬을 정의하고, 정의된 행렬에 대한 연산을 수행해야 하므로 이 장에서는 R 함수를 사용하여 행렬을 생성하는 방법과 생성된 행렬을 다루는 기본적인 방법을 소개하고자 한다.

5.1 행렬 이해하기

벡터(vector)가 하나 이상의 자료 값으로 구성되는 1차원의 자료 구조를 의미한다면, 행렬(matrix)은 행(row)과 열(column)의 2차원 구조를 갖는 자료 구조로 벡터보다 더 복잡한 데이터 구조를 가진다. 또한, 행렬은 벡터처럼 모든 요소가 동일한 유형의 데이터를 가져야 한다. 다음은 n개의 행과 m개의 열로 이루어진 $(n \times m)$ 행렬 A의 일반적인 표현이다. 여기서, $(n \times m)$을 행렬 A의 크기라고 하며, 행렬 A는 nm개의 원소(element)를 가지고 있다.

$$A = \begin{pmatrix} a_{11} \; a_{12} \cdots a_{1m} \\ a_{21} \; a_{22} \cdots a_{2m} \\ \vdots \\ a_{n1} \; a_{n2} \cdots a_{nm} \end{pmatrix}$$

R에서 이와 같이 정의되는 행렬을 생성하기 위해서는 2가지 방법이 있다. 첫 번째 방법은 3장에서 설명된 여러 가지 벡터를 만드는 함수를 이용하여 두 개 이상의 벡터를 먼저 만든 다음 **cbind( )** 함수 또는 **rbind( )** 함수를 사용하여 이들 벡터를 결합시켜서 행렬을 생성하는 것이고, 두 번째 방법은 **matrix( )** 함수를 사용하여 직접 행렬을 생성하는 것이다. 또한 두 개 이상의 행렬을 사용해서 새로운 형태의 행렬을 만들 수도 있는데, 이를 위해서도 **cbind( )** 함수와 **rbind( )** 함수가 사용된다.

행렬을 만드는 방법

METHOD 1　2개 이상의 벡터를 사용해서 행렬 만들기 : **rbind( ), cbind( )**
METHOD 2　직접 행렬 만들기 : **matrix( )**
METHOD 3　2개 이상의 행렬을 사용하여 새로운 행렬 만들기 : **rbind( ), cbind( )**

5.2 벡터를 사용해서 행렬 만들기

2개 이상의 벡터를 사용해서 새로운 행렬을 생성하기 위해 **cbind( )** 함수 또는 **rbind( )** 함수가 사용된다. 기존에 있는 벡터를 열을 기준으로 병합하기 위해서 **cbind( )** 함수가 사용되며, 행을 기준으로 병합하여 새로운 행렬을 만들기 위해서 **rbind( )** 함수가 사용된다. 다음은 일반적인 **cbind( )** 함수와 **rbind( )** 함수의 일반적인 사용형식으로 여기서 지정되는 벡터는 4장에서 설명된 벡터 생성을 위해 사용되는 함수인 **c( )** 함수 또는 **scan( )** 함수 등을 사용해서 만들 수 있다.

rbind( ) cbind( )	> rbind(벡터 1, 벡터 2, …, 벡터 k) > cbind(벡터 1, 벡터 2, …, 벡터 k)

Example 5.1

벡터로 행렬 만들기 벡터 k, m, n을 **c( )** 함수를 사용하여 생성한 후, **cbind( )** 함수와 **rbind( )** 함수를 사용하여 다음과 같은 행렬 m_1과 m_2를 만들어 보자.

$$k=\begin{pmatrix}1\\2\\3\end{pmatrix},\ m=\begin{pmatrix}4\\5\\6\end{pmatrix},\ n=\begin{pmatrix}7\\8\\9\end{pmatrix}\ \Rightarrow\ m_1=\begin{pmatrix}1\,4\,7\\2\,5\,8\\3\,6\,9\end{pmatrix},\ m_2=\begin{pmatrix}1\,2\,3\\4\,5\,6\\7\,8\,9\end{pmatrix}$$

```
> k = c(1, 2, 3)
> m = c(4, 5, 6)
> n = c(7, 8, 9)
> m_1 = cbind(k, m, n)
> m_1
     k m n
[1,] 1 4 7
[2,] 2 5 8
[3,] 3 6 9
```

행렬 m_1은 **cbind( )** 함수를 사용하여 3개의 벡터 k, m, n을 병합하여 만들어지는 것으로 $m_1=(k\text{의 }1\text{열}\quad m\text{의 }1\text{열}\quad n\text{의 }1\text{열})$와 같이 생성된다.

```
> m_2 = rbind(k, m, n)
> m_2
  [,1] [,2] [,3]
k    1    2    3
m    4    5    6
n    7    8    9
```

마찬가지 방법으로 행렬 m_2는 **rbind( )** 함수를 사용하여 3개의 벡터 k, m, n을 병합하여 만들어지는 것으로 다음과 같이 생성된다.

$$m_2=\begin{pmatrix}k\text{의 }1\text{행} & k\text{의 }2\text{행} & k\text{의 }3\text{행}\\ m\text{의 }1\text{행} & m\text{의 }2\text{행} & m\text{의 }3\text{행}\\ n\text{의 }1\text{행} & n\text{의 }2\text{행} & n\text{의 }3\text{행}\end{pmatrix}$$

5.3 직접 값을 입력해서 행렬 만들기

기존에 생성되어 있는 벡터를 사용하여 행렬을 생성하기 위해서는 5.2절에서 설명된 **cbind( )** 함수 또는 **rbind( )** 함수를 사용하면 된다. 이 절에서는 직접 값을 입력하여 행렬을 생성하기 위해 사용되는 **matrix( )** 함수에 대해서 설명하고자 한다. 다음은 **matrix( )** 함수의 일반적인 사용형식이다.

matrix( )	> matrix(행렬의 원소, nrow= , ncol= , byrow=)

위의 일반 사용형식에서 사용되는 옵션은 다음과 같은 의미로 사용된다.

- **행렬의 원소** : 만들고자 하는 행렬을 구성하는 모든 원소를 **c( )** 함수를 이요아형 지정한다. 벡터로 생성되어 있는 경우에는 이를 입력한다. 그리고 **행렬의 원소**의 수는 항상 (행의 수)×(열의 수)의 배수가 되어야 한다.
- **nrow=** : 만들고자 하는 행렬의 행의 수를 지정한다.
- **ncol=** : 만들고자 하는 행렬의 열의 수를 지정한다.
- **byrow=** : 행렬의 원소를 행 순서로 채울지 또는 열 순서로 채울지를 지정한다. 만약, 행 순서로 채우기를 원한다면 **byrow=TRUE**라고 지정하며, 이를 생략하면 열 순서대로 채워지게 된다.

Example 5.2

matrix( ) 함수로 행렬 만들기 1 **Example 5.1**에서 생성된 행렬 m_1과 동일한 행렬을 **matrix( )** 함수를 사용해서 만들어 보자. 이를 위해서 **c( )** 함수를 이용하여 원소 값을 직접 입력하고, 행의 수를 3으로 지정하였다. 또한, 열 순서대로 행렬을 채워야 하므로 **byrow=** 는 생략하였다.

```
> matrix(c(1, 2, 3, 4, 5, 6, 7, 8, 9), nrow=3)
     [,1] [,2] [,3]
[1,]    1    4    7
[2,]    2    5    8
[3,]    3    6    9
```

이와 동일한 행렬을 생성하기 위해 다음과 같이 수치형 벡터 **x**를 먼저 만든 후에 행렬을 생성해도 된다.

```
> x = c(1, 2, 3, 4, 5, 6, 7, 8, 9)
> matrix(x, nrow=3)
     [,1] [,2] [,3]
[1,]    1    4    7
[2,]    2    5    8
[3,]    3    6    9
```

수치형 벡터 **x**에 대해 행 순서대로 행렬을 작성하기 위해서는 다음과 같이

byrow=TRUE와 같이 지정해주어야 한다. 여기서 보는 바와 같이 행렬을 생성할 때 열 순서인지 또는 행 순서인지에 따라 전혀 다른 형태의 행렬이 만들어지므로 유의해야 한다.

```
> matrix(x, nrow=3, byrow=TRUE)
     [,1] [,2] [,3]
[1,]    1    2    3
[2,]    4    5    6
[3,]    7    8    9
```

Example 5.3

matrix( ) 함수로 행렬 만들기 2 **matrix( )** 함수의 일반 사용형식에서 **nrow=**와 **ncol=**을 생략하고, 단순히 숫자만 입력해도 된다. 다만, **matrix( )** 함수에서는 항상 행의 수와 열의 수 순서로 값을 인식하므로 이를 이용하면 다음과 같이 간단한 코드로 행렬을 생성할 수 있다. 다음은 모두 벡터 **x**를 이용하여 동일한 2행 3열의 행렬을 만들기 위한 방법이다.

```
> x = c(1, 2, 3, 4, 5, 6)
> matrix(x, nrow=2)
> matrix(x, nrow=2, ncol=3)
> matrix(x, 2)
> matrix(x, 2, 3)
     [,1] [,2] [,3]
[1,]    1    3    5
[2,]    2    4    6
```

Example 5.4

matrix( ) 함수로 행렬 만들기 3 **matrix( )** 함수의 일반 사용형식에서 **행렬의 원소**의 수는 항상 (행의 수)×(열의 수)의 배수가 되어야 한다. 다음은 벡터 **x**를 이용해서 2×6 행렬을 생성하기 위한 예로 다음과 같이 입력하여도 문법적인 오류는 없으며 **행렬의 원소**들이 반복해서 사용되어 2×6 행렬이 만들어진다.

```
> x = c(1, 2, 3, 4, 5, 6)
> matrix(x, 2, 6)
     [,1] [,2] [,3] [,4] [,5] [,6]
[1,]    1    3    5    1    3    5
[2,]    2    4    6    2    4    6

> matrix(x, 2, 6, byrow=TRUE)
     [,1] [,2] [,3] [,4] [,5] [,6]
[1,]    1    2    3    4    5    6
[2,]    1    2    3    4    5    6
```

5.4 기존 행렬을 이용해서 새로운 행렬 만들기

기존에 생성되어 있는 행렬을 사용해서 새로운 행렬을 만들어야 하는 경우가 있는데, 이 때 행을 기준으로 결합하여 행렬을 생성할 것인지 열을 기준으로 결합하여 행렬을 생성할 것인지에 따라 각각 **rbind( )** 함수와 **cbind( )** 함수가 사용된다. 이는 벡터를 결합하여 행렬을 생성하는 것과 동일한 방법으로 **rbind( )** 함수를 사용하면 기존의 2개 이상의 행렬을 행을 기준으로 결합을 해서 새로운 행렬을 생성하게 되며, **cbind( )** 함수를 사용하면 기존의 2개 이상의 행렬을 열을 기준으로 결합해서 새로운 행렬을 생성하게 된다. 이 때, **rbind( )** 함수를 사용할 때는 각각의 행렬이 가진 열의 개수가 서로 일치해야 하고, **cbind( )** 함수를 사용할 때는 각각의 행렬이 가진 행의 개수가 서로 일치해야 한다. 다음은 **rbind( )** 함수와 **cbind( )** 함수의 일반적인 사용형식이다.

rbind( ) cbind( )	**> rbind(행렬 1, 행렬 2, …, 행렬 k)** **> cbind(행렬 1, 행렬 2, …, 행렬 k)**

Example 5.5

기존 행렬을 이용하여 새로운 행렬 만들기 Example 5.1에서 만든 두 행렬 m_1과 m_2를 이용하여 행을 기준으로 병합해서 만들어지는 행렬 m_3와 열을 기준으로 병합해서 만들어지는 행렬 m_4를 만들어 보자.

```
> m_3 = rbind(m_1, m_2)
> m_3
  k m n
  1 4 7
  2 5 8
  3 6 9
k 1 2 3
m 4 5 6
n 7 8 9
> m_4 = cbind(m_1, m_2)
> m_4
  k m n
k 1 4 7 1 2 3
m 2 5 8 4 5 6
n 3 6 9 7 8 9
```

5.5 행렬 다루기

앞에서 설명된 여러 가지 방법에 의해서 만들어지는 행렬에 대하여 기본적인 연산 및 행렬함수를 적용하여 분석자가 원하는 결과를 얻는 방법에 대해서 살펴보

자. 이를 위해서는 기본적으로 행렬의 각 원소들을 표현할 수 있어야 한다. 행렬은 행과 열로 이루어져 있기 때문에 특정 행 또는 열 그리고 원소는 행과 열의 위치로 표현할 수 있다.

R에서 행렬의 행과 열, 원소의 위치를 나타내기 위해서는 [행번호, 열 번호]의 형태로 입력한다. 예를 들어 x[2,3]은 행렬 **x**의 2행 3열의 원소를 의미하는 것이고, x[3,2]는 행렬 **x**의 3행 2열의 원소를 의미하는 것이다. 또한, x[,1]은 행렬 **x**의 1열을 의미하고, x[,3]은 3열을 의미한다. 마찬가지로 x[1,]과 x[3,]은 각각 행렬 **x**의 1행과 3행을 의미한다. 일반적으로 행렬의 연산에 많이 사용되는 행렬 연산자 및 행렬 함수의 종류와 기능을 **[표 5.1]**에 정리하였다.

[표 5.1] 행렬 연산자 및 행렬 함수의 종류와 기능

연산자/함수	기능	R 코드 입력 예
+, -	행렬의 합과 차	x + y, x - y
%*%	행렬의 곱	x %*% y
nrow( )	행의 수	nrow(x)
ncol( )	열의 수	ncol(x)
rowSums( )	행의 합계	rowSums(x)
colSums( )	열의 합계	colSums(x)
rowMeans( )	행의 평균	rowMeans(x)
colMeans( )	열의 평균	colMeans(x)
t( )	전치행렬	t(x)
solve( )	역행렬	solve(x)
var( )	분산-공분산 행렬	var(x)

Example 5.6

기본적인 행렬 다루기 다음과 같은 행렬 **x**를 생성하고, 여러 가지 행렬 연산자 및 행렬 함수의 사용방법에 대해 살펴보자.

$$x = \begin{pmatrix} 1 & 3 \\ 2 & 4 \end{pmatrix}$$

① 행렬 x의 1행 2열의 값

```
> x = matrix(c(1, 2, 3, 4), 2, 2)
> x
     [,1] [,2]
[1,]    1    3
[2,]    2    4
> x[1,2]
[1] 3
```

② 행렬 x의 1행과 2열

```
> x[1, ]
[1] 1 3
> x[, 2]
[1] 3 4
```

③ 행렬 x의 행의 합계와 열의 합계

```
> rowSums(x)
[1] 4 6
> colSums(x)
[1] 3 7
```

④ 행렬 x의 행의 평균과 열의 평균

```
> rowMeans(x)
[1] 2 3
> colMeans(x)
[1] 1.5 3.5
```

⑤ 행렬 x의 행의 수와 열의 수

```
> nrow(x)
[1] 2
> ncol(x)
[1] 2
```

⑥ 행렬 x의 전치행렬

```
> t(x)
     [,1] [,2]
[1,]    1    2
[2,]    3    4
```

⑦ 행렬 x의 역행렬

```
> solve(x)
     [,1] [,2]
[1,]   -2  1.5
[2,]    1 -0.5
```

Example 5.7

분산-공분산 행렬 구하기 다음은 통계학과 1학년 학생들의 R, SPSS, SAS 성적을 정리한 자료이다. 이 자료를 사용하여 세 변수들 사이의 분산-공분산 행렬을 구해보자. 단, n개 관측치에 대한 데이터 행렬을 X라고 할 때 분산-공분산 행렬은 다음과 같이 정의된다.

$$Cov = \frac{(X-\overline{X})^t(X-\overline{X})}{n-1}$$

R에서 분산-공분산 행렬을 생성하기 위해서는 **var( )** 함수가 사용된다. 그러나, 여기서는 여러 가지 행렬 함수의 사용방법을 익히기 위해 **var( )** 함수를 이용하지 않고, 분산-공분산 행렬을 구하는 방법을 설명하고자 한다.

번호	R 성적	SAS 성적	SPSS 성적
1	90	95	95
2	95	95	95
3	85	80	85
4	90	90	90
5	70	75	85
6	75	75	85
7	85	90	85
8	80	75	75
9	80	80	70
10	85	85	80

먼저 위 자료를 읽어서 행렬의 형태로 만들어보자. 즉 3개 과목의 성적 자료를 각각 수치형 벡터 test_R, test_SAS, test_SPSS로 생성한 다음 **cbind( )** 함수를 이용하여 크기가 10×3인 행렬 X를 다음과 같이 생성할 수 있다.

```
> test_R = c(90, 95, 85, 90, 70, 75, 85, 80, 80, 85)
> test_SAS = c(95, 95, 80, 90, 75, 75, 90, 75, 80, 85)
> test_SPSS = c(95, 95, 85, 90, 85, 85, 85, 75, 70, 80)
> X = cbind(test_R, test_SAS, test_SPSS)
> X
      test_R test_SAS test_SPSS
 [1,]     90       95        95
 [2,]     95       95        95
 [3,]     85       80        85
 [4,]     90       90        90
 [5,]     70       75        85
 [6,]     75       75        85
 [7,]     85       90        85
 [8,]     80       75        75
 [9,]     80       80        70
[10,]     85       85        80
```

이제 과목별 평균값을 원소로 가지는 행렬 $\overline{X}$를 만들어보자. 여기서, $(X-\overline{X})$를 계산해야 하므로 행렬 $\overline{X}$와 행렬 X는 동일한 크기 (10×3)의 행렬이어야 하며, 과목별 열의 평균을 **colMeans( )** 함수를 이용해서 다음과 같이 구할 수 있다.

```
> mean_t = colMeans(X)
> mean_t
  test_R  test_SAS  test_SPSS
    83.5      84.0       84.5
```

행렬 X_m은 과목별 평균을 나타내는 벡터인 mean_t를 **matrix( )** 함수에 지정하여 다음과 같이 생성할 수 있다. 이 때 행렬 X_m의 행과 열의 수는 각각 10과 3이므로 행의 수를 nrow(X), 열의 수를 ncol(X)와 같이 일반적으로 나타낼 수 있고, 이와 같은 방법으로 생성된 행렬 X_m이 우리가 구하고자 하는 행렬 $\overline{X}$가 된다. 즉, 행렬 $\overline{X}$는 행의 수가 10이고, 열의 수가 3이므로 행렬 X와 동일한 크기를 가지는 (10×3)의 행렬이 된다.

```
> X_m = matrix(mean_t, nrow(X), ncol(X), byrow=TRUE)
> X_m
        [,1]  [,2]  [,3]
 [1,]   83.5    84  84.5
 [2,]   83.5    84  84.5
 [3,]   83.5    84  84.5
 [4,]   83.5    84  84.5
 [5,]   83.5    84  84.5
 [6,]   83.5    84  84.5
 [7,]   83.5    84  84.5
 [8,]   83.5    84  84.5
 [9,]   83.5    84  84.5
[10,]   83.5    84  84.5
```

다음으로 $(X-\overline{X})$를 나타내는 행렬 **diff**를 다음과 같이 구할 수 있다.

```
> diff = X - X_m
> diff
       test_R  test_SAS  test_SPSS
 [1,]     6.5        11       10.5
 [2,]    11.5        11       10.5
 [3,]     1.5        -4        0.5
 [4,]     6.5         6        5.5
 [5,]   -13.5        -9        0.5
 [6,]    -8.5        -9        0.5
 [7,]     1.5         6        0.5
 [8,]    -3.5        -9       -9.5
 [9,]    -3.5        -4      -14.5
[10,]     1.5         1       -4.5
```

따라서, 분산-공분산 행렬의 식을 이용하여 행렬 X의 분산-공분산 행렬 Cov를 구하면 다음과 같다.

```
> Cov = (t(diff) %*% diff) / (nrow(X) - 1)
> Cov
             test_R    test_SAS   test_SPSS
test_R     55.83333    53.88889    32.50000
test_SAS   53.88889    65.55556    43.88889
test_SPSS  32.50000    43.88889    63.61111
```

이러한 과정은 R에서 사용자가 원하는 함수가 없을 경우에 직접 행렬 연산을 통해 원하는 결과를 얻는 과정을 연습하는 것이라고 생각하면 된다. 물론, 분산-공분산 행렬을 구하기 위한 R 함수 **var( )**가 있기 때문에 이러한 복잡한 과정은 필요 없으며 다음과 같이 입력하면 위와 동일한 결과를 얻을 수 있다.

```
> var(X)
             test_R    test_SAS   test_SPSS
test_R     55.83333    53.88889    32.50000
test_SAS   53.88889    65.55556    43.88889
test_SPSS  32.50000    43.88889    63.61111
```

5.6 사용자 정의 함수 만들기

지금까지 R에서 제공되는 수학함수, 통계함수, 행렬함수 등 다양한 함수들을 정의하고 이를 사용하는 방법에 대해서 살펴보았는데 실제 데이터 분석을 하는데 있어서 R에서 제공되는 함수 이외에 분석에 자주 사용되지만 일반적인 형태의 함수로 제공되지 않는 경우가 있다. 이를 위해서 R에서는 사용자가 원하는 특정 함수를 직접 사용자 함수로 정의해서 사용할 수 있다. 즉 반복적으로 사용되는 부분을 특정 함수로 정의함으로써 R 프로그램을 효율적으로 작성하여 사용할 수 있게 된다. 사용자가 특정 목적으로 사용할 수 있도록 정의해서 만들어지는 사용자 정의 함수는 다음과 같은 형식으로 사용된다.

사용자 정의 함수	> 함수이름 = function(인수) { 명령문 }

위의 일반 사용형식에서 사용되는 옵션은 다음과 같은 의미로 사용된다.

- **함수이름** : 사용자가 정의할 사용자 정의함수의 이름을 지정한다.
- **인수** : 사용자 정의 함수에서 사용될 인수를 지정하며, 값, 벡터, 행렬 등을 지정할 수 있다. 이 인수를 사용하여 명령문이 수행된다.
- **명령문** : 입력되는 인수를 사용해서 실행될 명령문들을 { } 안에 나열한다.

Example 5.8

사용자 정의 함수 만들기 1 간단한 기술통계량을 구해주는 사용자 정의 함수 **f_stat( )**을 만들고, **Example 4.11**에서 사용된 R 강좌를 수강한 학생들의 중간성적 자료에 대하여 이 함수를 적용해 보자. 사용자 정의 함수이름을 **f_stat**으로 정의하고 **{** 상태에서 엔터를 치면 다음과 같이 명령문을 나열할 수 있도록 **+** 기호가 나타나게 된다. 여기서, **x**는 실제 사용자함수에서 사용될 자료 벡터로 **x**의 관측치의 수와 평균, 표준편차를 계산하고 이를 벡터로 생성하여 출력하도록 하는 사용자함수를 만드는 것이다.

```
> f_stat = function(x){
+
```

물론 **{ }** 내에 필요한 모든 명령문을 한 줄에 나열해도 상관없으나, 함수의 내용을 보기 쉽도록 한 줄에 하나의 함수를 지정하였다.

```
> f_stat = function(x){
+ n = length(x)
+ m = mean(x)
+ s = sd(x)
+ res = c(n, m, s)
+ names(res) = c("n", "mean", "sd")
+ res
+ }
```

R 코드를 살펴보면 주어진 자료로부터 통계함수를 이용하여 관측치의 수(n), 평균(m), 표준편차(s)를 구한 다음 이 3개의 값을 가지는 벡터 **res**를 생성하였다. 그리고, 출력결과에 관측치의 수와 평균, 표준편차가 각각 "n", "mean", "sd"와 같이 출력되도록 하기 위해 벡터 **res**의 열 이름을 지정하기 위한 함수 **names( )**를 사용하였다. **names( )** 함수의 사용방법은 7.1절의 **[표 7.1]**을 참고하기 바란다. 마지막으로 구해진 통계량 값들을 나타내는 벡터 **res**를 출력하기 위해 이를 지정하고 **}**를 이용하여 명령문 나열을 종료하였다.

이제 이 함수를 자료에 적용하기 위해 자료 값을 가지는 벡터 **x**를 생성한 다음 이를 사용자 정의함수 **f_stat**에 적용시킨 결과가 다음과 같다.

```
> x = c(90, 95, 85, 90, 70, 75, 85, 80, 80, 85)
> x
[1] 90 95 85 90 70 75 85 80 80 85
> f_stat(x)
        n      mean        sd
10.000000 83.500000  7.472171
```

Example 5.9

사용자 정의 함수 만들기 2 **Example 5.7**에서 작성한 분산-공분산 행렬을 구하는 프로그램을 사용자 정의 함수 **f_cov( )**로 만들어 보자. **Example 5.7**에서 사용된 R 코드를 그대로 사용자 정의 함수 **f_cov( )**의 명령문 **{ }**에 입력하면 된다.

```
> f_cov = function(X) {
+ mean_t = colMeans(X)
+ X_m = matrix(mean_t, nrow(X), ncol(X), byrow=TRUE)
+ diff = X - X_m
+ Cov = (t(diff) %*% diff) / (nrow(X) - 1)
+ Cov
+ }
```

이제 분산-공분산 행렬을 구하기 위한 함수 **f_cov( )**를 정의하였으므로 이 함수를 사용해서 주어진 행렬에 대하여 분산-공분산 행렬을 구할 있다. **Example 5.7**에 있는 자료를 행렬 X로 지정한 후에 사용자 정의 함수를 사용하면 된다.

```
> test_R = c(90, 95, 85, 90, 70, 75, 85, 80, 80, 85)
> test_SAS = c(95, 95, 80, 90, 75, 75, 90, 75, 80, 85)
> test_SPSS = c(95, 95, 85, 90, 85, 85, 85, 75, 70, 80)
> X = cbind(test_R, test_SAS, test_SPSS)
> f_cov(X)
             test_R  test_SAS  test_SPSS
test_R     55.83333  53.88889   32.50000
test_SAS   53.88889  65.55556   43.88889
test_SPSS  32.50000  43.88889   63.61111
```

R 함수 요약

단계 2

데이터 유형 확인하기

```
> mode(인수)
```

벡터 만들기

```
> c(자료 1, 자료 2, … )
> scan(what= )
> rep(자료 값, times= )
> seq(from= , to= , by= )
> scan(file= , what= , sep= , multi.line= )
```

행렬 만들기

```
> rbind(벡터 1, 벡터 2, …, 벡터 k)
> cbind(벡터 1, 벡터 2, …, 벡터 k)
> matrix(행렬의 원소, nrow= , ncol= , byrow= )
> rbind(행렬 1, 행렬 2, …, 행렬 k)
> cbind(행렬 1, 행렬 2, …, 행렬 k)
```

벡터의 열 이름 지정하기

```
> names(벡터) = c("이름 1", "이름 2", …)
```

사용자 정의 함수 만들기

```
> 함수이름 = function(인수) { 명령문 }
```

단계 3

데이터 프레임 만들고 다루기

Chapter 6. 데이터 프레임 만들기

R을 포함하여 SAS, SPSS와 같은 통계패키지를 사용하는 주된 이유는 다양한 분야에서 발생되는 데이터를 통계적인 분석방법을 활용하여 분석하기 위한 것이다. 이 때 가장 중요한 부분 중의 하나가 원 데이터로부터 다양한 데이터 조작 과정을 통해서 분석용 데이터를 만드는 것이다. R에서 이러한 분석용 데이터를 만들기 위해서 정의되는 객체가 변수(열)와 관측치(행)로 구성되는 2차원 자료 구조를 갖는 데이터 프레임이다. 따라서 R을 활용하여 통계분석을 수행하기 위해서는 데이터 프레임을 만들고, 이를 조작하여 분석을 위한 최종 데이터 프레임 즉, 분석용 데이터를 생성하여야 한다. 이 장에서는 R 함수를 사용하여 데이터 프레임 객체를 만드는 다양한 방법을 다루고자 한다.

6.1 데이터 프레임 이해하기

데이터 프레임을 만들고, 이를 조작하여 분석을 위한 최종 데이터 프레임 즉, 분석용 데이터를 생성하고, 이 데이터를 분석하는 3단계를 진행하는 것이 R을 활용하여 통계분석을 수행하기 위한 전형적인 절차이다. 물론 분석을 수행한 후에 필요하다면 새로운 데이터를 만들어야 하므로 이 3단계의 절차는 순환구조를 갖는 데이터 분석의 필수 단계라고 할 수 있다.

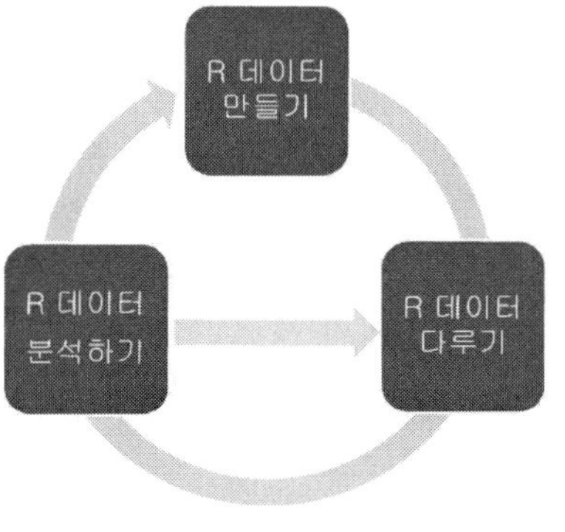

데이터분석 3단계의 시작이 데이터를 만드는 작업인데, 이를 위해서 데이터 프레임이라는 객체를 이해할 필요가 있다. 데이터 프레임은 일반적인 분석용 데이터에서 볼 수 있는 자료 구조로서 변수(열)와 관측치(행)로 구성된다. 다음은 k개의 변수와 n개의 관측치로 이루어진 일반적인 형태의 데이터 프레임을 표현한 것으로 변수(열)는 데이터 분석에서 반응변수, 설명변수, 요인(그룹)변수 등으로 사용

되는 매우 중요한 역할을 하게 된다. 더불어 **[표 6.2]**부터 **[표 6.5]**에 제시된 분석용 데이터는 다음과 같은 구조를 가지므로 이를 데이터 프레임으로 생성하여 통계분석을 수행할 수 있다. 데이터 프레임과 행렬의 차이점은 행렬은 모든 값들의 데이터 유형이 동일해야 하지만, 데이터 프레임의 경우 변수, 즉 각 열의 데이터 유형은 달라도 상관없다.

관측치 번호	변수 1	변수 2	…	변수 k
1	V_{11}*	V_{12}	…	V_{1k}
2	V_{21}	V_{22}	…	V_{2k}
⋮	⋮	⋮	⋮	⋮
n	V_{n1}	V_{n2}	…	V_{nk}**

* 첫 번째 측정 대상(관측치)으로부터 얻은 첫 번째 변수의 값을 의미

** n 번째 측정 대상(관측치)으로부터 얻은 k 번째 변수의 값을 의미

데이터 프레임에서 관측치는 동일한 측정 대상으로부터 얻은 변수 값들을 의미하므로 행의 순서는 데이터 구조적으로 중요하지 않다. 그러나 데이터 프레임을 조작하여 최종 분석용 데이터를 만들 때, 관측치는 동일한 측정 대상의 변수 값들을 표현하므로 두 개 이상의 관측치들이 서로 혼합되어 같은 행으로 표현되어 있는 경우에는 특별히 조심해야 한다.

데이터 프레임을 만드는 방법은 이미 생성되어 있는 벡터나 행렬을 사용하여 데이터 프레임을 만드는 방법과 변수(행)와 관측치(행)의 구조로 된 텍스트 파일, csv 파일, 엑셀 파일 등의 외부 데이터 파일을 읽어 R 함수를 사용하여 만드는 방법으로 구분할 수 있다.

데이터 프레임 만드는 방법

- 벡터나 행렬을 사용해서 데이터 프레임 만들기 : **data.frame( )** 사용
- 외부 데이터 파일을 읽어 데이터 프레임 만들기 : **read.table( )**, **read.csv( )**, **read,xlsx( )** 등을 사용

6.2 실습을 위한 데이터 설명하기

본 교재에서 사용되는 자료는 Data_A, Data_B, Data_C, Data_D의 4개 파일로 구성되어 있는데, 각 파일은 각각 1, 2, 3, 4학년에 대한 자료를 포함하고 있다. 그리고 각 학년별 자료에는 학생들의 일반특성(번호, 학년, 성별)과 신체특성(키, 몸무게, 허리둘레) 그리고 평점(GPA)과 감성지수(EQ1, EQ2)에 대한 정보를 포함하고 있다. 이러한 4개의 자료를 이용하여 R에서 데이터 프레임을 생성하고 다루는 방법을 설명하고자 한다. 또한 R을 활용하여 통계자료를 분석하는 이후의 모든 과정에서 이 데이터가 사용되어 설명될 것이므로 이들 자료의 특성을 잘 이해

하는 것은 이 교재를 효율적으로 활용하기 위해서 매우 중요하다. **[표 6.1]**에 자료에 대한 변수명과 변수의 속성, 변수의 내용 및 자료의 형태를 정리하였으며, **[표 6.2]**부터 **[표 6.5]**에는 각 학년별 원자료가 제시되어 있다.
이 자료는 출판사 홈페이지(http://www.freeaca.com/) 자료실에서 다운로드받을 수 있으므로 필요한 경우 이를 이용하기 바란다.

[표 6.1] 자료의 특성

변수명	속성	내용	자료의 형태
ID	번호	일련번호	문자형/수치형
AYear	학년	1, 2, 3, 4	문자형/수치형
Gender	성별	F:여학생 M:남학생	문자형
Height	키	측정된 키(cm)	수치형
Weight	몸무게	측정된 몸무게(kg)	수치형
Waist	허리둘레	측정된 허리둘레(inch)	수치형
Navel	배꼽높이	측정된 배꼽높이(cm)	수치형
GPA	평점	평점	수치형
EQ1	감성지수1	프로그램 연수 전의 감성지수	수치형
EQ2	감성지수2	프로그램 연수 후의 감성지수	수치형

[표 6.2] 1학년 학생들의 자료(Data_A)

ID	AYear	Gender	Height	Weight	Waist	Navel	GPA	EQ1	EQ2
202401	1	F	159.1	59	26	97.7	3.4	160	165
202402	1	F	162.5	54	25	97.6	3.4	174	178
202403	1	F	159.0	53	26	96.6	3.2	155	160
202404	1	F	161.5	54	28	99.2	2.9	168	173
202405	1	F	151.4	52	24	89.5	3.8	171	178
202406	1	F	165.7	55	27	100.5	3.5	123	123
202407	1	F	157.2	59	25	94.5	3.2	177	176
202408	1	F	162.1	54	24	97.5	3.8	150	152
202409	1	M	176.1	62	30	105.0	3.1	145	147
202410	1	M	165.5	63	31	98.7	2.4	166	169
202411	1	M	164.0	61	31	97.5	3.4	174	173
202412	1	M	176.5	74	27	107.0	3.2	153	155
202413	1	M	177.7	76	31	107.6	3.4	162	160
202414	1	M	173.5	80	31	104.4	2.8	138	144
202415	1	M	176.2	79	29	106.0	2.8	140	145
202416	1	M	168.8	62	29	101.6	3-0	151	155

[표 6.3] 2학년 학생들의 자료(Data_B)

ID	AYear	Gender	Height	Weight	Waist	Navel	GPA	EQ1	EQ2
202417	2	F	162.7	52	25	97.9	3.5	133	135
202418	2	F	164.3	57	26	102.1	3.5	139	136
202419	2	F	158.6	48	24	95.2	3.7	143	143
202420	2	F	170.3	63	26	102.8	3.5	153	160
202421	2	F	156.0	55	26	93.5	3.8	144	150
202422	2	F	154.0	48	25	92.5	3.6	175	174
202423	2	F	164.1	56	25	97.1	3.2	166	173
202424	2	F	161.3	58	27	98.5	4.1	165	164
202425	2	M	169.7	72	32	99.5	4.0	180	185
202426	2	M	165.9	58	29	99.5	3.1	166	172
202427	2	M	180.0	77	34	109.8	2.9	135	140
202428	2	M	174.7	71	31	102.2	3.9	143	148
202429	2	M	172.5	74	33	103.8	3.7	139	146
202430	2	M	174.6	60	30	108.5	3.2	142	146
202431	2	M	163.0	56	28	99.7	3.2	152	159
202432	2	M	168.7	75	29	99.5	2.7	146	144

[표 6.4] 3학년 학생들의 자료(Data_C)

ID	AYear	Gender	Height	Weight	Waist	Navel	GPA	EQ1	EQ2
202433	3	F	166.4	61	24	101.5	4.1	143	140
202434	3	F	159.2	63	25	95.7	3.9	136	134
202435	3	F	164.2	50	26	101.4	4.0	137	139
202436	3	F	160.0	60	23	97.0	3.7	155	162
202437	3	F	154.3	47	24	96.0	3.9	156	156
202438	3	F	160.1	53	27	97.1	3.8	154	154
202439	3	F	153.2	45	25	93.1	3.6	138	139
202440	3	F	160.2	50	25	99.5	3.8	139	136
202441	3	M	172.0	80	30	100.9	3.4	140	141
202442	3	M	174.5	67	29	104.4	3.6	150	155
202443	3	M	167.6	70	31	100.8	3.5	165	163
202444	3	M	172.0	79	28	101.7	3.7	155	152
202445	3	M	182.1	77	35	112.0	3.5	142	140
202446	3	M	184.6	78	27	109.8	3.4	165	172
202447	3	M	174.0	62	29	100.9	3.0	133	133
202448	3	M	165.6	75	28	100.6	3.7	138	142

[표 6.5] 4학년 학생들의 자료(Data_D)

ID	AYear	Gender	Height	Weight	Waist	Navel	GPA	EQ1	EQ2
202449	4	F	165.0	50	27	100.0	3.9	144	150
202450	4	F	169.7	58	24	99.2	4.1	153	156
202451	4	F	163.5	48	25	96.3	3.9	138	135
202452	4	F	157.5	50	27	95.3	4.2	150	147
202453	4	F	166.7	55	24	98.5	4.1	164	164
202454	4	F	163.8	52	26	96.8	3.8	135	142
202455	4	F	157.0	50	26	93.5	4.0	156	158
202456	4	F	154.1	60	27	91.7	3.9	144	144
202457	4	M	176.7	80	32	107.8	3.8	162	168
202458	4	M	174.0	66	32	105.9	3.6	139	139
202459	4	M	174.0	75	30	105.3	3.9	170	174
202460	4	M	184.2	84	33	112.2	4.1	149	153
202461	4	M	175.5	77	32	107.8	4.0	166	166
202462	4	M	176.7	70	29	107.4	3.8	162	163
202463	4	M	170.0	71	30	101.8	3.8	165	169
202464	4	M	173.1	69	30	102.8	3.6	169	174

6.3 벡터나 행렬을 사용해서 데이터 프레임 만들기

data.frame( ) 함수를 사용하면 기존의 벡터나 행렬을 사용해서 새로운 데이터 프레임을 만들 수 있다. 즉 이미 생성되어 있는 벡터 또는 행렬을 열을 기준으로 결합하여 데이터 프레임을 생성할 수 있다. **data.frame( )** 함수는 열을 기준으로 결합되기 때문에 결합되는 벡터나 행렬의 행의 수가 반드시 동일해야 한다. 다음은 **data.frame( )**의 일반적인 사용형식이다. 여기서, 벡터 또는 행렬과 관련된 부분은 4장과 5장의 내용을 참고하기 바란다.

data.frame( ) **> data.frame(벡터/행렬 1, 벡터/행렬 2, ⋯ , 벡터/행렬 k)**

Example 6.1

벡터로 데이터 프레임 만들기 **[표 6.2]**에 있는 1학년 학생들의 자료(Data_A) 중에서 3개 변수(ID, AYear, Gender)만을 이용하여 1학년 학생들의 기본사항 자료를 포함하는 데이터 프레임 Data_A1을 만들어보자.

이를 위해서 4장에서 설명된 벡터 생성 함수를 사용하여 3개 변수의 자료를 포함하는 수치형 벡터 ID, AYear와 문자형벡터 Gender를 다음과 같은 방법으로 생성하였다.

먼저 ID 변수는 202401부터 202416까지 16명의 일련번호를 나타나고 있으므로 **seq( )** 함수를 이용하여 생성할 수 있다. 두 번째 변수인 AYear는 Data_A가 1학년 학생들의 자료로 모두 1의 값을 가지므로 **rep( )** 함수를 이용하면 쉽게 벡터를 생성할 수 있다. 마지막으로 성별을 나타내는 변수 Gender는 문자형 데이터이므로 **c( )** 함수와 **rep( )** 함수를 이용하여 다음과 같이 얻을 수 있다.

```
> ID
 [1] 202401 202402 202403 202404 202405 202406 202407 202408 202409
[10] 202410 202411 202412 202413 202414 202415 202416
> AYear = rep(1, times=16)
> AYear
 [1] 1 1 1 1 1 1 1 1 1 1 1 1 1 1 1 1
> Gender = c(rep("F", times=8), rep("M", times=8))
> Gender
 [1] "F" "F" "F" "F" "F" "F" "F" "F" "M" "M" "M" "M" "M" "M" "M" "M"
```

ID 변수의 출력결과에서 [1] [10]의 의미는 출력되는 값을 한 줄에 나타내지 못할 때 자동적으로 사용되는 기호로 202401은 1번째, 202410은 10번째 자료임을 나타내준다. 또한 R 명령어 입력에서 + 기호는 자료의 입력이 계속되고 있음을 나타내주는 기호이다.

이제, 위와 같이 생성된 3개 벡터를 **data.frame( )** 함수를 이용하여 다음과 같이 데이터 프레임 Data_A1으로 생성할 수 있다.

```
> Data_A1 = data.frame(ID, AYear, Gender)
> Data_A1
       ID AYear Gender
1  202401     1      F
2  202402     1      F
3  202403     1      F
4  202404     1      F
5  202405     1      F
6  202406     1      F
7  202407     1      F
8  202408     1      F
9  202409     1      M
10 202410     1      M
11 202411     1      M
12 202412     1      M
13 202413     1      M
14 202414     1      M
15 202415     1      M
16 202416     1      M
```

Example 6.2

행렬로 데이터 프레임 만들기 **[표 6.2]**에 있는 1학년 학생들의 자료(Data_A) 중에서 3개의 변수(ID, Height, Weight) 자료로 이루어진 행렬이 있다고 할 때 이 행렬을 데이터 프레임 Data_A2로 만들어보자. 이를 위해서 먼저 세 변수의 자료를 3개의 벡터 **ID**, **Height**, **Weight**로 생성하고, **cbind( )** 함수를 이용하여 행렬 A2를 생성한 다음 **data.frame( )** 함수를 이용하여 데이터 프레임 Data_A2를 생성할 수 있다.

```
> ID = seq(202401, 202416)
> Height = c(159.1, 162.5, 159.0, 161.5, 151.4, 165.7, 157.2, 162.1, 176.1, 165.5,
+             164.0, 176.5, 177.7, 173.5, 176.2, 168.8)
> Weight = c(59, 54, 53, 54, 52, 55, 59, 54, 62, 63, 61, 74, 76, 80, 79, 62)
> A2 = cbind(ID, Height, Weight)
> Data_A2 = data.frame(A2)
> Data_A2
       ID Height Weight
1  202401  159.1     59
2  202402  162.5     54
3  202403  159.0     53
4  202404  161.5     54
5  202405  151.4     52
6  202406  165.7     55
7  202407  157.2     59
8  202408  162.1     54
9  202409  176.1     62
10 202410  165.5     63
11 202411  164.0     61
12 202412  176.5     74
13 202413  177.7     76
14 202414  173.5     80
15 202415  176.2     79
16 202416  168.8     62
```

6.4 텍스트 파일을 데이터 프레임으로 만들기

데이터 분석을 할 때 분석에 사용될 자료를 앞에서 설명한 바와 같이 R에서 직접 입력하여 사용할 수도 있지만 자료의 양이 방대한 경우 이를 직접 입력하는 방법은 원자료 파일을 관리하기 어렵기 때문에 좋은 방법이라고 할 수 없다. 따라서 대부분의 경우 원 자료를 텍스트 파일 또는 엑셀 파일의 형태로 입력하고 저장한 다음 이를 불러와서 사용하는 것이 일반적이다. 이와 같이 외부 프로그램에 의해 만들어서 저장된 자료 파일을 R로 불러와서 데이터 프레임으로 만드는 작업은 R을 활용한 통계자료 분석의 시작이라고 할 수 있다.

이 절에서는 텍스트 파일을 데이터 프레임으로 만들기 위한 **read.table( )** 함수를 사용하는 방법에 대해서 설명하고자 한다. 다음은 **read.table( )** 함수의 일반적인 사용형식이다.

read.table( )	> read.table(file= , header= , sep= , na.strings=( ))

위의 일반 사용형식에서 사용되는 옵션은 다음과 같은 의미로 사용된다.

- **file=** : 외부에 저장되어 있는 텍스트 파일의 경로와 파일의 이름을 " "에 지정한다. 만약 c 드라이브의 DATA폴더에 저장되어 있는 test1.txt파일을 불러오고 싶으면, **file="c:/DATA/test1.txt"**라고 지정한다.
- **header=** : 텍스트 파일의 첫 번째 행에 변수 이름이 입력되어 있는지를 지정하는 옵션이다. 만약, 첫 행이 변수 이름이면 **header=TRUE**라고 지정하고, 첫 행이 변수 이름이 아닌 경우에는 **header=FALSE**라고 지정하면 된다.
- **sep=** : 서로 다른 변수 값들을 구분하기 위해서 사용되는 구분 기호를 지정할 수 있다. 디폴트는 " "(빈칸) 또는 입력라인의 끝이다. 만약 자료 값들을 콤마(,)로 구분하여 입력하였다면, **sep=","**라고 지정한다.
- **na.strings=( )** : 결측치를 지정하기 위해서 사용된다. 만약, 결측치를 **NA**로 입력했다면, **na.strings=("NA")**라고 지정한다.

Example 6.3

텍스트 파일을 데이터 프레임으로 만들기 **[표 6.2]**에 있는 1학년 학생들의 자료(Data_A) 중 6개의 변수(ID, Waist, Navel, GPA, EQ1, EQ2)를 사용해서 텍스트 파일 Data_A3.txt를 생성한 후에 이를 데이터 프레임 Data_A3로 만들어보자. 단, Data_A3.txt 파일은 다음과 같이 구성된다.

- **[표 6.2]**에 있는 Data_A 중 6개의 변수(ID, Waist, Navel, GPA, EQ1, EQ2)를 사용한다.
- 자료 파일의 첫 행에 변수 이름을 입력한다.
- 변수와 변수 사이는 공백으로 구분한다.
- 자료는 메모장 또는 한글워드 등의 프로그램을 사용해서 저장형식을 텍스트 파일로 설정하고 Data_A3.txt로 저장한다.

이와 같이 저장된 텍스트 파일 Data_A3.txt가 c 드라이브의 DATA 폴더에 저장되어 있다면, **read.table( )** 함수를 사용하여 다음과 같이 데이터 프레임을 생성할 수 있다. 여기서, 자료 파일의 첫 행에 변수이름이 입력되어 있으므로 **header=TRUE**라고 지정하였다.

```
> Data_A3 = read.table(file="c:/DATA/Data_A3.txt", header=TRUE)
```

```
> Data_A3
       ID Waist Navel GPA EQ1 EQ2
1  202401    26  97.7 3.4 160 165
2  202402    25  97.6 3.4 174 178
3  202403    26  96.6 3.2 155 160
4  202404    28  99.2 2.9 168 173
5  202405    24  89.5 3.8 171 178
6  202406    27 100.5 3.5 123 123
7  202407    25  94.5 3.2 177 176
8  202408    24  97.5 3.8 150 152
9  202409    30 105.0 3.1 145 147
10 202410    31  98.7 2.4 166 169
11 202411    31  97.5 3.4 174 173
12 202412    27 107.0 3.2 153 155
13 202413    31 107.6 3.4 162 160
14 202414    31 104.4 2.8 138 144
15 202415    29 106.0 2.8 140 145
16 202416    29 101.6 3.0 151 155
```

만약, 자료를 입력할 때 다음과 같이 변수와 변수 사이를 콤마(,)로 구분하였고 이 자료가 c 드라이브의 DATA 폴더에 Data_A31.txt로 저장되어 있다고 하자.

```
ID,Waist,Navel,GPA,EQ1,EQ2
202401,59,97.7,3.4,160,165
202402,54,97.6,3.4,174,178
202403,53,96.6,3.2,155,160
202404,54,99.2,2.9,168,173
202405,52,89.5,3.8,171,178
202406,55,100.5,3.5,123,123
202407,59,94.5,3.2,177,176
202408,54,97.5,3.8,150,152
202409,62,105.0,3.1,145,147
202410,63,98.7,2.4,166,169
202411,61,97.5,3.4,174,173
202412,74,107.0,3.2,153,155
202413,76,107.6,3.4,162,160
202414,80,104.4,2.8,138,144
202415,79,106.0,2.8,140,145
202416,62,101.6,3.0,151,155
```

이 자료파일을 불러와서 데이터 프레임 Data_A31로 생성하기 위해서는 다음과 같이 입력하면 된다.

```
> Data_A31 = read.table(file="c:/DATA/Data_A31.txt", header=TRUE, sep=",")
```

Example 6.4

데이터 프레임에서 $를 사용하여 변수 지정하기 **Example 6.3**에서 생성된 데이터 프레임 Data_A3은 행렬 형태로 특정 변수(열)에 대해서 4장에서 설명된 다양한 통계 함수를 사용하여 원하는 측도 값을 구할 수 있다. 예를 들어 허리둘레(Waist)의 평균을 구해보자. 데이터 프레임 Data_A3는 크기가 16×6인 행렬로 볼 수 있으므로 변수 Waist는 행렬 Data_A3의 2열이 된다. 따라서 **[표 4.2]**의 **mean( )** 함수를 이용해서 다음과 같이 평균을 구할 수 있다.

```
> mean(Data_A3[,2])
[1] 27.75
```

이와 같이 데이터 프레임을 행렬로 간주하여 변수를 지정할 수도 있지만, 데이터 프레임에 변수 이름이 저장되어 있으므로 **데이터 프레임$변수명**과 같이 지정할 수도 있다. 이 방법은 7.1절에서 자세히 설명될 예정이므로 이를 참조하기 바란다. 이를 이용하여 허리둘레(Waist)의 평균을 구하기 위해서는 다음과 같이 입력하여 실행시키면 된다. 당연히 두 방법에 의한 실행된 결과는 동일하다.

```
> mean(Data_A3$Waist)
[1] 27.75
```

Example 6.5

결측치가 포함된 텍스트 파일을 데이터 프레임으로 만들기 **Example 6.3**에서 사용된 Data_A3.txt 파일에서 첫 번째 관측치의 GPA가 결측치로 NA와 같이 입력되어 있으며, c 드라이브의 DATA 폴더에 Data_A32.txt로 저장되어 있다고 하자. 이러한 경우 결측치를 지정하기 위해서 **na.strings=("NA")** 옵션을 지정하였고, 다음과 같이 데이터프레임 Data_A32를 생성할 수 있다.

```
> Data_A32 = read.table(file="c:/DATA/Data_A32.txt",
+ header=TRUE, na.strings=("NA"))
> Data_A32
       ID Waist Navel GPA EQ1 EQ2
1  202401    26  97.7  NA 160 165
2  202402    25  97.6 3.4 174 178
3  202403    26  96.6 3.2 155 160
4  202404    28  99.2 2.9 168 173
5  202405    24  89.5 3.8 171 178
6  202406    27 100.5 3.5 123 123
7  202407    25  94.5 3.2 177 176
8  202408    24  97.5 3.8 150 152
9  202409    30 105.0 3.1 145 147
10 202410    31  98.7 2.4 166 169
11 202411    31  97.5 3.4 174 173
12 202412    27 107.0 3.2 153 155
13 202413    31 107.6 3.4 162 160
14 202414    31 104.4 2.8 138 144
15 202415    29 106.0 2.8 140 145
16 202416    29 101.6 3.0 151 155
```

Example 6.6

결측치가 포함된 자료와 포함되지 않은 자료 비교하기 **Example 6.3**과 **Example 6.5**에서 생성된 2개의 데이터 프레임 Data_A3과 Data_A32의 GPA 변수를 사용해서 지정된 결측치가 어떤 차이를 가져오는지 살펴보자.

R에서 결측치를 제거하기 위한 옵션 **na.rm=**이 사용되는데, 이 옵션은 계산이 실행되기 전에 결측치를 제거할 것인지를 지정하는 것으로 디폴트는 **na.rm=FALSE**로 생략가능하며, **na.rm=TRUE**로 지정되면 결측치를 제외하고 계산하게 된다.
평균을 구하기 위한 통계함수 **mean( )**을 사용할 때 결측치가 자료에 포함되어 있는데 이 옵션을 지정하지 않고 사용하는 경우 다음과 같이 계산 결과를 제공해주지 못한다.

```
> mean(Data_A3$GPA)
[1] 3.20625
> mean(Data_A32$GPA)
[1] NA
```

즉, 데이터 프레임 Data_A3에서 GPA의 평균을 구하는 경우 문제가 없지만, 결측치가 문자값 "NA"로 입력된 데이터 프레임 Data_A32에서는 평균을 구하기 위한 통계함수를 사용하면 위와 같이 계산 결과를 제공해주지 못한다. 따라서, 이러한 문제를 해결하기 위해서는 통계 함수 **mean( )**을 사용할 때 다음과 같이 결측치를 제거하고 계산하도록 하는 **na.rm=TRUE** 옵션을 지정해주면 된다. 이렇게 구해진 평균값은 3.193333으로 위에서 구한 평균값 3.20625와 다른 이유는 결측치를 제외한 15명 학생들의 GPA 평균을 구한 것이기 때문이다.

```
> mean(Data_A32$GPA, na.rm=TRUE)
[1] 3.193333
```

이번에는 4장에서 설명된 통계 함수 중 6개의 요약값을 제공해주는 **summary( )** 함수를 이용해서 평균을 구해보자.
다음에 제시된 두 결과를 비교해 보면 **summary( )** 함수의 경우 자료에 결측치가 포함되어 있으면 이를 제외하고 결과 값을 제공해주며, 마지막에 결측치의 수를 표시해 줌을 알 수 있다. 따라서 이 함수를 사용할 때는 특별히 결측치 제거 여부를 지정해 줄 필요가 없다.

```
> summary(Data_A3$GPA)
   Min. 1st Qu.  Median    Mean 3rd Qu.    Max.
  2.400   2.975   3.200   3.206   3.400   3.800
> summary(Data_A32$GPA)
   Min. 1st Qu.  Median    Mean 3rd Qu.    Max.    NA's
  2.400   2.950   3.200   3.193   3.400   3.800       1
```

6.5 csv 파일을 데이터 프레임으로 만들기

데이터 분석을 수행하고자 하는 경우에 엑셀을 사용하여 데이터를 입력하고 csv (comma-separated values) 파일로 저장하는 경우가 많이 있다. csv 파일은 몇 개의 필드를 쉼표(,)로 구분하여 저장한 텍스트 파일의 한 형태이다.
이 절에서는 csv 형식으로 저장된 파일을 불러와서 R 데이터 프레임으로 만드는 과정에 대해서 설명하고자 한다. csv 파일을 불러와서 데이터 프레임을 만들기 위해서 **read.csv( )** 함수가 사용되며, 일반 사용형식은 다음과 같다.

read.csv( )	> read.csv(file= , header=)

위의 일반 사용형식에서 사용되는 옵션은 다음과 같은 의미로 사용된다.

- **file=** : 외부에 저장되어 있는 csv 파일의 경로와 파일의 이름을 " "에 지정한다. 만약 c 드라이브의 DATA폴더에 저장되어 있는 test2.csv 파일을 불러오고 싶으면, **file="c:/DATA/test2.csv"**라고 지정한다.
- **header=** : csv 파일의 첫 번째 행에 변수 이름이 입력되어 있는지를 지정하는 옵션으로 첫 행이 변수 이름이면 **header=TRUE**라고 지정하고, 변수 이름이 아닌 경우에는 **header=FALSE**라고 지정하면 된다.

Example 6.7

csv 파일을 데이터 프레임으로 만들기 **[표 6.3]**에 있는 2학년 학생들의 자료(Data_B)를 사용해서 엑셀에서 Data_B.csv 파일을 생성한 후 이를 사용하여 2학년 학생들의 자료를 포함하는 데이터 프레임 Data_B를 만들어보자.
엑셀에서 자료를 입력하고, 변수이름을 첫 행에 입력한 다음 저장형식을 csv(쉼표로 분리)로 선택하여 Data_B.csv로 저장하였다. 이를 이용하여 생성된 데이터 프레임 Data_B에는 16명의 2학년 학생들에 대한 10개 변수(ID, AYear, Gender, Height, Weight, Waist, Navel, GPA, EQ1, EQ2)의 자료가 포함되어 있다.

```
> Data_B = read.csv(file="c:/DATA/Data_B.csv", header=TRUE)
> Data_B
```

```
       ID AYear Gender Height Weight Waist Navel GPA EQ1 EQ2
1  202417     2      F  162.7     52    25  97.9 3.5 133 135
2  202418     2      F  164.3     57    26 102.1 3.5 139 136
3  202419     2      F  158.6     48    24  95.2 3.7 143 143
4  202420     2      F  170.3     63    26 102.8 3.5 153 160
5  202421     2      F  156.0     55    26  93.5 3.8 144 150
6  202422     2      F  154.0     48    25  92.5 3.6 175 174
7  202423     2      F  164.1     56    25  97.1 3.2 166 173
8  202424     2      F  161.3     58    27  98.5 4.1 165 164
9  202425     2      M  169.7     72    32  99.5 4.0 180 185
10 202426     2      M  165.9     58    29  99.5 3.1 166 172
11 202427     2      M  180.0     77    34 109.8 2.9 135 140
12 202428     2      M  174.7     71    31 102.2 3.9 143 148
13 202429     2      M  172.5     74    33 103.8 3.7 139 146
14 202430     2      M  174.6     60    30 108.5 3.2 142 146
15 202431     2      M  163.0     56    28  99.7 3.2 152 159
16 202432     2      M  168.7     75    29  99.5 2.7 146 144
```

6.6 엑셀 파일을 데이터 프레임으로 만들기

이 절에서는 엑셀을 사용하여 데이터를 입력하고 엑셀 파일의 형태로 저장된 자료를 불러오는 방법에 대해서 살펴보자. R 에서 엑셀 파일(*.xlsx)을 불러와서 데이터 프레임을 만들기 위해서는 **read.xlsx( )** 함수를 사용해야 하는데 이 함수를 사용하기 위해서는 **xlsx 패키지**를 설치하고 이를 불러오는 과정이 필요하다. **xlsx 패키지**를 설치하기 위해서 다음에 제시되는 단계별 방법을 사용하면 큰 어려움 없이 설치할 수 있을 것이다.

패키지 xlsx 설치하기

STEP 1 R 메뉴에 **패키지들 ⇨ CRAN 미러 설정**을 선택해서 나타나는 **Secure CRAN mirrors**창의 목록 중 Korea를 찾아서 선택하고 OK를 클릭한다. **[그림 6.1]** 참조

STEP 2 R 메뉴의 **패키지들 ⇨ 패키지(들) 설치**를 선택해서 나타나는 **Packages** 목록에서 xlsx를 찾아 선택하고 OK를 클릭한다. **[그림 6.2]** 참조

설치가 완료되고 나면 R 콘솔창에 패키지 'xlsx'가 성공적으로 설치되었음을 알려주는 메시지를 볼 수 있다. **[그림 6.3]**은 **xlsx 패키지** 설치가 성공적으로 완료된 경우의 R 콘솔 창을 보여준다.

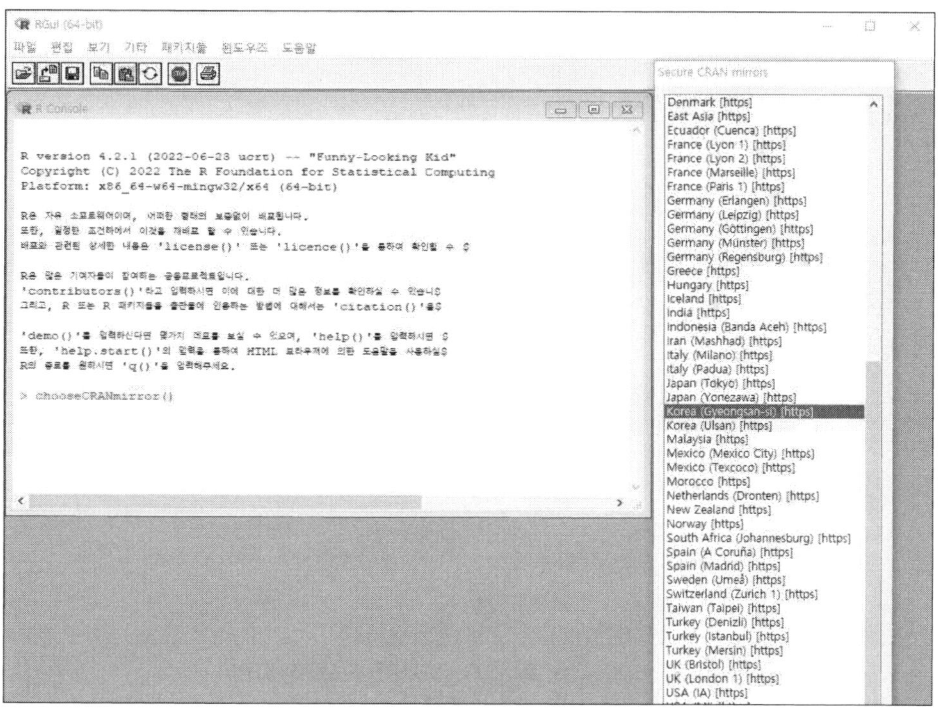

[그림 6.1] xlsx 패키지 설치 - STEP 1

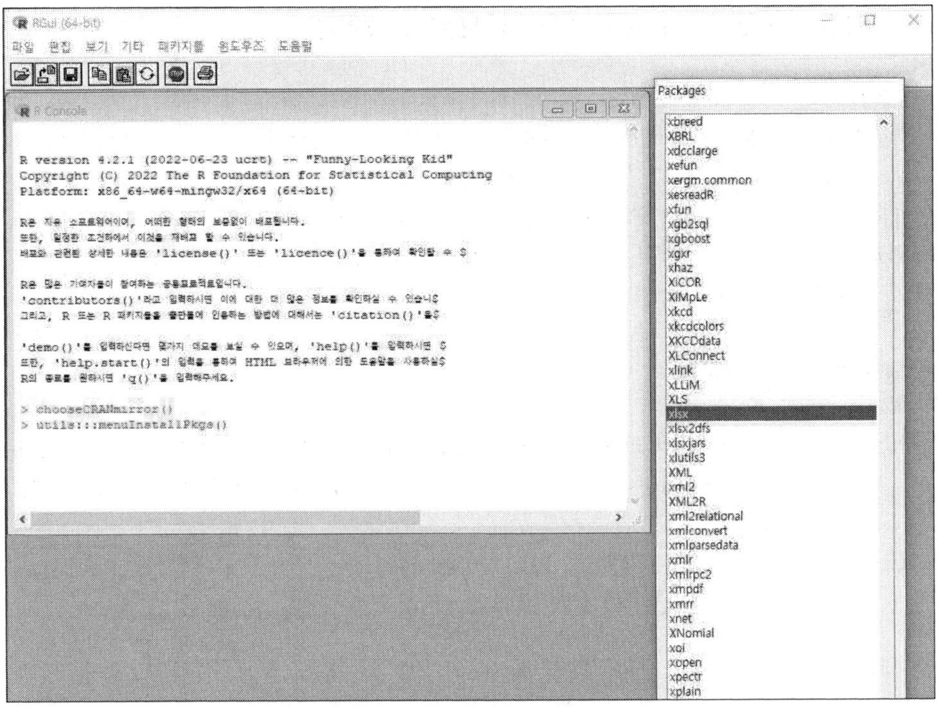

[그림 6.2] xlsx 패키지 설치 - STEP 2

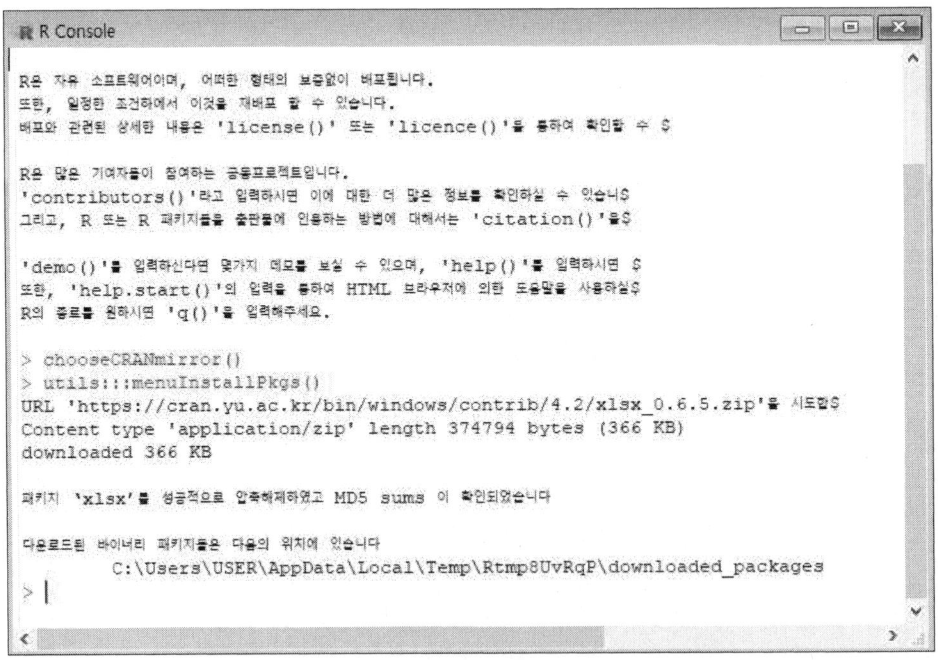

[그림 6.3] xlsx 패키지 설치가 완료된 화면

이와 같은 방법으로 **xlsx 패키지**를 성공적으로 설치하였으면, **read.xlsx( )** 함수를 사용하기 위해서 R에 **xlsx 패키지**를 불러와야 하는데 이를 불러오는 방법은 다음에 설명되는 것과 같이 두 가지 방법이 있다. 두 가지 방법 중에서 어떠한 방법을 사용해도 상관없지만 주의할 점은 R 프로그램을 종료하면 이전에 불러온 **xlsx 패키지**도 같이 종료되므로 R을 실행시킬 때마다 **xlsx 패키지**를 불러오는 과정을 거쳐야 **read.xlsx( )** 함수를 사용할 수 있다.

패키지 xlsx 불러오기

METHOD 1 R 메뉴의 **패키지들** ⇨ **패키지 불러오기**를 선택해서 **xlsx**를 선택하고 OK를 클릭한다. **[그림 6.4]**는 **xlsx 패키지** 불러오기가 성공적으로 수행된 화면이다.

METHOD 2 R 콘솔창의 프롬프트에 **library(xlsx)**를 실행한다.

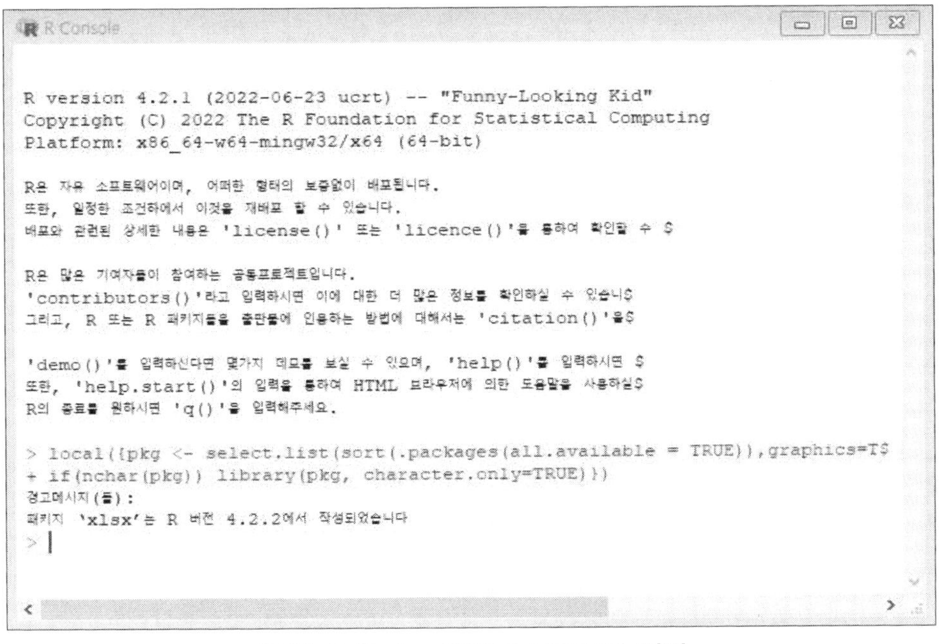

[그림 6.4] xlsx 패키지 불러오기 화면

xlsx 패키지를 성공적으로 설치하였으나 **패키지 불러오기**를 실행하면 다음과 같은 오류가 발생하는 경우가 있는데 이는 **xlsx 패키지**를 사용하는데 필요한 **rJAVA**에 문제가 발생한 것으로 이를 해결하기 위해서는 자바 다운로드 링크로 접속하여 현재 설치된 R에 맞는 자바를 다운로드한 다음 다시 실행시키면 된다.

```
Error: package or namespace load failed for 'xlsx':
 .onLoad가 loadNamespace()에서 'rJava'때문에 실패했습니다:
  호출: fun(libname, pkgname)
  에러: JAVA_HOME cannot be determined from the Registry
```

이러한 오류를 해결하기 위해서 현재 설치된 R의 정보를 확인해야 하는데, 2장의 **[그림 2.1]**에서 설명된 R 콘솔 창에서 현재 설치된 R의 버전과 비트(32 bit 혹은 64 bit 확인)를 확인하고 이에 적합한 버전을 다운로드해야 한다. 자바는 https://www.java.com/en/download/manual.jsp에서 다운로드 받을 수 있다.

이제, R에서 엑셀 파일(*.xlsx)을 불러와서 데이터 프레임을 만들어보자. 이를 위해서 **read.xlsx( )** 함수를 사용할 수 있는데, 다음은 **read.xlsx( )** 함수의 일반적인 사용형식이다.

read.xlsx( )	> read.xlsx(file= , sheetIndex= 또는 sheetName=)

위의 일반 사용형식에서 사용되는 옵션은 다음과 같은 의미로 사용된다.

- **file=** : 외부에 저장되어 있는 엑셀 파일(*.xlsx)의 위치와 파일의 이름을 " "에 지정한다. 만약 c 드라이브의 DATA 폴더에 저장되어 있는 test3.xlsx 파일을 불러오고 싶으면, **file="c:/DATA/test3.xlsx"**라고 지정하면 된다.
- **sheetIndex=** : 엑셀 파일의 워크시트 번호를 지정하는 옵션이다. 만약, 첫 번째 워크시트를 불러올 데이터로 지정하고 싶으면 **sheetIndex=1** 또는 이를 생략하고 **1**이라고 입력한다.
- **sheetName=** : 엑셀 파일의 워크시트가 특정 이름으로 정의되어 있을 때, 이를 지정하기 위한 옵션이다. 만약, 워크시트의 이름이 R이라고 지정되어 있는 경우 **sheetName="R"**과 같이 입력한다.

Example 6.8

엑셀 파일을 데이터 프레임으로 만들기 **[표 6.4]**와 **[표 6.5]**에 있는 자료 Data_C와 Data_D를 엑셀에서 각각 다른 워크시트에 입력하고 Data_CD.xlsx 파일로 저장한 다음 이를 사용하여 3학년과 4학년 학생들의 자료를 가진 데이터 프레임 Data_C와 Data_D를 만들어 보자. 단, 데이터를 엑셀파일로 작성할 때 다음과 같은 조건으로 엑셀 파일을 만들도록 한다.

- 파일 형식을 *.xlsx로 지정하고, 파일명은 Data_CD.xlsx로 저장한다.
- 자료 파일의 첫 행에 변수 이름을 입력한다.
- 엑셀 파일의 첫 번째 워크시트(Sheet1)에 3학년 학생들의 자료(Data_C)를 입력하고, 워크시트의 이름을 변경하지 않는다.
- 엑셀 파일의 두 번째 워크시트(Sheet2)에 4학년 학생들의 자료(Data_D)를 입력한 다음 워크시트의 이름을 year4로 변경하여 지정한다.

이와 같이 자료가 엑셀에서 입력되었고 이 파일이 c 드라이브의 DATA 폴더에 저장되어 있다고 하자. 이제 엑셀 파일을 R에 불러오기 위해 **read.xlsx( )** 함수를 사용해야 하는데 이 함수를 사용하기 위해서는 먼저 **xlsx 패키지**를 불러와야 하므로 R 프롬프트에서 **library(xlsx)**를 먼저 실행시켜야 한다.

```
> library(xlsx)
경고메시지(들):
패키지 'xlsx'는 R 버전 4.3.2에서 작성되었습니다
> Data_C = read.xlsx(file="c:/DATA/Data_CD.xlsx", sheetIndex=1)
> Data_C
       ID AYear Gender Height Weight Waist Navel  GPA EQ1 EQ2
1  202433     3      F  166.4     61    24 101.5  4.1 143 140
2  202434     3      F  159.2     63    25  95.7  3.9 136 134
3  202435     3      F  164.2     50    26 101.4  4.0 137 139
4  202436     3      F  160.0     60    23  97.0  3.7 155 162
5  202437     3      F  154.3     47    24  96.0  3.9 156 156
6  202438     3      F  160.1     53    27  97.1  3.8 154 154
7  202439     3      F  153.2     45    25  93.1  3.6 138 139
8  202440     3      F  160.2     50    25  99.5  3.8 139 136
9  202441     3      M  172.0     80    30 100.9  3.4 140 141
10 202442     3      M  174.5     67    29 104.4  3.6 150 155
11 202443     3      M  167.6     70    31 100.8  3.5 165 163
12 202444     3      M  172.0     79    28 101.7  3.7 155 152
13 202445     3      M  182.1     77    35 112.0  3.5 142 140
14 202446     3      M  184.6     78    27 109.8  3.4 165 172
15 202447     3      M  174.0     62    29 100.9  3.0 133 133
16 202448     3      M  165.6     75    28 100.6  3.7 138 142
```

데이터 프레임 Data_C를 생성할 때 c 드라이브의 DATA 폴더에 저장되어 있는 Data_CD.xlsx 파일에서 Data_C의 자료는 첫 번째 워크시트에 입력되어 있고, 워크시트 이름이 지정되어 있지 않기 때문에 **sheetIndex=1**로 지정하였고, 두 번째 워크시트에 입력한 자료 Data_D는 워크시트의 이름을 year4로 변경하였으므로 **sheetName="year4"**와 같이 지정한다.

```
> Data_D = read.xlsx(file="c:/DATA/Data_CD.xlsx", sheetName="year4")
> Data_D
       ID AYear Gender Height Weight Waist Navel  GPA EQ1 EQ2
1  202449     4      F  165.0     50    27 100.0  3.9 144 150
2  202450     4      F  169.7     58    24  99.2  4.1 153 156
3  202451     4      F  163.5     48    25  96.3  3.9 138 135
4  202452     4      F  157.5     50    27  95.3  4.2 150 147
5  202453     4      F  166.7     55    24  98.5  4.1 164 164
6  202454     4      F  163.8     52    26  96.8  3.8 135 142
7  202455     4      F  157.0     50    26  93.5  4.0 156 158
8  202456     4      F  154.1     60    27  91.7  3.9 144 144
9  202457     4      M  176.7     80    32 107.8  3.8 162 168
10 202458     4      M  174.0     66    32 105.9  3.6 139 139
11 202459     4      M  174.0     75    30 105.3  3.9 170 174
12 202460     4      M  184.2     84    33 112.2  4.1 149 153
13 202461     4      M  175.5     77    32 107.8  4.0 166 166
14 202462     4      M  176.7     70    29 107.4  3.8 162 163
15 202463     4      M  170.0     71    30 101.8  3.8 165 169
16 202464     4      M  173.1     69    30 102.8  3.6 169 174
```

6.7 R 데이터 프레임 저장하기

지금까지 텍스트 파일과 엑셀 파일 등 외부 파일을 R에 불러와서 R 데이터 프레임을 생성하는 방법에 대하여 자세히 살펴보았다. 이제 생성된 R 데이터 프레임을 R 데이터로 저장하는 방법을 설명하고자 한다. 일반적으로 R 데이터로 저장하는 경우에는 확장자로 *.rda 또는 *.RData를 사용한다. R에서 생성된 데이터 프레임을 R 데이터로 저장하기 위해서는 다음과 같은 형식으로 사용되는 **save( )** 함수를 사용한다.

save( )	**> save(데이터 프레임 이름, file=)**

이 일반 사용형식에서 사용되는 옵션은 다음과 같은 의미로 사용된다.

- **데이터 프레임 이름** : R 데이터로 저장하고자 하는 데이터 프레임 이름을 지정한다.
- **file=** : R 데이터를 저장하고자 하는 위치(경로)와 이름을 " "에 지정한다. 만약 데이터 프레임 Data_fin을 c 드라이브의 DATA 폴더에 fin.RData와 같이 저장하고 싶으면, **file="c:/DATA/fin.RData"**라고 지정한다.

Example 6.9

데이터 프레임을 R 데이터로 저장하기 Example 6.8에서 생성한 데이터 프레임 Data_D를 c 드라이브의 DATA 폴더에 Data_D.RData라는 이름의 R 데이터로 저장해보자. 이를 위해서 **save( )** 함수를 사용할 수 있다.

```
> save(Data_D, file="c:/DATA/Data_D.RData")
```

마찬가지 방법으로 6장에서 생성한 1학년 학생들의 자료를 포함하는 3개의 데이터 프레임 Data_A1, Data_A2, Data_A3과 2학년 학생들의 자료를 포함하는 Data_B, 3학년 학생들의 자료를 포함하는 Data_C도 동일한 방법으로 저장할 수 있는데, 이와 같이 저장된 R 데이터는 7장의 데이터 프레임 다루기와 8장부터 설명되는 자료 분석에서 사용될 것이다.

```
> save(Data_A1, file="c:/DATA/Data_A1.RData")
> save(Data_A2, file="c:/DATA/Data_A2.RData")
> save(Data_A3, file="c:/DATA/Data_A3.RData")
> save(Data_B, file="c:/DATA/Data_B.RData")
> save(Data_C, file="c:/DATA/Data_C.RData")
```

R 데이터가 잘 저장되었는지를 확인해보기 위해 c 드라이브의 DATA 폴더를 열어보면 다음과 같은 목록을 볼 수 있고, R 데이터의 유형이 **R Workspace**로 지정되어 있음을 알 수 있다. 이제까지 실행된 Example을 통해서 작성된 자료 파일과 R 데이터 파일 목록을 확인해보자.

이름	유형	크기
Data_B	Microsoft Excel 쉼표로 구분된 값 파일	1KB
Data_CD	Microsoft Excel 워크시트	12KB
Data_A1	R Workspace	1KB
Data_A2	R Workspace	1KB
Data_A3	R Workspace	1KB
Data_B	R Workspace	1KB
Data_C	R Workspace	1KB
Data_D	R Workspace	1KB
Data_A3	텍스트 문서	1KB
Data_A31	텍스트 문서	1KB
Data_A32	텍스트 문서	1KB

6.8 R 데이터 불러오기

이제 데이터 분석을 수행하기 위해서 저장된 R 데이터를 불러오는 방법을 살펴보자. 이를 위해서 다음과 같이 정의되는 **load( )** 함수를 사용한다. 불러오고자 하는 R 데이터의 이름을 경로와 함께 **" "**에 지정한다. 이 때 R 데이터의 확장자는 *.RData이다. c 드라이브의 DATA 폴더에 저장되어 있는 R 데이터 Data_A1을 불러오기 위해서는 **file="c:/DATA_A1. RData"**와 같이 입력하면 된다.

load( )	> load(file=)

Example 6.10

R 데이터 불러오기 **Example 6.9**에서 저장한 R 데이터 Data_D.RData를 불러오기 위해서는 다음과 같이 **load( )** 함수를 사용하면 된다.

```
> load(file="c:/DATA/Data_D.RData")
> Data_D
       ID AYear Gender Height Weight Waist Navel  GPA EQ1 EQ2
1  202449     4      F  165.0     50    27 100.0  3.9 144 150
2  202450     4      F  169.7     58    24  99.2  4.1 153 156
3  202451     4      F  163.5     48    25  96.3  3.9 138 135
4  202452     4      F  157.5     50    27  95.3  4.2 150 147
5  202453     4      F  166.7     55    24  98.5  4.1 164 164
6  202454     4      F  163.8     52    26  96.8  3.8 135 142
7  202455     4      F  157.0     50    26  93.5  4.0 156 158
8  202456     4      F  154.1     60    27  91.7  3.9 144 144
9  202457     4      M  176.7     80    32 107.8  3.8 162 168
10 202458     4      M  174.0     66    32 105.9  3.6 139 139
11 202459     4      M  174.0     75    30 105.3  3.9 170 174
12 202460     4      M  184.2     84    33 112.2  4.1 149 153
13 202461     4      M  175.5     77    32 107.8  4.0 166 166
14 202462     4      M  176.7     70    29 107.4  3.8 162 163
15 202463     4      M  170.0     71    30 101.8  3.8 165 169
16 202464     4      M  173.1     69    30 102.8  3.6 169 174
```

Chapter 7. 데이터 프레임 다루기

R을 사용해서 데이터 분석을 수행하는데 있어서 필연적으로 거쳐야하는 부분은 다양한 형태로 저장되어 있는 원 데이터를 R 데이터 프레임으로 만들고, 이 데이터 프레임에 대하여 다양한 형태의 데이터 조작을 통해 최종 분석용 데이터를 만드는 과정이다. 이 장에서는 R에서 최종 분석용 데이터를 만들기 위해서 제일 중요한 작업인 데이터 프레임을 다루는 방법에 대해서 설명하고자 한다. 이를 위해서 6장에서 만들어진 6개의 데이터 프레임 Data_A1, Data_A2, Data_A3, Data_B, Data_C, Data_D를 사용하고자 한다.

7.1 데이터 프레임의 변수 지정하기

데이터 프레임은 각 데이터 프레임을 구분할 수 있도록 고유의 이름이 지정되며, 하나 이상의 변수로 이루어진다. 이 때, 데이터 프레임의 특정 변수를 다루기 위해서는 데이터 프레임의 이름과 변수의 이름을 함께 사용해야 한다. 즉 데이터 프레임의 특정 변수를 나타내는 방법이 필요한데 이는 다음과 같이 **$** 기호를 사용한다. 변수 이름은 대, 소문자를 구분하므로 사용에 유의해야 하며, 사용하기 전에 데이터 프레임을 출력하여 변수 이름이 어떻게 지정되어 있는지 먼저 확인하는 것이 좋다.

변수 지정 **> 데이터 프레임 이름$변수 이름**

이와 같은 방법으로 데이터 프레임의 특정 변수에 대해서 여러 가지 R 함수를 적용할 수 있는데, 다음 예제를 통해 데이터 프레임의 변수 지정 방법에 대해 살펴보자.

Example 7.1

데이터 프레임의 변수 지정하기 6장에서 만든 데이터 프레임 Data_B는 16개의 관측치로 이루어진 2학년 학생들의 자료로 10개의 변수(ID, AYear, Gender, Height, Weight, Waist, Navel, GPA, EQ1, EQ2)로 이루어져 있다. 데이터 프레임 Data_B의 ID와 Gender를 변수로 지정해 보자.
먼저 6장에서 저장한 R 데이터 Data_B.RData를 불러와야 하는데 이를 위해서 **load( )** 함수가 사용된다. **load( )** 함수의 자세한 사용법에 대해서는 6.8절을 참고하기 바란다. **load( )** 함수를 이용하여 R 데이터를 불러온 다음 이를 출력하여 데이터가 잘 입력되어 있는지 확인해볼 수 있다.

```
> load(file="c:/DATA/Data_B.RData")
> Data_B
       ID AYear Gender Height Weight Waist Navel GPA EQ1 EQ2
1  202417     2      F  162.7     52    25  97.9 3.5 133 135
2  202418     2      F  164.3     57    26 102.1 3.5 139 136
3  202419     2      F  158.6     48    24  95.2 3.7 143 143
4  202420     2      F  170.3     63    26 102.8 3.5 153 160
5  202421     2      F  156.0     55    26  93.5 3.8 144 150
6  202422     2      F  154.0     48    25  92.5 3.6 175 174
7  202423     2      F  164.1     56    25  97.1 3.2 166 173
8  202424     2      F  161.3     58    27  98.5 4.1 165 164
9  202425     2      M  169.7     72    32  99.5 4.0 180 185
10 202426     2      M  165.9     58    29  99.5 3.1 166 172
11 202427     2      M  180.0     77    34 109.8 2.9 135 140
12 202428     2      M  174.7     71    31 102.2 3.9 143 148
13 202429     2      M  172.5     74    33 103.8 3.7 139 146
14 202430     2      M  174.6     60    30 108.5 3.2 142 146
15 202431     2      M  163.0     56    28  99.7 3.2 152 159
16 202432     2      M  168.7     75    29  99.5 2.7 146 144
```

이제 데이터 프레임 Data_B의 ID 변수를 다음과 같이 지정할 수 있다. 이와 같이 지정된 변수 Data_B$ID는 고유한 변수로 동일한 변수명을 가지더라도 다른 데이터 프레임의 변수와 구별될 수 있다.

```
> Data_B$ID
 [1] 202417 202418 202419 202420 202421 202422 202423 202424 202425
[10] 202426 202427 202428 202429 202430 202431 202432
```

또한, 데이터 프레임의 변수를 새로운 변수명으로 지정한 다음 이를 출력해도 동일한 결과를 얻을 수 있는데 다음은 데이터 프레임 Data_B의 Gender 변수의 이름을 **gender**로 지정한 다음 이를 출력한 결과이다.

```
> gender = Data_B$Gender
> gender
 [1] "F" "F" "F" "F" "F" "F" "F" "F" "M" "M" "M" "M" "M" "M" "M" "M"
```

Example 7.2

데이터 프레임의 변수에 통계 함수 적용하기 이제, 2학년 학생들의 몸무게(Weight)에 대하여 평균, 표준편차, 사분위수를 구해보자. 물론, 같은 방법으로 다른 통계 함수를 사용할 수도 있으며, 모든 데이터 프레임(Data_C, Data_D 등)에 대해서 적용할 수 있다. R에서 사용되는 통계 함수는 4.4절의 **[표 4.2]**에 자세히 설명되어 있으므로 이를 참고하기 바란다.

먼저 2학년 학생들의 몸무게를 나타내는 변수를 Data_B$Weight로 지정하였고, 이 벡터를 여러 가지 통계 함수에 적용하여 결과 값을 구할 수 있다.

```
> mean(Data_B$Weight)
[1] 61.25
```

```
> sd(Data_B$Weight)
[1] 9.609024
> quantile(Data_B$Weight)
   0%   25%   50%   75%  100% 
48.00 55.75 58.00 71.25 77.00 
```

위 결과를 보면 2학년 학생들의 평균 몸무게는 61.25이며, 표준편차는 9.609024이다. 또한, 몸무게의 제 1사분위수는 55.75, 제 2사분위수(또는 중앙값)는 58, 제 3사분위수는 71.25임을 알 수 있다.

데이터 프레임의 구조를 파악하기 위해 유용하게 사용되는 함수들이 있는데 이러한 함수의 종류 및 기능을 **[표 7.1]**에 정리하였다.

[표 7.1] 데이터 프레임의 구조를 알 수 있는 함수의 종류와 기능

함수	기능	R 코드 입력 예
str( )	데이터 프레임의 구조	str(데이터 프레임)
head( )	상위 6개 관측치 미리보기	head(데이터 프레임)
tail( )	하위 6개 관측치 미리보기	tail(데이터 프레임)
dim( )	데이터 프레임의 차원	dim(데이터 프레임)
length( )	데이터 프레임의 변수의 수	length(데이터 프레임)
	데이터 프레임의 관측치의 수	length(데이터 프레임$변수명)
names( )	데이터 프레임의 변수 이름(지정)	names(데이터 프레임)

Example 7.3

데이터 프레임 구조를 파악하기 위한 함수 사용하기 2학년 학생들의 자료인 데이터 프레임 Data_B의 구조를 알아보기 위해 **str( )** 함수를 사용해보자.

```
> str(Data_B)
'data.frame':   16 obs. of  10 variables:
 $ ID    : int  202417 202418 202419 202420 202421 202422 202423 ...
 $ AYear : int  2 2 2 2 2 2 2 2 2 2 ...
 $ Gender: chr  "F" "F" "F" "F" ...
 $ Height: num  163 164 159 170 156 ...
 $ Weight: int  52 57 48 63 55 48 56 58 72 58 ...
 $ Waist : int  25 26 24 26 26 25 25 27 32 29 ...
 $ Navel : num  97.9 102.1 95.2 102.8 93.5 ...
 $ GPA   : num  3.5 3.5 3.7 3.5 3.8 3.6 3.2 4.1 4 3.1 ...
 $ EQ1   : int  133 139 143 153 144 175 166 165 180 166 ...
 $ EQ2   : int  135 136 143 160 150 174 173 164 185 172 ...
```

이를 보면 데이터 프레임 Data_B는 16개의 관측치와 10개의 변수로 구성되어 있고, 각 변수의 이름 및 속성과 데이터의 일부를 보여주고 있다.

데이터 프레임의 첫 6개 관측치와 마지막 6개 관측치 값을 미리 보기 위해서 **head( )** 함수와 **tail( )** 함수를 사용할 수 있다.

```
> head(Data_B)
      ID AYear Gender Height Weight Waist Navel GPA EQ1 EQ2
1 202417     2      F  162.7     52    25  97.9 3.5 133 135
2 202418     2      F  164.3     57    26 102.1 3.5 139 136
3 202419     2      F  158.6     48    24  95.2 3.7 143 143
4 202420     2      F  170.3     63    26 102.8 3.5 153 160
5 202421     2      F  156.0     55    26  93.5 3.8 144 150
6 202422     2      F  154.0     48    25  92.5 3.6 175 174
```

```
> tail(Data_B)
       ID AYear Gender Height Weight Waist Navel GPA EQ1 EQ2
11 202427     2      M  180.0     77    34 109.8 2.9 135 140
12 202428     2      M  174.7     71    31 102.2 3.9 143 148
13 202429     2      M  172.5     74    33 103.8 3.7 139 146
14 202430     2      M  174.6     60    30 108.5 3.2 142 146
15 202431     2      M  163.0     56    28  99.7 3.2 152 159
16 202432     2      M  168.7     75    29  99.5 2.7 146 144
```

데이터 프레임의 차원은 **str( )**함수를 이용해서도 알 수 있지만 데이터 프레임의 차원만 알고자 할 때는 **dim( )** 함수를 사용할 수 있다.

```
> dim(Data_B)
[1] 16 10
```

이 결과를 보면 데이터 프레임 Data_B는 16개의 관측치와 10개의 변수로 구성되어 있음을 알 수 있다. 데이터 프레임의 변수 이름을 알기 위해서는 **names( )** 함수를 사용하면 되는데 이 함수의 실행 결과 데이터 프레임 Data_B는 다음과 같은 변수명을 가지는 10개의 변수로 구성되어 있음을 보여준다.

```
> names(Data_B)
[1] "ID"     "AYear"  "Gender" "Height" "Weight" "Waist"  "Navel"
[8] "GPA"    "EQ1"    "EQ2"
```

7.2 데이터 프레임 결합하기

최종 분석용 데이터를 얻기 위해서는 여러 개의 데이터 프레임을 합쳐서 새로운 데이터 프레임으로 만들어야 하는 경우가 자주 발생한다. 이와 같이 데이터 프레임을 결합하는 방법에는 행(row)을 기준으로 결합하는 방법과 열(column)을 기준으로 결합하는 두 가지 방법이 있는데 행으로 결합하는 경우에는 관측치의 수가 증가하게 되며, 열로 결합하는 경우에는 변수의 수가 증가하게 된다. 이 절에서는 이 두 가지 방법을 어떻게 사용하는지 설명하고, 두 가지 방법에 의한 결과가 어떻게 다르게 나타나는지 살펴보고자 한다.

1) 데이터 프레임을 행(row)으로 결합하기: 관측치의 수 증가

두 개 이상의 데이터 프레임을 행(row)으로 결합하기 위해서는 각 데이터 프레임을 구성하는 변수들이 서로 동일해야 한다. 만일 두 데이터 프레임의 변수가 동일하지 않은 경우에는 변수를 일치시키는 사전 작업을 먼저 수행해야 한다.
[그림 7.1]에서 볼 수 있는 것처럼 데이터 프레임을 행으로 결합시키면 새로 생성되는 데이터 프레임의 관측치 수가 증가하게 된다.

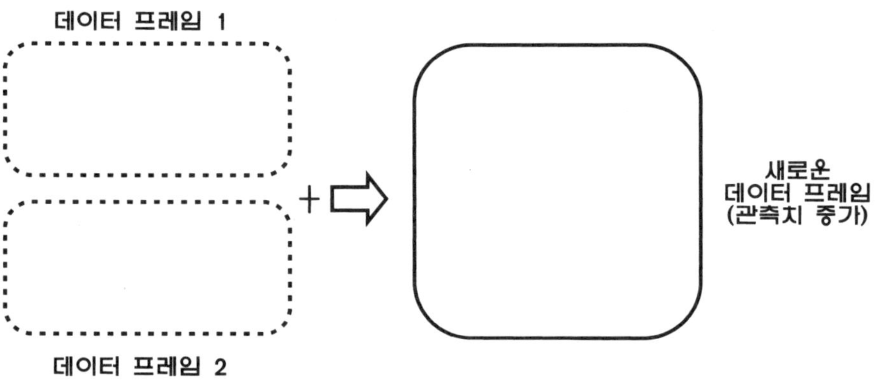

[그림 7.1] 데이터 프레임의 결합 : 관측치의 수 증가

이와 같이 두 개 이상의 데이터 프레임을 행으로 결합하여 새로운 데이터 프레임을 만들기 위해서 **rbind( )** 함수를 사용하게 되는데, 이 함수의 사용 방법에 대해서는 이미 5장에서 기존 행렬을 이용하여 새로운 행렬을 생성하는 방법에서 설명하였으니 이를 참조하기 바란다. **rbind( )** 함수의 사용형식은 다음과 같다.

rbind( )	> rbind(데이터 프레임 1, … , 데이터 프레임 k)

Example 7.4

행을 기준으로 데이터 프레임 결합하기 6장에서 생성된 데이터 프레임 Data_C는 3학년 학생들의 자료이고 Data_D는 4학년 학생들의 자료이다. 이 2개의 데이터 프레임을 사용해서 고학년 학생들(3학년과 4학년)의 자료인 데이터 프레임 Data_CD를 만들어 보자.
데이터 프레임 Data_C와 Data_D는 동일한 변수를 포함하고 있으며, 각각 16개의 관측치로 구성되어 있다. 따라서, **rbind( )** 함수를 사용하여 새로운 데이터 프레임을 만들 수 있는데 이를 위해서 먼저 데이터 프레임 Data_C와 Data_D를 **load( )** 함수를 이용해서 불러와야 한다. 이와 같이 불러온 데이터 프레임을 **rbind( )** 함수를 사용하여 결합시켜 새로운 데이터 프레임 Data_CD를 생성할 수 있다.

```
> load(file="c:/DATA/Data_C.RData")
> load(file="c:/DATA/Data_D.RData")
> Data_CD = rbind(Data_C, Data_D)
> Data_CD
       ID AYear Gender Height Weight Waist Navel GPA EQ1 EQ2
1  202433     3      F  166.4     61    24 101.5 4.1 143 140
2  202434     3      F  159.2     63    25  95.7 3.9 136 134
3  202435     3      F  164.2     50    26 101.4 4.0 137 139
4  202436     3      F  160.0     60    23  97.0 3.7 155 162
5  202437     3      F  154.3     47    24  96.0 3.9 156 156
6  202438     3      F  160.1     53    27  97.1 3.8 154 154
7  202439     3      F  153.2     45    25  93.1 3.6 138 139
8  202440     3      F  160.2     50    25  99.5 3.8 139 136
9  202441     3      M  172.0     80    30 100.9 3.4 140 141
10 202442     3      M  174.5     67    29 104.4 3.6 150 155
                                ~
26 202458     4      M  174.0     66    32 105.9 3.6 139 139
27 202459     4      M  174.0     75    30 105.3 3.9 170 174
28 202460     4      M  184.2     84    33 112.2 4.1 149 153
29 202461     4      M  175.5     77    32 107.8 4.0 166 166
30 202462     4      M  176.7     70    29 107.4 3.8 162 163
31 202463     4      M  170.0     71    30 101.8 3.8 165 169
32 202464     4      M  173.1     69    30 102.8 3.6 169 174
```

지면 관계상 데이터 프레임 Data_CD의 결과 중 일부만을 보여주고 있지만, 이 결과를 보면 새롭게 생성된 데이터 프레임 Data_CD의 관측치수는 32개로 결합된 두 데이터프레임의 관측치수가 더해진 것임을 알 수 있다. 물론 동일한 변수를 가지고 있으므로 새로 생성된 데이터 프레임 Data_CD의 변수는 기존 파일의 변수와 동일하다.

---

2) 데이터 프레임을 열(column)로 결합하기 : 변수의 수 증가

새로운 데이터 프레임을 구성할 때 앞에서 설명한 것처럼 두 개의 데이터 프레임을 행을 기준으로 결합해야 하는 경우도 있지만, 때로는 열(column)을 기준으로 결합해야 하는 경우도 있다.

이와 같이 두 개의 데이터 프레임을 열을 기준으로 결합하기 위해서는 각 데이터 프레임에 기준이 되는 변수가 존재해야 하는데 이러한 변수를 기준변수라고 한다. 기준변수는 유일해야 하며, 데이터 프레임을 열 기준으로 결합할 때 기준으로 사용되는 변수이다. 물론 기준 변수, 즉 결합의 기준이 되는 변수는 하나일 수도 있고 두 개 이상이 사용될 수도 있다.

[그림 7.2]에서 볼 수 있는 것처럼 두 개의 데이터 프레임을 기준변수에 따라 열 기준으로 결합시키면 새로 생성되는 데이터 프레임은 기존의 두 데이터 프레임에 있는 변수들을 모두 포함하게 되므로 변수의 수가 증가하게 된다.

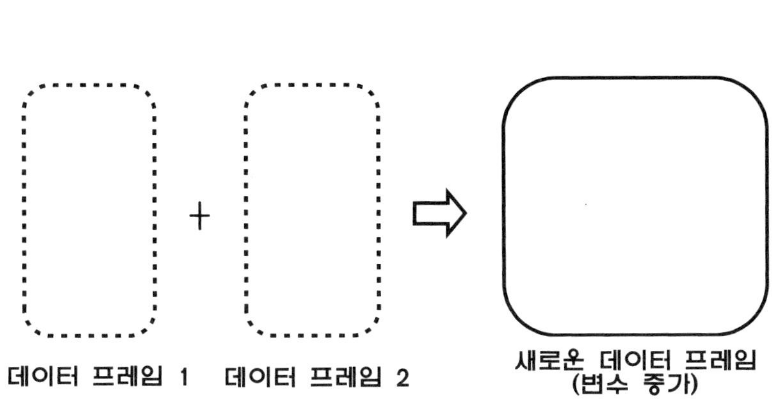

[그림 7.2] 데이터 프레임의 결합 : 변수의 수 증가

이와 같이 두 개의 데이터 프레임을 열 기준으로 결합하여 새로운 데이터 프레임을 만들기 위해서 **merge( )** 함수를 사용하는데, 사용형식은 다음과 같다.

merge( )	> merge(데이터 프레임 1, 2, by= , all=)

위의 일반 사용형식에서 사용되는 옵션은 다음과 같은 의미로 사용된다.

- **데이터 프레임 1, 2** : 결합하고자 하는 두 데이터 프레임의 이름을 지정한다.
- **by=** : 결합할 때 기준이 되는 기준변수를 " "에 지정한다. 기준변수는 하나일 수도 있고 두 개 이상일 수도 있다. 예를 들어, 1개의 변수 ID를 기준으로 데이터 프레임을 결합하기 위해서는 **by="ID"**와 같이 지정한다. 만일 2개 이상의 기준변수가 필요하다면 **c( )** 함수를 이용해서 **by=c("변수 1", "변수 2", …)** 와 같이 지정해준다.
- **all=** : 기준변수가 일치하지 않는 관측치를 새롭게 만들어지는 데이터 프레임에 포함할지의 여부를 지정한다. 만약, 기준변수가 일치하는 관측치만을 포함하고 싶으면 **all=FALSE**라고 지정하고, 일치하지 않는 관측치도 포함시키고자 한다면 **all=TRUE**와 같이 지정한다.

Example 7.5

열을 기준으로 데이터 프레임 결합하기 6장에서 만든 데이터 프레임 Data_A1은 1학년 학생들의 자료 중 3개의 변수(ID, AYear, Gender)를 포함하고 있으며, 데이터 프레임 Data_A2는 3개의 변수(ID, Height, Weight), 데이터 프레임 Data_A3는 6개의 변수(ID, Waist, Navel, GPA, EQ1, EQ2)로 구성되어 있다. 따라서 이와 같은 세 개의 데이터 프레임을 합쳐야 1학년 학생 전체 자료를 포함하는 데이터 프레임을 구성할 수 있다.

두 개의 데이터 프레임을 열을 기준으로 결합하기 위해 **merge( )** 함수가 사용되므로 세 개의 데이터 프레임을 합치기 위해서는 다시 한번 **merge( )** 함수를 사용하면 된다. 이 때 세 개의 데이터 프레임에 모두 포함되어 있는 변수 ID를 기준변수로 사용할 수 있다. 또한, 1개의 데이터 프레임에만 있는 관측치도 포함시키기 위해서 **all=TRUE**라고 지정하였다. **Example 7.4**와 마찬가지로 데이터 프레임 Data_A1과 Data_A2, Data_A3를 불러오기 위해 **load( )** 함수를 이용하였다.

```
> load(file="c:/DATA/Data_A1.RData")
> load(file="c:/DATA/Data_A2.RData")
> load(file="c:/DATA/Data_A3.RData")
```

먼저 두 개의 데이터프레임 Data_A1과 Data_A2를 열로 결합하여 새로운 데이터 프레임 Data_A12를 생성하기 위해 기준변수를 ID로 지정하고 **merge( )** 함수를 사용하였다. 생성된 데이터 프레임 Data_A12는 다음 결과에서 보는 바와 같이 16개의 관측치와 두 개의 데이터 프레임의 변수가 합쳐져 모두 5개의 변수를 포함하고 있다.

```
> Data_A12 = merge(Data_A1, Data_A2, by="ID", all=TRUE)
> str(Data_A12)
'data.frame':   16 obs. of  5 variables:
 $ ID    : int  202401 202402 202403 202404 202405 202406 202407 ...
 $ AYear : num  1 1 1 1 1 1 1 1 1 1 ...
 $ Gender: chr  "F" "F" "F" "F" ...
 $ Height: num  159 162 159 162 151 ...
 $ Weight: num  59 54 53 54 52 55 59 54 62 63 ...
```

이와 같이 생성된 데이터 프레임 Data_A12와 세 번째 데이터 프레임 Data_A3을 다시 열을 기준으로 결합하여 1학년 학생들의 모든 변수를 포함하는 데이터 프레임 Data_A를 만들어보자. 마찬가지 방법으로 기준변수를 ID로 지정하고, 1개의 데이터 프레임에만 있는 관측치도 포함시키기 위해서 **all=TRUE**라고 지정하였다.

```
> Data_A = merge(Data_A12, Data_A3, by="ID", all=TRUE)
> Data_A
       ID AYear Gender Height Weight Waist Navel GPA EQ1 EQ2
1  202401     1      F  159.1     59    26  97.7 3.4 160 165
2  202402     1      F  162.5     54    25  97.6 3.4 174 178
3  202403     1      F  159.0     53    26  96.6 3.2 155 160
4  202404     1      F  161.5     54    28  99.2 2.9 168 173
5  202405     1      F  151.4     52    24  89.5 3.8 171 178
6  202406     1      F  165.7     55    27 100.5 3.5 123 123
7  202407     1      F  157.2     59    25  94.5 3.2 177 176
8  202408     1      F  162.1     54    24  97.5 3.8 150 152
9  202409     1      M  176.1     62    30 105.0 3.1 145 147
10 202410     1      M  165.5     63    31  98.7 2.4 166 169
11 202411     1      M  164.0     61    31  97.5 3.4 174 173
12 202412     1      M  176.5     74    27 107.0 3.2 153 155
13 202413     1      M  177.7     76    31 107.6 3.4 162 160
14 202414     1      M  173.5     80    31 104.4 2.8 138 144
15 202415     1      M  176.2     79    29 106.0 2.8 140 145
16 202416     1      M  168.8     62    29 101.6 3.0 151 155
```

Example 7.6

최종 분석용 데이터 프레임 만들기 전체 1, 2, 3, 4학년 학생들의 자료가 모두 포함된 최종 분석용 자료인 데이터 프레임 Data_fin을 만들어 보자. 이미 각 학년별 자료를 포함하는 있는 4개의 데이터 프레임 Data_A, Data_B, Data_C, Data_D가 모두 생성되어 있기 때문에 이들 4개 데이터 프레임을 **rbind( )** 함수를 사용하여 행을 기준으로 결합하면 전체 자료를 포함하는 최종 분석용 데이터 프레임을 만들 수 있다.

다음 결과에서 보는 바와 같이 데이터 프레임 Data_fin은 64개의 관측치와 10개의 변수로 구성되어 있다.

```
> Data_fin = rbind(Data_A, Data_B, Data_C, Data_D)
> Data_fin
       ID AYear Gender Height Weight Waist Navel GPA EQ1 EQ2
1  202401     1      F  159.1     59    26  97.7 3.4 160 165
2  202402     1      F  162.5     54    25  97.6 3.4 174 178
3  202403     1      F  159.0     53    26  96.6 3.2 155 160
4  202404     1      F  161.5     54    28  99.2 2.9 168 173
5  202405     1      F  151.4     52    24  89.5 3.8 171 178
6  202406     1      F  165.7     55    27 100.5 3.5 123 123
7  202407     1      F  157.2     59    25  94.5 3.2 177 176
8  202408     1      F  162.1     54    24  97.5 3.8 150 152
9  202409     1      M  176.1     62    30 105.0 3.1 145 147
10 202410     1      M  165.5     63    31  98.7 2.4 166 169
11 202411     1      M  164.0     61    31  97.5 3.4 174 173
12 202412     1      M  176.5     74    27 107.0 3.2 153 155
13 202413     1      M  177.7     76    31 107.6 3.4 162 160
14 202414     1      M  173.5     80    31 104.4 2.8 138 144
15 202415     1      M  176.2     79    29 106.0 2.8 140 145
                             ~
55 202455     4      F  157.0     50    26  93.5 4.0 156 158
56 202456     4      F  154.1     60    27  91.7 3.9 144 144
57 202457     4      M  176.7     80    32 107.8 3.8 162 168
58 202458     4      M  174.0     66    32 105.9 3.6 139 139
59 202459     4      M  174.0     75    30 105.3 3.9 170 174
60 202460     4      M  184.2     84    33 112.2 4.1 149 153
61 202461     4      M  175.5     77    32 107.8 4.0 166 166
62 202462     4      M  176.7     70    29 107.4 3.8 162 163
63 202463     4      M  170.0     71    30 101.8 3.8 165 169
64 202464     4      M  173.1     69    30 102.8 3.6 169 174
```

7.3 기존 데이터 프레임에 새로운 변수 만들기

기존에 존재하는 데이터 프레임에 새로운 변수를 생성한 다음 이 변수를 사용해서 통계적인 분석을 수행해야 하는 경우가 있다. 이 절에서는 기존의 데이터 프레임에 새로운 변수를 추가하는 방법에 대해서 설명하고자 한다. 새로운 변수를 만드는 방법에는 연산을 통해서 새로운 변수를 생성하는 방법과 조건문을 이용하여 새로운 변수를 생성하는 방법이 있다.

1) 연산을 통해서 새로운 변수 만들기

먼저 연산을 통해 새로운 변수를 생성하는 방법에 대해서 살펴보자. 이를 위해서는 7.1절에서 설명한 특정 데이터 프레임의 변수를 지정하는 방법을 사용하며, 다음과 같은 형식으로 사용한다.

새로운 변수생성	> 데이터 프레임 이름$새로운 변수 이름 = 변수를 포함하는 연산식

Example 7.7

연산을 통해서 기존 데이터 프레임에 새로운 변수 만들기 1 키(Height)를 배꼽높이(Navel)로 나눈 값을 신체비로 정의하고 이 변수의 이름을 Ratio라고 하자. 즉, 신체비(Ratio) = 키(Height)/배꼽높이(Navel)와 같이 계산한 다음 생성된 변수 Ratio를 데이터 프레임 Data_fin에 추가해 보자.

```
> Data_fin$Ratio = Data_fin$Height/Data_fin$Navel
> Data_fin
       ID AYear Gender Height Weight Waist Navel GPA  EQ1 EQ2    Ratio
1  202401     1      F  159.1     59    26  97.7 3.4 160 165 1.628454
2  202402     1      F  162.5     54    25  97.6 3.4 174 178 1.664959
3  202403     1      F  159.0     53    26  96.6 3.2 155 160 1.645963
4  202404     1      F  161.5     54    28  99.2 2.9 168 173 1.628024
5  202405     1      F  151.4     52    24  89.5 3.8 171 178 1.691620
6  202406     1      F  165.7     55    27 100.5 3.5 123 123 1.648756
7  202407     1      F  157.2     59    25  94.5 3.2 177 176 1.663492
8  202408     1      F  162.1     54    24  97.5 3.8 150 152 1.662564
9  202409     1      M  176.1     62    30 105.0 3.1 145 147 1.677143
10 202410     1      M  165.5     63    31  98.7 2.4 166 169 1.676798
                                 ⁝
55 202455     4      F  157.0     50    26  93.5 4.0 156 158 1.679144
56 202456     4      F  154.1     60    27  91.7 3.9 144 144 1.680480
57 202457     4      M  176.7     80    32 107.8 3.8 162 168 1.639147
58 202458     4      M  174.0     66    32 105.9 3.6 139 139 1.643059
59 202459     4      M  174.0     75    30 105.3 3.9 170 174 1.652422
60 202460     4      M  184.2     84    33 112.2 4.1 149 153 1.641711
61 202461     4      M  175.5     77    32 107.8 4.0 166 166 1.628015
62 202462     4      M  176.7     70    29 107.4 3.8 162 163 1.645251
63 202463     4      M  170.0     71    30 101.8 3.8 165 169 1.669941
64 202464     4      M  173.1     69    30 102.8 3.6 169 174 1.683852
```

Example 7.8

연산을 통해서 기존 데이터 프레임에 새로운 변수 만들기 2 프로그램 연수 전의 감성지수(EQ1)와 프로그램 연수 후의 감성지수(EQ2)의 차를 나타내는 새로운 변수 EQ_Diff(=EQ2 - EQ1)를 생성한 다음 이 값을 출력해보자.

```
> Data_fin$EQ_Diff = Data_fin$EQ2 - Data_fin$EQ1
> Data_fin$EQ_Diff
 [1]  5  4  5  5  7  0 -1  2  2  3 -1  2 -2  6  5  4  2 -3  0  7  6 -1  7
[24] -1  5  6  5  5  7  4  7 -2 -3 -2  2  7  0  0  1 -3  1  5 -2 -3 -2  7
[47]  0  4  6  3 -3 -3  0  7  2  0  6  0  4  4  0  1  4  5
```

물론 데이터 프레임 Data_fin을 출력하면 **Example 7.7**과 마찬가지로 새로운 변수 EQ_Diff가 추가되어 있음을 알 수 있으며, 데이터 프레임 Data_fin의 차원을 확인하기 위해 **dim( )** 함수를 사용하면 다음 결과에서 보는 바와 같이 데이터 프레임 Data_fin에 64개의 관측치와 2개의 변수 Ratio와 EQ_Diff가 추가되어 모두 12개의 변수가 포함되어 있음을 확인할 수 있다.

```
> dim(Data_fin)
[1] 64 12
```

2) 조건문을 통한 새로운 변수 만들기

이번에는 단순한 연산을 통해서 뿐 아니라 좀 더 복잡한 조건을 통해서 기존 데이터 프레임에 새로운 변수를 만드는 방법에 대해서 살펴보고자 한다. 예를 들어 성적 자료로부터 새로운 변수를 생성하는 문제를 생각해보자. 단순히 성적 자료를 나타내는 변수들을 이용하여 총점 또는 평균을 구할 때는 단순한 연산으로 가능하지만 평점(GPA)을 근거로 해서 학점(A, B, C, D, F) 변수를 생성하기 위해서는 조건문을 사용해야 한다. 따라서, 학점과 같이 조건문을 사용해서 변수를 생성하는 방법에 대해서 설명하고자 한다.

[표 7.2] 비교 연산자 및 논리 연산자의 종류와 기능

연산자	기능
==	같다
!=	같지 않다
<	작다
<=	작거나 같다
>	크다
>=	크거나 같다
&	연산자 양쪽이 모두 참이면 참(AND)
|	연산자 양쪽 중 적어도 하나가 참이면 참(OR)

조건문을 사용하기 위해서는 **[표 7.2]**에 소개되어 있는 비교연산자와 논리연산자의 사용이 필수적이므로 이에 대한 이해가 필요하다. 다음은 조건문의 일반적인 사용 형식이다.

조건문 1	> if (조건) 명령문(조건이 참일 때 실행) else(조건이 거짓일 때 실행)
조건문 2	> if (조건 1) 명령문 1(조건 1이 참일 때 실행) else if (조건 2) 명령문 2(조건 2가 참일 때 실행) ⋮ else if (조건 k) 명령문 k(조건 k가 참일 때 실행) else 명령문 k+1(위 조건이 모두 거짓일 때 실행)
조건문 3	> ifelse(조건, 명령문 1(조건이 참일 때 실행), 명령문 2(조건이 거짓일 때 실행))

위에서 설명한 조건문의 형식 중에서 조건문 1과 조건문 2를 데이터 프레임에서 사용하기 위해서는 반복문이 함께 사용되어야 하는데 R에서 특정 조건을 만족하는 동안 반복해서 명령문을 실행하도록 하기 위해서 **for( )** 함수가 사용된다. 이 함수의 일반 사용 형식은 다음과 같다.

for	> for(반복조건) 명령문( )

위의 일반 사용형식에서 사용되는 옵션은 다음과 같은 의미로 사용된다.

- **반복조건** : 반복조건을 만족하는 경우 제시되는 명령문이 계속해서 실행되므로 언제까지 반복을 수행할 것인지를 지정한다. **(i in 1:10)**와 같이 지정하면 i가 1에서 10까지의 값을 가지는 동안 명령문을 반복해서 수행하도록 하는 것으로 총 10회 반복문이 수행된다.
- **명령문( )** : 반복조건을 만족하는 경우 실행될 문장을 지정한다.

위에서 설명한 조건문과 반복문을 사용하면 주어지는 조건에 따라서 새로운 변수를 생성할 수 있다. 조건문을 이용하여 새로운 변수를 생성하는 방법을 예제를 통해서 살펴보자.

Example 7.9

조건문을 이용하여 기존 데이터 프레임에 새로운 변수 만들기 1 데이터 프레임 Data_fin에서 평점(GPA)이 3.0 이상이면 "P", 3.0 미만이면 "F" 값을 가지는 새로운 변수 GPA2를 만들어 보자. 반복횟수를 지정하기 위해서 **for( )** 함수를 사용하였고, **조건문 1(if~ else~)**을 이용하였다.

```
> for(i in 1:64)
+ if(Data_fin$GPA[i] >= 3.0)
+ Data_fin$GPA2[i] = "P" else Data_fin$GPA2[i] = "F"
```

```
> Data_fin$GPA2
 [1] "P" "P" "P" "F" "P" "P" "P" "P" "P" "F" "P" "P" "P" "F" "F" "P" "P"
[18] "P" "P" "P" "P" "P" "P" "P" "P" "P" "F" "P" "P" "P" "P" "F" "P" "P"
[35] "P" "P" "P" "P" "P" "P" "P" "P" "P" "P" "P" "P" "P" "P" "P" "P" "P"
[52] "P" "P" "P" "P" "P" "P" "P" "P" "P" "P" "P" "P" "P"
```

R 프로그램을 살펴보면 데이터 프레임 Data_fin의 관측치 수가 64이므로 반복문의 실행횟수를 **for(i in 1:64)**와 같이 지정하였다. 그런데, 이를 좀 더 일반적으로 표현하기 위해서 반복해서 계산하고자 하는 GPA 변수의 관측치 수를 **length( )** 함수를 이용해서 나타낼 수 있다. 즉 **length(Data_fin$GPA)**와 같이 나타낼 수 있으며 이 값이 64이므로 다음과 같이 실행해도 동일한 결과를 제공해준다.

```
> for(i in 1:length(Data_fin$GPA))
+ if(Data_fin$GPA[i] >= 3.0)
+ Data_fin$GPA2[i] = "P" else Data_fin$GPA2[i] = "F"
> Data_fin
```

물론 데이터 프레임 Data_fin을 출력해보면 새로 생성된 변수 GPA2가 포함되어 있음을 확인해볼 수 있다.

이와 같이 **조건문 1**을 사용하여 새로운 변수를 생성할 수도 있지만 다음과 같이 **조건문 3(ifelse~)**를 사용할 수도 있으며, 실제로 **조건문 3**을 사용하여 새로운 변수를 생성하는 것이 더 편리한 방법이다.

```
> Data_fin$GPA2 = ifelse(Data_fin$GPA >= 3.0, "P", "F")
> Data_fin
       ID AYear Gender Height ...   GPA EQ1 EQ2     Ratio  EQ_Diff GPA2
1  202401     1      F  159.1       3.4 160 165 1.628454        5    P
2  202402     1      F  162.5       3.4 174 178 1.664959        4    P
3  202403     1      F  159.0       3.2 155 160 1.645963        5    P
4  202404     1      F  161.5       2.9 168 173 1.628024        5    F
5  202405     1      F  151.4       3.8 171 178 1.691620        7    P
6  202406     1      F  165.7       3.5 123 123 1.648756        0    P
7  202407     1      F  157.2       3.2 177 176 1.663492       -1    P
8  202408     1      F  162.1       3.8 150 152 1.662564        2    P
9  202409     1      M  176.1       3.1 145 147 1.677143        2    P
10 202410     1      M  165.5       2.4 166 169 1.676798        3    F
                                 ~
55 202455     4      F  157.0       4.0 156 158 1.679144        2    P
56 202456     4      F  154.1       3.9 144 144 1.680480        0    P
57 202457     4      M  176.7       3.8 162 168 1.639147        6    P
58 202458     4      M  174.0       3.6 139 139 1.643059        0    P
59 202459     4      M  174.0       3.9 170 174 1.652422        4    P
60 202460     4      M  184.2       4.1 149 153 1.641711        4    P
61 202461     4      M  175.5       4.0 166 166 1.628015        0    P
62 202462     4      M  176.7       3.8 162 163 1.645251        1    P
63 202463     4      M  170.0       3.8 165 169 1.669941        4    P
64 202464     4      M  173.1       3.6 169 174 1.683852        5    P
```

이제는 새로운 변수를 생성하기 위한 조건이 2개 이상인 경우에 대해 살펴보자. 이러한 경우 **조건문 2(if~ else if~ else~)**를 사용하거나 **조건문 3(ifelse~)**을 여러 번 사용하여 원하는 결과를 얻을 수 있다.

Example 7.10

조건문을 이용하여 기존 데이터 프레임에 새로운 변수 만들기 2 데이터 프레임 Data_fin을 사용해서 평점(GPA)에 따라 A, B, C, D, F 학점을 갖는 변수 GPA1을 만들어 보자. 변수 GPA1의 생성 조건은 다음과 같다.

- GPA가 4.0이상이면 GPA1=A
- GPA가 3.0이상이고 4.0미만이면 GPA1=B
- GPA가 2.0이상이고 3.0미만이면 GPA1=C
- GPA가 1.0이상이고 2.0미만이면 GPA1=D
- GPA가 1.0미만이면 GPA1=F

물론 데이터 프레임 Data_fin은 64개의 관측치를 가지고 있으므로 모든 관측치별로 GPA1 변수 값이 주어진 조건에 따라 생성된다. 여기서는 지면 관계상 그 중 일부의 결과만을 제시하였다.

```
> for (i in 1:length(Data_fin$GPA))
+ if (Data_fin$GPA[i] >= 4.0) Data_fin$GPA1[i] = "A" else if
+ (Data_fin$GPA[i] >= 3.0) Data_fin$GPA1[i] = "B" else if
+ (Data_fin$ GPA[i] >= 2.0) Data_fin$GPA1[i] = "C" else if
+ (Data_fin$GPA[i] >= 1.0) Data_fin $GPA1[i] = "D" else Data_fin$GPA1[i] = "F"
> Data_fin
       ID AYear Gender ... EQ1  EQ2      Ratio EQ_Diff GPA2 GPA1
1  202401     1      F     160  165  1.628454       5    P    B
2  202402     1      F     174  178  1.664959       4    P    B
3  202403     1      F     155  160  1.645963       5    P    B
4  202404     1      F     168  173  1.628024       5    F    C
5  202405     1      F     171  178  1.691620       7    P    B
6  202406     1      F     123  123  1.648756       0    P    B
7  202407     1      F     177  176  1.663492      -1    P    B
8  202408     1      F     150  152  1.662564       2    P    B
9  202409     1      M     145  147  1.677143       2    P    B
10 202410     1      M     166 169   1.676798       3    F    C
                                ⁞
55 202455     4      F     156  158  1.679144       2    P    A
56 202456     4      F     144  144  1.680480       0    P    B
57 202457     4      M     162  168  1.639147       6    P    B
58 202458     4      M     139  139  1.643059       0    P    B
59 202459     4      M     170  174  1.652422       4    P    B
60 202460     4      M     149  153  1.641711       4    P    A
61 202461     4      M     166  166  1.628015       0    P    A
62 202462     4      M     162  163  1.645251       1    P    B
63 202463     4      M     165  169  1.669941       4    P    B
64 202464     4      M     169  174  1.683852       5    P    B
```

또한, 다음과 같이 **ifelse( )** 함수를 사용해도 동일한 결과를 얻을 수 있다.

```
> Data_fin$GPA1 = ifelse(Data_fin$GPA >= 4.0, "A",
+ ifelse(Data_fin$GPA >= 3.0, "B",
+ ifelse(Data_fin$GPA >= 2.0, "C",
+ ifelse(Data_fin$GPA >= 1.0, "D", "F"))))
```

7.4 기존 데이터 프레임으로 새로운 데이터 프레임 만들기

1) 변수 선택을 통해서 새로운 데이터 프레임 만들기

기존의 데이터 프레임을 사용해서 새로운 데이터 프레임을 만들어야 하는 경우가 있는데, 이를 위해서 두 가지 방법을 고려할 수 있다. 첫 번째는 기존 데이터 프레임의 변수들 중 일부만을 선택하여 새로운 데이터 프레임을 구성하는 방법이고, 두 번째 방법은 새로운 변수를 생성해서 기존 변수와 함께 새로운 데이터 프레임을 구성하는 것이다. 새로운 데이터 프레임 생성을 위한 변수 지정 방법에는 다음과 같은 세 가지 방법이 있다.

변수 지정 방법

METHOD 1 위치로 변수 지정하기
METHOD 2 이름으로 변수 지정하기
METHOD 3 **subset( )** 함수를 이용하여 변수 지정하기

이와 같은 방법으로 데이터 프레임에서 특정 변수를 선택하고, 이 변수들로 이루어지는 새로운 데이터 프레임을 만들 수 있는데, 다음은 이를 위한 기본 사용 형식이다.

위치로 변수지정	> 새로운 데이터 프레임 이름 = 데이터 프레임 이름[c(열번호 1, 열번호 2, …)]
이름으로 변수지정	> 새로운 데이터 프레임 이름 = 데이터 프레임 이름[c("변수 1", "변수 2", …)]
subset( )	> 새로운 데이터 프레임 이름 = subset(데이터 프레임 이름, select=c(변수 1, 변수 2, …))

위의 일반 사용형식에서 사용되는 옵션은 다음과 같은 의미로 사용된다.

- **새로운 데이터 프레임 이름** : 기존의 데이터 프레임으로부터 만들어지는 새로운 데이터 프레임의 이름을 지정한다.
- **데이터 프레임 이름[ ]** : 기존의 데이터 프레임 이름을 지정한다.
- **select=c( )** : 새로운 데이터 프레임에 포함시키고자 하는 변수들을 지정한다. 이 경우 변수 이름에 따옴표(" ")를 사용하지 않아도 된다.

다음 예제를 통해서 좀 더 쉽게 기존 데이터 프레임의 특정 변수를 선택해서 새로운 데이터 프레임을 구성하는 방법에 대해서 살펴보도록 하자.

Example 7.11

변수 선택을 통한 새로운 데이터 프레임 만들기 데이터 프레임 Data_fin에서 학생들의 일반 사항(ID, AYear, Gender)과 개인 측정사항(ID, Height, Weight, Waist, Navel, GPA, EQ1, EQ2)으로 구성되는 2개의 새로운 데이터 프레임 Data_fin1과 Data_fin2를 만들어보자.

```
> Data_fin1 = Data_fin[c("ID", "AYear", "Gender")]
> Data_fin1
       ID AYear Gender
1  202401     1      F
2  202402     1      F
3  202403     1      F
4  202404     1      F
5  202405     1      F
6  202406     1      F
7  202407     1      F
8  202408     1      F
9  202409     1      M
10 202410     1      M
            ≀
55 202455     4      F
56 202456     4      F
57 202457     4      M
58 202458     4      M
59 202459     4      M
60 202460     4      M
61 202461     4      M
62 202462     4      M
63 202463     4      M
64 202464     4      M
```

이와 같이 변수 이름을 지정하여 새로운 데이터 프레임 Data_fin1을 만들 수 있으며, 변수 이름을 지정하는 대신 다음과 같이 일련번호를 사용하여 위치로 특정 변수를 지정하거나 **subset( )** 함수에서 **select=c( )**를 사용해도 동일한 결과를 얻을 수 있다. 위의 일반 형식에서 설명한 바와 같이 변수 이름을 따옴표(" ") 안에 표시하지 않아도 된다.

```
> Data_fin1 = Data_fin[c(1, 2, 3)]
> Data_fin1 = subset(Data_fin, select=c(ID, AYear, Gender))
```

다음은 동일한 3가지 방법을 사용하여 개인 측정사항(ID, Height, Weight, Waist, Navel, GPA, EQ1, EQ2)을 포함하는 새로운 데이터 프레임 Data_fin2를 생성한 결과이다. 마찬가지로 3가지 방법 중에 어떠한 방법을 사용하더라도 동일한 데이터 프레임을 생성할 수 있다.

```
> Data_fin2 = Data_fin[c(1, 4, 5, 6, 7, 8, 9, 10)]
> Data_fin2 = Data_fin[c("ID", "Height", "Weight", "Waist",
+                        "Navel", "GPA", "EQ1", "EQ2")]
```

```
> Data_fin2 = subset(Data_fin, select=c(ID, Height, Weight,
+                              Waist, Navel, GPA, EQ1, EQ2))
> Data_fin2
       ID Height Weight Waist Navel GPA  EQ1 EQ2
1  202401  159.1     59    26  97.7 3.4  160 165
2  202402  162.5     54    25  97.6 3.4  174 178
3  202403  159.0     53    26  96.6 3.2  155 160
4  202404  161.5     54    28  99.2 2.9  168 173
5  202405  151.4     52    24  89.5 3.8  171 178
6  202406  165.7     55    27 100.5 3.5  123 123
7  202407  157.2     59    25  94.5 3.2  177 176
8  202408  162.1     54    24  97.5 3.8  150 152
9  202409  176.1     62    30 105.0 3.1  145 147
10 202410  165.5     63    31  98.7 2.4  166 169
                         ~
55 202455  157.0     50    26  93.5 4.0  156 158
56 202456  154.1     60    27  91.7 3.9  144 144
57 202457  176.7     80    32 107.8 3.8  162 168
58 202458  174.0     66    32 105.9 3.6  139 139
59 202459  174.0     75    30 105.3 3.9  170 174
60 202460  184.2     84    33 112.2 4.1  149 153
61 202461  175.5     77    32 107.8 4.0  166 166
62 202462  176.7     70    29 107.4 3.8  162 163
63 202463  170.0     71    30 101.8 3.8  165 169
64 202464  173.1     69    30 102.8 3.6  169 174
```

2) 관측치를 선택하여 새로운 데이터 프레임 만들기

이제까지는 단순히 기존 데이터 프레임에 있는 특정 변수들의 모든 관측치로 구성된 새로운 데이터 프레임을 만드는 방법에 대하여 살펴보았다. 즉, 기존 데이터 프레임의 특정 변수를 선택하여 이 변수의 모든 관측치로 구성되는 새로운 데이터 프레임을 생성하는 방법에 대해서 다루었다. 그러나 실제로 데이터 분석을 수행할 때에는 특정 조건을 만족하는 일부 관측치만을 포함하는 데이터 프레임을 구성하는 등 좀 더 복잡한 형태로 새로운 데이터 프레임을 생성해야 하는 경우가 많이 있다.

이와 같이 다양한 형태로 새로운 데이터 프레임을 구성하기 위해서는 조건문과 반복문이 유용하게 사용되며, 이와 더불어 비교연산자와 논리연산자, 조건문, 반복문 등을 복합적으로 사용해야 한다. **[표 7.2]**에 R에서 사용되는 많이 사용되는 비교연산자와 논리연산자가 소개되어 있으니 이를 참고하기 바란다.

기본적으로 조건에 맞는 관측치들로 이루어지는 새로운 데이터 프레임을 만들기 위해서도 앞에서 설명된 **subset( )** 함수를 사용한다. 다음에 정의되는 **subset( )** 함수는 조건에 맞는 관측치를 선택하기 위해 사용되며, 앞에서 설명된 **subset( )** 함수는 변수를 선택하기 위해 사용되는 것이다. 즉, **subset( )** 함수는 어떤 인수가 지정되는지에 따라 관측치 또는 변수를 선택하여 새로운 데이터 프레임을 생성하도록 하는 함수이다.

subset( ) > 새로운 데이터 프레임 이름 = subset(데이터 프레임 이름, subset=(조건))

위의 일반 사용형식에서 사용되는 옵션은 다음과 같은 의미로 사용된다.

- **새로운 데이터 프레임 이름** : 기존의 데이터 프레임에서 **subset=(조건)**에 있는 조건을 만족하는 관측값만으로 구성되는 새로운 데이터 프레임의 이름을 지정한다.
- **데이터 프레임 이름** : 기존의 데이터 프레임 이름을 지정한다.
- **subset=(조건)** : 새로운 데이터 프레임에 포함시키고자 하는 관측값들의 조건을 제시한다.

Example 7.12

관측치 선택을 통한 새로운 데이터 프레임 만들기 데이터 프레임 Data_fin을 사용해서 남학생들로만 구성된 데이터 프레임 Data_M을 만들어 보자. 이를 위해서는 위에서 설명한 것처럼 **subset( )** 함수를 이용하고, **subset=(조건)**을 지정해야 한다.

- 기존 데이터 프레임 : Data_fin
- 새로운 데이터 프레임 : Data_M
- Data_M의 구성 변수 : 데이터 프레임 Data_fin의 모든 변수를 포함
- 조건 : 성별(Gender)이 남자(M)인 데이터

남학생 자료만을 포함하는 데이터 프레임을 구성해야 하므로 비교연산자 ==을 사용하여 다음과 같이 조건을 지정하면 된다.

```
> Data_M = subset(Data_fin, subset=(Gender == "M"))
> Data_M
```

다음 결과를 보면 기존 데이터 프레임 Data_fin에서 성별(Gender)이 남자(M)인 자료만을 선택하여 새로운 데이터 프레임 Data_M이 구성되었음을 알 수 있다.

```
          ID AYear Gender Height ...    Ratio EQ_Diff GPA2 GPA1
 9  202409     1      M    147      1.677143       2    P    B
 10 202410     1      M    169      1.676798       3    F    C
 11 202411     1      M    173      1.682051      -1    P    B
 12 202412     1      M    155      1.649533       2    P    B
 13 202413     1      M    160      1.651487      -2    P    B
 14 202414     1      M    144      1.661877       6    F    C
 15 202415     1      M    145      1.662264       5    F    C
 16 202416     1      M    155      1.661417       4    P    B
 25 202425     2      M    185      1.705528       5    P    A
 26 202426     2      M    172      1.667337       6    P    B
 27 202427     2      M    140      1.639344       5    F    C
 28 202428     2      M    148      1.709393       5    P    B
 29 202429     2      M    146      1.661850       7    P    B
 30 202430     2      M    146      1.609217       4    P    B
 31 202431     2      M    159      1.634905       7    P    B
```

```
32 202432    2      M    144         1.695477      -2   F    C
41 202441    3      M    141         1.704658       1   P    B
42 202442    3      M    155         1.671456       5   P    B
43 202443    3      M    163         1.662698      -2   P    B
44 202444    3      M    152         1.691249      -3   P    B
45 202445    3      M    140         1.625893      -2   P    B
46 202446    3      M    172         1.681239       7   P    B
47 202447    3      M    133         1.724480       0   P    B
48 202448    3      M    142         1.646123       4   P    B
57 202457    4      M    168         1.639147       6   P    B
58 202458    4      M    139         1.643059       0   P    B
59 202459    4      M    174         1.652422       4   P    B
60 202460    4      M    153         1.641711       4   P    A
61 202461    4      M    166         1.628015       0   P    A
62 202462    4      M    163         1.645251       1   P    B
63 202463    4      M    169         1.669941       4   P    B
64 202464    4      M    174         1.683852       5   P    B
```

또한, **length( )** 함수를 이용하여 새로 만들어진 데이터 프레임의 구조를 살펴본 결과 데이터 프레임 Data_M은 모두 14개의 변수와 32개의 관측치로 구성되어 있음을 알 수 있다.

```
> length(Data_M)
[1] 14
> length(Data_M$Gender)
[1] 32
```

3) 변수와 관측치를 선택하여 새로운 데이터 프레임 만들기

지금까지 기존의 데이터 프레임에서 특정 변수를 선택해서 새로운 데이터 프레임을 만드는 방법과 일부 관측치를 선택해서 새로운 데이터 프레임을 만드는 방법에 대해서 설명하였다. 그러나 경우에 따라서는 특정 변수와 일부 관측치를 선택해서 새로운 데이터 프레임을 생성해야 하는 경우도 있다. 특정 변수와 일부 관측치를 동시에 선택하기 위해서는 앞에서 소개한 **subset( )** 함수를 다음과 같이 혼합해서 사용하면 된다.

subset( )	**> 새로운 데이터 프레임 이름 = subset(데이터 프레임 이름, select=c(변수 1, 변수 2, …), subset=(조건))**

Example 7.13

변수와 관측치 선택을 통한 새로운 데이터 프레임 만들기 1 데이터 프레임 Data_fin을 사용해서 평점(GPA)이 3.5이상인 학생들로만 이루어진 데이터 프레임 Data_GPA35를 만들어 보자. 단, 새로 생성되는 데이터 프레임에는 4개 변수

(ID, AYear, Gender, GPA)만 포함하도록 한다.

- 기존 데이터 프레임 : Data_fin
- 새로운 데이터 프레임 : Data_GPA35
- 데이터 프레임 Data_GPA35 구성 변수 : ID, AYear, Gender, GPA
- 조건 : 평점(GPA)이 3.5 이상인 학생

다음 프로그램에서 **subset( )** 함수는 기존의 데이터 프레임 Data_fin으로부터 새로운 데이터 프레임 Data_GPA35를 생성하기 위해 사용되었다. 여기서, **select=**는 포함시킬 변수를 선택하기 위한 것으로 **c( )** 함수를 이용하여 포함시킬 변수명을 지정하였으며, **subset=( )**은 포함시킬 관측값의 조건를 지정하는 것으로 평점(GPA)이 3.5 이상인 관측치만을 선택하도록 지정되었다.
이 결과를 보면 **select=**에서 지정된 4개의 변수와 GPA가 3.5 이상인 학생들만으로 구성된 데이터 프레임 Data_GPA35가 생성되었음을 알 수 있다.
또한, **dim( )** 함수를 이용하여 생성된 데이터 프레임의 차원을 구해본 결과 모두 42개의 관측치와 4개의 변수로 구성되어 있음을 확인할 수 있다. 즉, 전체 학생 중에서 평점이 3.5이상인 학생은 모두 42명이며, 출력된 데이터 프레임 Data_GPA35를 보면 GPA가 3.5 이상인 학생들만 포함되어 있음을 알 수 있다.

```
> Data_GPA35 = subset(Data_fin, select=c(ID, AYear, Gender, GPA),
+                     subset=(GPA >= 3.5))
> dim(Data_GPA35)
[1] 42  4
> Data_GPA35
       ID AYear Gender  GPA
5  202405     1      F  3.8
6  202406     1      F  3.5
8  202408     1      F  3.8
17 202417     2      F  3.5
18 202418     2      F  3.5
19 202419     2      F  3.7
20 202420     2      F  3.5
21 202421     2      F  3.8
22 202422     2      F  3.6
24 202424     2      F  4.1
25 202425     2      M  4.0
28 202428     2      M  3.9
29 202429     2      M  3.7
                ⁞
55 202455     4      F  4.0
56 202456     4      F  3.9
57 202457     4      M  3.8
58 202458     4      M  3.6
59 202459     4      M  3.9
60 202460     4      M  4.1
61 202461     4      M  4.0
62 202462     4      M  3.8
63 202463     4      M  3.8
64 202464     4      M  3.6
```

Example 7.12와 **Example 7.13**에서는 특정 관측치를 선택하기 위한 조건으로 성별 또는 학점이라는 하나의 조건을 사용하였으나, 두 개 이상의 조건을 동시에 사용해서 새로운 데이터 프레임을 구성할 수도 있다. 두 개 이상의 조건을 사용하기 위해서는 **[표 7.2]**에 제시되어 있는 논리연산자를 이용하면 된다.
다음 예제를 통해서 두 조건을 동시에 만족하는 특정 관측치들로 구성된 새로운 데이터 프레임을 생성하는 방법을 살펴보자.

Example 7.14

변수와 관측치 선택을 통한 새로운 데이터 프레임 만들기 2 데이터 프레임 Data_fin을 사용해서 남학생이고 평점(GPA)이 3.5이상인 학생들로만 이루어진 데이터 프레임 Data_M_GPA35를 만들어 보자. 단, 데이터 프레임에는 4개 변수(ID, Ayear, Gender, GPA)만을 포함하도록 한다.

- 기존 데이터 프레임 : Data_fin
- 새로운 데이터 프레임 : Data_M_GPA35
- Data_M_GPA35의 구성 변수 : ID, Ayear, Gender, GPA
- 조건 : 성별(Gender)이 남자(M)이고, 평점(GPA)이 3.5이상인 학생

2개의 조건을 모두 만족하는 관측치만 새로 생성되는 데이터 프레임에 포함시키도록 하기 위해서는 **subset=( )**의 조건에 성별이 "M"인 경우와 평점이 3.5 이상이라는 2가지 조건을 논리연산자(**&**)를 사용하여 다음과 같이 지정하면 된다. 결과를 보면 학점이 3.5 이상인 42명의 학생 중 남학생은 16명임을 알 수 있다.

```
> Data_M_GPA35 = subset(Data_fin, select=c(ID, AYear, Gender, GPA),
+                        subset=(Gender == "M" & GPA >= 3.5))
> Data_M_GPA35
       ID AYear Gender GPA
25 202425     2      M 4.0
28 202428     2      M 3.9
29 202429     2      M 3.7
42 202442     3      M 3.6
43 202443     3      M 3.5
44 202444     3      M 3.7
45 202445     3      M 3.5
48 202448     3      M 3.7
57 202457     4      M 3.8
58 202458     4      M 3.6
59 202459     4      M 3.9
60 202460     4      M 4.1
61 202461     4      M 4.0
62 202462     4      M 3.8
63 202463     4      M 3.8
64 202464     4      M 3.6
> length(Data_M_GPA35$Gender)
[1] 16
```

7.5 데이터 프레임에서 변수 삭제하기

7.4절에서는 기존의 데이터 프레임을 구성하는 변수들 중에서 특정 변수를 선택하여 새로운 데이터 프레임을 만드는 방법에 대해서 살펴보았는데, 반대로 기존 데이터 프레임에서 특정 변수를 제거하고 나머지 변수들만으로 구성되는 새로운 데이터 프레임을 만들어야 하는 경우가 있을 수 있다.
이와 같이 특정 변수를 데이터 프레임에서 제거시키기 위해서도 7.4절에서 설명한 **subset( )** 함수가 사용되며 제외하고자 하는 변수의 이름 앞에 다음과 같이 "-"를 붙이면 된다. 이 때 변수이름을 " "에 입력하지 않아도 된다.

subset( )	**> subset(데이터 프레임 이름,** **select=c(-변수 1, -변수 2, …))**

Example 7.15

변수 삭제를 통한 새로운 데이터 프레임 만들기 데이터 프레임 Data_fin에서 2개의 변수 (EQ_Diff, GPA2)를 제거하고, 이 데이터 프레임을 최종 분석용 데이터로 사용하기 위해 Data_fin.RData로 저장해 보자. 먼저 현재 데이터 프레임 Data_fin의 속성을 알아보기 위해 **str( )** 함수를 이용해보자.

```
> str(Data_fin)
'data.frame':   64 obs. of  14 variables:
 $ ID     : num  202401 202402 202403 202404 202405 ...
 $ AYear  : num  1 1 1 1 1 1 1 1 1 1 ...
 $ Gender : chr  "F" "F" "F" "F" ...
 $ Height : num  159 162 159 162 151 ...
 $ Weight : num  59 54 53 54 52 55 59 54 62 63 ...
 $ Waist  : num  26 25 26 28 24 27 25 24 30 31 ...
 $ Navel  : num  97.7 97.6 96.6 99.2 89.5 ...
 $ GPA    : num  3.4 3.4 3.2 2.9 3.8 3.5 3.2 3.8 3.1 2.4 ...
 $ EQ1    : num  160 174 155 168 171 123 177 150 145 166 ...
 $ EQ2    : num  165 178 160 173 178 123 176 152 147 169 ...
 $ Ratio  : num  1.63 1.66 1.65 1.63 1.69 ...
 $ EQ_Diff: num  5 4 5 5 7 0 -1 2 2 3 ...
 $ GPA2   : chr  "P" "P" "P" "F" ...
 $ GPA1   : chr  "B" "B" "B" "C" ...
```

위 결과를 살펴보면 데이터 프레임 Data_fin은 64개의 관측치와 14개의 변수를 포함하고 있음을 알 수 있다. 따라서, 이 데이터 프레임 Data_fin에서 2개의 변수 EQ_Diff와 GPA2를 제거하기 위해 **subset( )** 함수의 **select=**에 제거하고자 하는 변수를 **c( )** 함수를 이용하여 나열한다. 이 때 변수를 제거하기 위해서 변수이름 앞에 - 기호를 사용하면 된다.

```
> Data_fin = subset(Data_fin, select=c(-EQ_Diff, -GPA2))
> str(Data_fin)
```

```
'data.frame':	64 obs. of  12 variables:
 $ ID    : num  202401 202402 202403 202404 202405 ...
 $ AYear : num  1 1 1 1 1 1 1 1 1 1 ...
 $ Gender: chr  "F" "F" "F" "F" ...
 $ Height: num  159 162 159 162 151 ...
 $ Weight: num  59 54 53 54 52 55 59 54 62 63 ...
 $ Waist : num  26 25 26 28 24 27 25 24 30 31 ...
 $ Navel : num  97.7 97.6 96.6 99.2 89.5 ...
 $ GPA   : num  3.4 3.4 3.2 2.9 3.8 3.5 3.2 3.8 3.1 2.4 ...
 $ EQ1   : num  160 174 155 168 171 123 177 150 145 166 ...
 $ EQ2   : num  165 178 160 173 178 123 176 152 147 169 ...
 $ Ratio : num  1.63 1.66 1.65 1.63 1.69 ...
 $ GPA1  : chr  "B" "B" "B" "C" ...
```

데이터 프레임 Data_fin의 속성이 달라졌는지 알아보기 위해 **str( )** 함수를 다시 실행한 결과가 위에 나타나 있다. 이를 보면 최종 분석용 데이터 프레임 Data_fin은 64개의 관측치와 12개의 변수로 구성되어 있으며, **select=**에 지정된 2개의 변수가 제거되었음을 알 수 있다. 이 데이터 프레임을 최종 분석용 데이터로 사용하기 위해 다음과 같이 **save( )** 함수를 이용하여 Data_fin.RData로 저장할 수 있다.

```
> save(Data_fin, file="c:/DATA/Data_fin.RData")
```

이 명령문을 실행한 후 c 드라이브의 DATA 폴더를 확인해보면, 다음과 같이 파일 유형이 R Workspace인 Data_fin이라는 R 데이터가 생성되었음을 확인할 수 있다.

Data_A1	R Workspace	1KB
Data_A2	R Workspace	1KB
Data_A3	R Workspace	1KB
Data_B	R Workspace	1KB
Data_C	R Workspace	1KB
Data_D	R Workspace	1KB
Data_fin	R Workspace	2KB

7.6 데이터 프레임을 외부파일로 내보내기

지금까지는 텍스트 파일, csv 파일 또는 엑셀 파일 등 다양한 형식으로 저장된 외부파일을 불러와서 R 데이터 프레임을 만들고, 이 데이터 프레임을 다루는 여러 가지 방법에 대해서 살펴보았다. 이 절에서는 R을 이용하여 생성된 데이터 프레임을 외부 파일로 내보내는 방법에 대해서 살펴보고자 한다.

외부파일을 불러오는 방법과 마찬가지로 텍스트 파일 또는 csv 파일로 내보내기 위해서는 간단한 R 함수를 이용하면 된다. 그러나, 엑셀 파일로 내보내기 위해서는 필요한 패키지를 설치해야 하는데, 실제로 엑셀에서 csv 형식으로 저장된 파일을 불러들인 다음 엑셀 파일로 저장할 수 있으므로 이를 이용하면 엑셀파일로 내보내기 위한 패키지를 설치하지 않고도 엑셀파일 형태로 저장할 수 있다.

1) 데이터 프레임을 텍스트 파일로 내보내기

먼저 R 데이터 프레임을 텍스트 파일로 내보내는 방법에 대해서 살펴보자. R 데이터 프레임을 텍스트 파일로 내보내기 위해서는 **write.table( )** 함수를 사용하며, 이 함수의 일반적인 사용 형식은 다음과 같다.

write.table( )	> write.table(데이터 프레임 이름, file= , quote= , sep= , row.names= , col.names=)

위의 일반 사용형식에서 사용되는 옵션은 다음과 같은 의미로 사용된다.

- **데이터 프레임 이름** : 외부파일로 저장하고자 하는 R 데이터 프레임의 이름을 지정한다.
- **file=** : 텍스트 파일이 저장될 파일의 경로와 이름을 " "에 지정한다.
- **quote=** : 저장되는 텍스트 파일의 자료에 따옴표(" ")를 포함하여 저장할 것인지를 지정하는 옵션이다. **quote=FALSE**라고 지정하면 모든 자료가 따옴표(" ")를 제외하고 저장되지만, **quote=TRUE**라고 지정하면, 자료가 따옴표(" ")와 함께 저장된다. 여기서, 디폴트는 **TRUE**이므로 따옴표(" ")를 포함하지 않고 저장하려면 반드시 이 옵션을 **FALSE**로 지정해주어야 한다.
- **sep=** : 각 변수의 값을 구분하기 위한 기호를 지정하기 위한 옵션으로 생략되면 기본적으로 공백이 사용된다. 만약 서로 다른 변수 값들을 구분하기 위해서 사용되는 구분기호로 콤마(,)를 사용하고자 한다면 **sep=","**와 같이 지정한다.
- **row.names=** : 행번호를 저장할 것인지를 지정한다. **row.names=FALSE**라고 지정하면 행번호가 저장되지 않는다. 디폴트는 **TRUE**이다.
- **col.names=** : 변수이름을 저장할 것인지를 지정한다. **col.names=FALSE**라고 지정하면 변수이름이 저장되지 않는다. 디폴트는 **TRUE**이다.

Example 7.16

R 데이터 프레임을 텍스트 파일로 내보내기 데이터 프레임 Data_fin을 c 드라이브의 DATA 폴더에 data_final1.txt 파일로 저장해보자. 변수들의 값을 공백으로 구분하여 저장하기 위해서 **sep=**를 지정하지 않았다.

```
> write.table(Data_fin, file="c:/DATA/data_final1.txt")
```

이와 같이 저장된 data_final1.txt 파일은 한글이나 윈도우 메모장 등의 프로그램을 사용해서 불러올 수 있다. 다음은 R에서 저장된 텍스트 파일을 한글에서 불러온 결과로 지면 관계상 자료의 일부분만을 보여주고 있다.
이를 살펴보면 행 번호를 저장할 것인지를 지정하는 **row.names=** 옵션을 지정하지 않았기 때문에 디폴트로 첫 번째 열에 행 번호("1", "2", …)가 저장되었음을 알 수 있다. 그리고 수치형 데이터가 아닌 경우, 즉 성별을 나타내는 변수 Gender와 GPA1 변수는 문자 변수이므로 모든 데이터 값이 따옴표(" ") 내에 입력되어 있으며, 첫 번째 행에 변수이름이 저장되어 있음을 알 수 있다.

```
"ID" "AYear" "Gender" "Height" "Weight" "Waist" "Navel" "GPA" "EQ1" "EQ2" "Ratio" "GPA1"
"1" 202401 1 "F" 159.1 59 26 97.7 3.4 160 165 1.62845445240532 "B"
"2" 202402 1 "F" 162.5 54 25 97.6 3.4 174 178 1.66495901639344 "B"
"3" 202403 1 "F" 159 53 26 96.6 3.2 155 160 1.64596273291925 "B"
"4" 202404 1 "F" 161.5 54 28 99.2 2.9 168 173 1.62802419354839 "C"
"5" 202405 1 "F" 151.4 52 24 89.5 3.8 171 178 1.69162011173184 "B"
"6" 202406 1 "F" 165.7 55 27 100.5 3.5 123 123 1.64875621890547 "B"
"7" 202407 1 "F" 157.2 59 25 94.5 3.2 177 176 1.66349206349206 "B"
"8" 202408 1 "F" 162.1 54 24 97.5 3.8 150 152 1.6625641025641 "B"
"9" 202409 1 "M" 176.1 62 30 105 3.1 145 147 1.67714285714286 "B"
"10" 202410 1 "M" 165.5 63 31 98.7 2.4 166 169 1.67679837892604 "C"
```

이번에는 자료에 따옴표(" ")를 제외시키고 텍스트 파일로 저장해보자. 이를 위해서는 **quote=FALSE**를 지정하면 된다. 다음은 데이터 프레임 Data_fin을 따옴표(" ")를 제외시키고 data_final2.txt로 저장한 결과이다.

```
> write.table(Data_fin, file="c:/DATA/data_final2.txt", quote=FALSE)
```

```
ID AYear Gender Height Weight Waist Navel GPA EQ1 EQ2 Ratio GPA1
1 202401 1 F 159.1 59 26 97.7 3.4 160 165 1.62845445240532 B
2 202402 1 F 162.5 54 25 97.6 3.4 174 178 1.66495901639344 B
3 202403 1 F 159 53 26 96.6 3.2 155 160 1.64596273291925 B
4 202404 1 F 161.5 54 28 99.2 2.9 168 173 1.62802419354839 C
5 202405 1 F 151.4 52 24 89.5 3.8 171 178 1.69162011173184 B
6 202406 1 F 165.7 55 27 100.5 3.5 123 123 1.64875621890547 B
7 202407 1 F 157.2 59 25 94.5 3.2 177 176 1.66349206349206 B
8 202408 1 F 162.1 54 24 97.5 3.8 150 152 1.6625641025641 B
9 202409 1 M 176.1 62 30 105 3.1 145 147 1.67714285714286 B
10 202410 1 M 165.5 63 31 98.7 2.4 166 169 1.67679837892604 C
```

또한, 데이터 파일의 첫 번째 열에 행 번호(1, 2, …)가 자동적으로 함께 저장되는데 이를 제외하고 데이터 파일로 저장하기 위해서는 **row.name=FALSE**와 같이 지정하면 된다. 다음은 자동적으로 저장되는 행 번호와 따옴표 (" ")를 모두 제외하고 data_final3.txt로 저장한 결과이다.

```
> write.table(Data_fin, file="c:/DATA/data_final3.txt",
+               quote=FALSE, row.name= FALSE)
```

```
ID AYear Gender Height Weight Waist Navel GPA EQ1 EQ2 Ratio GPA1
202401 1 F 159.1 59 26 97.7 3.4 160 165 1.62845445240532 B
202402 1 F 162.5 54 25 97.6 3.4 174 178 1.66495901639344 B
202403 1 F 159 53 26 96.6 3.2 155 160 1.64596273291925 B
202404 1 F 161.5 54 28 99.2 2.9 168 173 1.62802419354839 C
202405 1 F 151.4 52 24 89.5 3.8 171 178 1.69162011173184 B
202406 1 F 165.7 55 27 100.5 3.5 123 123 1.64875621890547 B
202407 1 F 157.2 59 25 94.5 3.2 177 176 1.66349206349206 B
202408 1 F 162.1 54 24 97.5 3.8 150 152 1.6625641025641 B
202409 1 M 176.1 62 30 105 3.1 145 147 1.67714285714286 B
202410 1 M 165.5 63 31 98.7 2.4 166 169 1.67679837892604 C
```

이번에는 행 번호와 변수명을 모두 포함하지 않도록 지정하여 텍스트 데이터 파일로 저장해보자. 이를 위해서 **row.name=FALSE**와 **col.name=FALSE**를 사용할 수 있으며, 행 번호와 변수명을 모두 제외하고 data_final4.txt로 저장한 결과가 다음에 나타나 있다.

```
> write.table(Data_fin, file="c:/DATA/data_final4.txt",
+              quote=FALSE, row.name= FALSE, col.name= FALSE)
```

```
202401 1 F 159.1 59 26 97.7 3.4 160 165 1.62845445240532 B
202402 1 F 162.5 54 25 97.6 3.4 174 178 1.66495901639344 B
202403 1 F 159 53 26 96.6 3.2 155 160 1.64596273291925 B
202404 1 F 161.5 54 28 99.2 2.9 168 173 1.62802419354839 C
202405 1 F 151.4 52 24 89.5 3.8 171 178 1.69162011173184 B
202406 1 F 165.7 55 27 100.5 3.5 123 123 1.64875621890547 B
202407 1 F 157.2 59 25 94.5 3.2 177 176 1.66349206349206 B
202408 1 F 162.1 54 24 97.5 3.8 150 152 1.6625641025641 B
202409 1 M 176.1 62 30 105 3.1 145 147 1.67714285714286 B
202410 1 M 165.5 63 31 98.7 2.4 166 169 1.67679837892604 C
```

2) 데이터 프레임을 csv 파일로 내보내기

지금까지 R 데이터 프레임을 텍스트 파일로 내보내는 방법에 대해서 살펴보았는데, 실제로 데이터를 다루는데 있어서 텍스트 파일보다는 엑셀에서 사용할 수 있는 형태로 자료를 저장하는 것이 유용할 때가 많다. 여기서는 R 데이터 프레임을 엑셀에서 사용할 수 있도록 csv 파일로 저장하는 방법을 살펴보고자 한다.
실제로 R 데이터 프레임을 엑셀파일로 내보내는 방법도 있지만 이를 위해서는 필요한 패키지를 다운로드 받아야 하는 등 번거로운 작업이 요구된다. 그러나 csv 파일을 엑셀에서 불러올 수 있으므로 데이터 프레임을 엑셀파일로 내보내는 방법에 대한 설명은 생략하였다.
R 데이터 프레임을 csv 파일로 저장하기 위해서는 **write.csv( )** 함수를 사용하며, 일반적인 사용 형식은 다음과 같다.

write.csv( )	> write.csv(데이터 프레임 이름, file=)

위의 일반 사용형식에서 사용되는 옵션은 다음과 같은 의미로 사용된다.

- **데이터 프레임 이름** : 저장하고자 하는 R 데이터 프레임을 지정한다.
- **file=** : csv 파일이 저장될 파일의 경로와 이름을 " "에 지정한다.

Example 7.17

R 데이터 프레임을 csv 파일로 내보내기 데이터 프레임 Data_fin을 c 드라이브의 DATA폴더에 data_final5.csv 파일로 저장해보자.

```
> write.csv(Data_fin, file="c:/DATA/data_final5.csv")
```

이와 같이 저장된 csv 파일을 엑셀에서 불러올 때 엑셀의 파일-열기 메뉴에서 선택하고자 하는 파일형식을 모든 파일로 선택해야 csv 파일을 불러올 수 있다. 다음은 csv 파일로 저장된 data_final5.csv 파일을 엑셀에서 불러온 결과를 보여준다. 첫 번째 행에는 변수이름이 포함되어 있고, 첫 번째 열에는 행 번호가 표시되어 있다.

	A	B	C	D	E	F	G	H	I	J	K	L	M
1		ID	AYear	Gender	Height	Weight	Waist	Navel	GPA	EQ1	EQ2	Ratio	GPA1
2	1	202401	1	F	159.1	59	26	97.7	3.4	160	165	1.628454452	B
3	2	202402	1	F	162.5	54	25	97.6	3.4	174	178	1.664959016	B
4	3	202403	1	F	159	53	26	96.6	3.2	155	160	1.645962733	B
5	4	202404	1	F	161.5	54	28	99.2	2.9	168	173	1.628024194	C
6	5	202405	1	F	151.4	52	24	89.5	3.8	171	178	1.691620112	B
7	6	202406	1	F	165.7	55	27	100.5	3.5	123	123	1.648756219	B
8	7	202407	1	F	157.2	59	25	94.5	3.2	177	176	1.663492063	B
9	8	202408	1	F	162.1	54	24	97.5	3.8	150	152	1.662564103	B
10	9	202409	1	M	176.1	62	30	105	3.1	145	147	1.677142857	B
11	10	202410	1	M	165.5	63	31	98.7	2.4	166	169	1.676798379	C
12	11	202411	1	M	164	61	31	97.5	3.4	174	173	1.682051282	B
13	12	202412	1	M	176.5	74	27	107	3.2	153	155	1.64953271	B
14	13	202413	1	M	177.7	76	31	107.6	3.4	162	160	1.651486989	B
15	14	202414	1	M	173.5	80	31	104.4	2.8	138	144	1.661877395	C

이제까지 R 데이터 프레임을 다양한 텍스트 파일과 csv 파일로 저장하는 방법에 대해 살펴보았다. 이를 실행한 후 c 드라이브의 DATA 폴더를 확인해보면 다음과 같이 유형이 **텍스트 문서**인 4개의 텍스트 파일과 유형이 **Microsoft Excel 쉼표로 구분된 값 파일**로 지정된 1개의 csv 파일이 생성되어 있음을 알 수 있다.

이름	유형	크기
data_final5	Microsoft Excel 쉼표로 구분된 값 파일	5KB
data_final4	텍스트 문서	4KB
data_final3	텍스트 문서	4KB
data_final2	텍스트 문서	4KB
data_final1	텍스트 문서	5KB
Data_fin	R Workspace	2KB

7.7 데이터 프레임을 행렬로 바꾸기

6.3절에서는 **data.frame( )** 함수를 사용해서 벡터 또는 행렬을 데이터 프레임으로 만드는 방법에 대해서 살펴보았는데, 이 절에서는 반대로 데이터 프레임을 행렬로 변환하는 방법에 대해서 설명하고자 한다. 이 방법은 데이터 프레임을 사용해서 통계분석을 수행하는데 있어서 행렬 연산이 필요한 경우에 유용하게 사용될 수 있다. 물론, 데이터 프레임에는 문자형 변수와 수치형 변수가 함께 있는 경우가 일반적이므로 행렬 연산을 위해서는 수치형 변수로만 구성된 행렬 객체를 생성해야 한다.
데이터 프레임을 행렬로 변환하기 위해서는 다음과 같은 형식으로 **as.matrix( )** 함수 또는 **data.matrix( )** 함수를 사용하여 행렬로 만들고자 하는 데이터 프레임의 이름을 지정하면 된다.

as.matrix( )	**> as.matrix(데이터 프레임 이름)**
data.matrix( )	**> data.matrix(데이터 프레임 이름)**

먼저 **as.matrix( )**에 대해 살펴보자. 이 함수는 지정된 데이터 프레임을 수치 행렬 또는 문자 행렬로 변환해주는데 데이터 프레임에 수치형 변수만 있는 경우에는 수치행렬로 변환해주지만 데이터 프레임에 문자변수가 하나라도 포함되어 있는 경우에는 나머지 모든 변수들도 문자로 취급하여 문자행렬로 변환시켜주게 된다.
Example 7.18을 통해 **as.matrix( )**의 사용 방법에 대해 살펴보자.

Example 7.18

as.matrix( )를 사용하여 데이터 프레임을 행렬로 만들기 데이터 프레임 Data_fin을 사용해서 특정 변수를 포함하는 행렬을 만들어 보자.

① 3개 변수(Height, Weight, Waist)로 구성되는 행렬

```
> A = subset(Data_fin, select=c(Height, Weight, Waist))
> A1 = as.matrix(A)
> A1
   Height Weight  Waist
1   159.1     59     26
2   162.5     54     25
3   159.0     53     26
4   161.5     54     28
5   151.4     52     24
6   165.7     55     27
7   157.2     59     25
8   162.1     54     24
9   176.1     62     30
10  165.5     63     31
              ⁞
```

② 4개 변수(Gender, Height, Weight, Waist)로 구성되는 행렬

```
> B = subset(Data_fin, select=c(Gender, Height, Weight, Waist))
> B1 = as.matrix(B)
> B1
   Gender Height   Weight  Waist
1  "F"    "159.1"  "59"    "26"
2  "F"    "162.5"  "54"    "25"
3  "F"    "159.0"  "53"    "26"
4  "F"    "161.5"  "54"    "28"
5  "F"    "151.4"  "52"    "24"
6  "F"    "165.7"  "55"    "27"
7  "F"    "157.2"  "59"    "25"
8  "F"    "162.1"  "54"    "24"
9  "M"    "176.1"  "62"    "30"
10 "M"    "165.5"  "63"    "31"
11 "M"    "164.0"  "61"    "31"
12 "M"    "176.5"  "74"    "27"
13 "M"    "177.7"  "76"    "31"
               ≀
```

위 결과를 살펴보면 ①에서 사용된 **as.matrix( )** 함수는 데이터 프레임 A에 수치형 변수들만 포함되어 있으므로 행렬 A1은 수치 행렬로 구성된다. 그러나 ②에서 사용된 **as.matrix( )** 함수의 경우에는 성별을 나타내는 문자형 변수 Gender가 데이터 프레임 B에 포함되어 있기 때문에 이로부터 만들어지는 행렬 B1은 모든 변수를 문자 변수로 취급하여 문자 행렬로 구성하게 됨을 알 수 있다.

---

as.matrix( )와 달리 **data.matrix( )**는 데이터 프레임을 수치 행렬로만 변환해준다. 따라서, 데이터 프레임에 수치형 변수만 있는 경우에는 별 문제없이 수치 행렬로 변환해주지만 데이터 프레임에 문자형 변수가 있는 경우에는 문자형 변수를 임의로 수치형으로 바꿔서 수치 행렬로 변환시켜준다. 예를 들어 성별을 나타내는 변수 Gender의 경우 데이터 값은 남자인 경우 "M", 여자인 경우 "F"의 값이 입력되어 있다. 이 변수를 포함하고 있는 데이터 프레임을 **data.matrix( )** 함수를 사용하여 행렬로 변환시키면 성별을 나타내는 변수 Gender의 값을 임의로 일련번호 순서로 부여하여 수치행렬로 변환시켜주게 된다. **Example 7.19**를 통해서 **data.matrix( )** 함수의 사용방법에 대해서 자세히 살펴보자.

Example 7.19

data.matrix( )를 사용하여 데이터 프레임을 행렬로 만들기 데이터 프레임 Data_fin을 사용해서 특정 변수를 포함하는 행렬을 만들어 보자.

① 3개 변수(Height, Weight, Waist)로 구성되는 행렬

```
> C = subset(Data_fin, select=c(Height, Weight, Waist))
> C1 = data.matrix(C)
```

```
> C1
   Height Weight  Waist
1   159.1     59     26
2   162.5     54     25
3   159.0     53     26
4   161.5     54     28
5   151.4     52     24
6   165.7     55     27
7   157.2     59     25
8   162.1     54     24
9   176.1     62     30
10  165.5     63     31
11  164.0     61     31
12  176.5     74     27
13  177.7     76     31
          ~
```

위 결과를 살펴보면 3개의 수치형 변수만 포함된 데이터 프레임 C를 행렬 C1으로 구성하는 것이므로 이 경우에는 **as.matrix( )**를 사용한 결과와 동일하다. 즉, 수치형 변수만 포함하고 있는 데이터 프레임의 경우 두 함수 중에서 어떤 함수를 이용하더라도 상관없음을 알 수 있다.

다음은 문자형 변수가 포함된 데이터 프레임 D를 **data.matrix( )** 함수를 사용하여 행렬 D1으로 변환한 결과로 이를 보면 성별을 나타내는 Gender의 값이 1 또는 2의 값으로 변환되었다. 이 결과를 **Example 7.18**의 실행결과 ②와 비교하면 여자를 나타내는 "F"의 값이 1, 남자를 나타내는 "M"의 값이 2로 바뀌어 수치행렬로 변환되었음을 알 수 있다.

따라서 문자형 변수가 포함되어 있는 데이터 프레임을 **data.matrix( )** 함수를 사용하여 행렬로 변환할 때에는 주의가 필요하다. 실제로 성별 변수 Gender의 값을 나타내는 1 또는 2는 수치형으로 입력되어 있지만 실제로 이 값이 수치형 데이터로서 의미가 없는 값이기 때문이다.

② 4개 변수(Gender, Height, Weight, Waist)로 구성되는 행렬

```
> D = subset(Data_fin, select=c(Gender, Height, Weight, Waist))
> D1 = data.matrix(D)
> D1
   Gender Height Weight Waist
1       1  159.1     59    26
2       1  162.5     54    25
3       1  159.0     53    26
4       1  161.5     54    28
5       1  151.4     52    24
6       1  165.7     55    27
7       1  157.2     59    25
8       1  162.1     54    24
9       2  176.1     62    30
10      2  165.5     63    31
11      2  164.0     61    31
12      2  176.5     74    27
13      2  177.7     76    31
              ~
```

7.8 데이터 프레임에 요인 변수 만들기

실제로 데이터 분석을 수행하는데 있어서 요인별(그룹별) 분석을 해야 하는 경우가 많이 존재한다. 예를 들어 성별에 따라 평점에 차이가 있는지를 분석해야 할 경우가 있는데 이때 성별이 요인 변수가 된다. 분석용 데이터 프레임에 이와 같은 요인 변수가 있는 경우에는 이를 사용해서 데이터 분석을 수행하면 되지만, 요인 변수가 없는 경우에는 분석을 수행하기 전에 분석에 필요한 요인 변수를 먼저 생성해야 한다.

이 절에서는 조건문을 사용하여 요인 변수를 만드는 방법과 **cut( )** 함수를 사용하여 요인 변수를 만드는 방법에 대해 설명하고자 한다. 요인 변수는 그룹 변수라고도 한다.

1) 조건문을 사용해서 요인 변수 만들기

조건문을 사용해서 분석자가 원하는 요인 변수를 만들 수 있는데, 이 때 조건문의 조건에 상수 또는 함수를 사용할 수 있다. 조건문을 사용하는 방법은 7.3절의 조건문을 사용하여 새로운 변수를 생성하는 방법을 참조하면 된다.

Example 7.20

조건문을 사용해서 요인 변수 만들기 1 데이터 프레임 Data_fin을 사용해서 신체비(Ratio)의 값에 따라 전체 자료를 4개의 그룹으로 구분하는 요인 변수 Ratio1을 만들어보자.

전체 자료를 사등분하는 사분위수 값을 기준으로 4개의 그룹으로 나누기 위해 사분위수를 각각 Q_1, Q_2, Q_3라고 할 때 요인 변수 Ratio1의 생성 조건은 다음과 같다.

- Ratio가 Q_3 이상이면 Ratio1= G1
- Ratio가 Q_3보다 작고 Q_2 이상이면 Ratio1= G2
- Ratio가 Q_2보다 작고 Q_1 이상이면 Ratio1= G3
- Ratio가 Q_1보다 작으면 Ratio1= G4

이를 위해서 먼저 변수 Ratio의 사분위수를 **summary( )** 함수를 이용해서 구해보자.

```
> summary(Data_fin$Ratio)
   Min. 1st Qu.  Median    Mean 3rd Qu.    Max.
  1.607   1.645   1.662   1.661   1.679   1.724
```

결과를 살펴보면 $Q_1 = 1.645$, $Q_2 = 1.662$, $Q_3 = 1.679$임을 알 수 있다. 따라서, 이 값을 조건문에 사용하면 다음과 같이 요인 변수 Ratio1을 생성할 수 있다.

```
> Data_fin$Ratio1 = ifelse(Data_fin$Ratio >= 1.679, "G1",
+ ifelse(Data_fin$Ratio >= 1.662, "G2",
+ ifelse(Data_fin$Ratio >= 1.645, "G3", "G4")))
```

데이터 프레임 Data_fin을 출력해보면 요인 변수 Ratio1이 생성되었음을 알 수 있으며, 이를 확인하기 위해 **str( )** 함수를 이용한 결과가 다음에 나타나 있다.

```
> str(Data_fin)
'data.frame':	64 obs. of  13 variables:
 $ ID    : num  202401 202402 202403 202404 202405 ...
 $ AYear : num  1 1 1 1 1 1 1 1 1 1 ...
 $ Gender: chr  "F" "F" "F" "F" ...
 $ Height: num  159 162 159 162 151 ...
 $ Weight: num  59 54 53 54 52 55 59 54 62 63 ...
 $ Waist : num  26 25 26 28 24 27 25 24 30 31 ...
 $ Navel : num  97.7 97.6 96.6 99.2 89.5 ...
 $ GPA   : num  3.4 3.4 3.2 2.9 3.8 3.5 3.2 3.8 3.1 2.4 ...
 $ EQ1   : num  160 174 155 168 171 123 177 150 145 166 ...
 $ EQ2   : num  165 178 160 173 178 123 176 152 147 169 ...
 $ Ratio : num  1.63 1.66 1.65 1.63 1.69 ...
 $ GPA1  : chr  "B" "B" "B" "C" ...
 $ Ratio1: chr  "G4" "G2" "G3" "G4" ...
```

Example 7.20에서는 요인 변수를 생성할 때 조건문에 사용되는 조건에 상수 값을 이용하였다. 이제 조건문의 조건에 상수 값을 사용하지 않고 함수를 사용하는 방법에 대해 살펴보자.

Example 7.21

조건문을 사용해서 요인 변수 만들기 2 데이터 프레임 Data_fin을 사용해서 평점(GPA)에 따라서 L(하), M(중), H(상)의 값을 가지는 요인 변수 GPA2를 만들어보자. 변수 GPA2의 생성 조건은 다음과 같다.

- L : 평점이 하위 25% 이하에 해당하는 학생들의 등급
- H : 평점이 상위 25% 초과에 해당하는 학생들의 등급
- M : L 또는 H에 해당하지 않는 학생들의 등급

하위 25% 이하 또는 상위 25% 초과에 대한 조건으로 함수 **quantile( )**을 사용하였다. 이를 응용하면 백분위(%) 값의 변화에 따라 등급을 다르게 나누어 분석해 볼 수 있다.

```
> Data_fin$GPA2=ifelse(Data_fin$GPA > quantile(Data_fin$GPA, 0.75), "H",
+                 ifelse(Data_fin$GPA > quantile(Data_fin$GPA, 0.25), "M", "L"))
> Data_fin$GPA2
 [1] "M" "M" "L" "L" "M" "M" "L" "M" "L" "L" "M" "L" "M" "L" "L" "L"
[17] "M" "M" "M" "M" "M" "M" "L" "H" "H" "L" "L" "M" "M" "L" "L" "L"
[33] "H" "M" "H" "M" "M" "M" "M" "M" "M" "M" "M" "M" "M" "M" "L" "M"
[49] "M" "H" "M" "H" "H" "M" "H" "M" "M" "M" "M" "H" "H" "M" "M" "M"
```

다음은 기존의 변수 GPA, GPA1과 새로 만들어진 변수 GPA2의 값을 비교해 보기 위한 데이터 프레임 Data_GPA를 생성하고 이를 출력한 결과이다.

```
> Data_GPA = subset(Data_fin, select=c(ID, GPA, GPA1, GPA2))
> Data_GPA
       ID GPA GPA1 GPA2
1  202401 3.4    B    M
2  202402 3.4    B    M
3  202403 3.2    B    L
4  202404 2.9    C    L
5  202405 3.8    B    M
6  202406 3.5    B    M
7  202407 3.2    B    L
8  202408 3.8    B    M
9  202409 3.1    B    L
10 202410 2.4    C    L
              ≀
55 202455 4.0    A    H
56 202456 3.9    B    M
57 202457 3.8    B    M
58 202458 3.6    B    M
59 202459 3.9    B    M
60 202460 4.1    A    H
61 202461 4.0    A    H
62 202462 3.8    B    M
63 202463 3.8    B    M
64 202464 3.6    B    M
```

2) cut( ) 함수를 사용해서 요인 변수 만들기

조건문을 사용하지 않고 **cut( )** 함수를 사용해서 분석자가 원하는 요인 변수를 만들 수 있는데, **cut( )** 함수의 사용 형식은 다음과 같다.

cut( )	> cut(변수이름, breaks=, labels=)

위의 일반 사용형식에서 사용되는 옵션은 다음과 같은 의미로 사용된다.

- **변수이름** : 생성하고자 하는 요인 변수의 이름을 지정한다. 벡터인 경우에는 벡터의 이름을 지정하면 되고, 일반적인 데이터 프레임인 경우에는 앞에서 살펴보았던 것처럼 **데이터 프레임 이름$변수이름**의 형식으로 지정한다.
- **breaks=** : 요인의 기준을 벡터로 지정해 준다. 만약 **breaks=c(a, b, c, d)**라고 지정하면 a 초과 b 이하, b 초과 c 이하, c 초과 d 이하의 구간을 갖는 그룹 즉, (a, b], (b, c], (c, d]의 구간 값을 갖는 요인 변수가 생성된다.

■ **labels=** : **breaks=**에 지정한 요인의 기준의 따라 취하게 될 값을 지정해 준다. 문자인 경우 따옴표(" ") 안에 지정하면 된다.

Example 7.22

cut( ) 함수로 요인 변수 만들기 1 **cut( )** 함수를 사용해서 평점(GPA)에 따라 A, B, C, D, F 학점을 갖는 요인 변수 GPA3을 만들어 보자. 요인 변수 GPA3의 생성 조건은 **Example 7.21**과 동일하게 설정한다. 따라서, 생성되는 요인 변수 GPA3는 변수 GPA1과 동일한 값을 가져야 한다.
평점(GPA)을 **cut( )** 함수의 **breaks=**에 지정할 때 평점의 값이 소수점 이하 첫째 자리까지 입력되어 있고, (a, b], 즉 a 초과 b 이하의 형태로 지정해야 하므로 F 학점은 (0,0.9], D학점은 (0.9,1.9], C학점은 (1.9,2.9], B학점은 (2.9,3.9], A학점은 (3.9,4.5]와 같이 지정한다. 즉 **breaks=c(0, 0.9, 1.9, 2.9, 3.9, 4.5)**와 같이 지정하면 요인 변수 GPA3의 생성 조건을 만족하게 된다.

```
> Data_fin$GPA3 = cut(Data_fin$GPA, breaks=c(0, 0.9, 1.9, 2.9, 3.9, 4.5),
+                     labels=c("F", "D", "C", "B", "A"))
> Data_fin$GPA3
 [1] B B B C B B B B B C B B B C C B B B B B B B B A A B C B B B B C A B A
[36] B B B B B B B B B B B B B B B A B A A B A B B B B A A B B B
Levels: F D C B A
```

요인 변수 GPA3을 위와 같이 생성하고, 이를 데이터 프레임 Data_fin에 추가한 후 이 변수를 출력한 결과를 보면 마지막 부분에 요인 변수의 수준을 **Levels : FDCBA**와 같이 표시해주고 있다.
Example 7.21의 조건문을 이용하여 생성된 변수 GPA1과 **cut( )** 함수를 이용하여 생성된 요인 변수 GPA3을 비교해보기 위해서 데이터 프레임 Data_GPA에 새로 생성된 요인 변수 GPA3을 추가한 후 출력한 결과가 다음에 제시되어 있다. 이를 보면 GPA1과 GPA3의 값이 모두 동일하다는 것을 알 수 있다.

```
> Data_GPA = subset(Data_fin, select=c(ID, GPA, GPA1, GPA2, GPA3))
> Data_GPA
       ID GPA GPA1 GPA2 GPA3
1  202401 3.4    B    M    B
2  202402 3.4    B    M    B
3  202403 3.2    B    L    B
4  202404 2.9    C    L    C
5  202405 3.8    B    M    B
6  202406 3.5    B    M    B
7  202407 3.2    B    L    B
8  202408 3.8    B    M    B
9  202409 3.1    B    L    B
10 202410 2.4    C    L    C
               ≀
55 202455 4.0    A    H    A
56 202456 3.9    B    M    B
```

```
57 202457 3.8    B    M    B
58 202458 3.6    B    M    B
59 202459 3.9    B    M    B
60 202460 4.1    A    H    A
61 202461 4.0    A    H    A
62 202462 3.8    B    M    B
63 202463 3.8    B    M    B
64 202464 3.6    B    M    B
```

Example 7.23

cut( ) 함수로 요인 변수 만들기 2 cut( ) 함수를 사용해서 **Example 7.21**에서 생성된 GPA2와 동일한 값을 갖는 요인 변수 GPA4를 만들어보자. 요인 변수 GPA4의 생성 조건은 **Example 7.21**과 동일하다.

평점(GPA)을 **cut( )** 함수의 **breaks=**에 지정할 때 **quantile( )** 함수를 사용하고자 한다. **quantile( )** 함수는 다음과 같이 주어진 변수에 대해 지정된 백분위수 값을 계산해주는 함수이다.

```
> quantile(Data_fin$GPA,0)
 0%
2.4
```

이 결과를 보면 데이터 프레임 Data_fin의 변수 GPA의 0% 백분위수는 2.4로 이 값이 최솟값이 된다. 그런데 평점을 나타내는 변수 GPA의 자료 값들은 소수점 이하 첫째 자리까지 표시되어 있고, (a, b], 즉 a 초과 b 이하의 형태로 지정해야 하므로 **quantile( )** 함수를 사용할 때 백분위수 값을 0으로 지정하면 최솟값이 포함되지 않는 문제가 발생한다. 따라서, 최솟값을 포함할 수 있도록 0% 백분위수에서 0.1을 뺀 값을 시작 값으로 하여 다음과 같이 지정한다.

여기서도 요인 변수 GPA4를 생성한 후 이를 데이터 프레임 Data_fin에 추가하도록 하였고, 이를 출력한 결과를 보면 마지막 부분에 요인의 수준을 **Levels : L M H**와 같이 표시해주고 있음을 알 수 있다.

여기서는 **breaks=**에 지정될 내용을 다음과 같이 먼저 정의한 후 이를 **cut( )** 함수에 지정하여 실행하였다.

```
> breaks = c(quantile(Data_fin$GPA,0)-0.1,
+              quantile(Data_fin$GPA,c(0.25, 0.75, 1)))
> Data_fin$GPA4 = cut(Data_fin$GPA, breaks, labels = c("L", "M", "H"))
> Data_fin$GPA4
 [1] M M L L M M L M L L M L M L L L M M M M M M L H H L L M M L L L H M H
[36] M M M M M M M M M M M L M M H M H H M H M M M M H H M M M
Levels: L M H
```

마찬가지로 **cut( )** 함수를 이용하여 만들어진 요인 변수 GPA4와 조건문을 사용하여 생성된 요인 변수 GPA2를 비교해보기 위해서 데이터 프레임 Data_GPA에 변수 GPA4를 포함하도록 데이터 프레임을 구성한 후 이를 출력한 결과가 다음에 제시되어 있다. 이를 보면 GPA2와 GPA4의 값이 동일하다는 것을 알 수 있다.

```
> Data_GPA = subset(Data_fin, select=c(ID, GPA, GPA1, GPA2, GPA3, GPA4))
> Data_GPA
       ID GPA GPA1 GPA2 GPA3 GPA4
1  202401 3.4    B    M    B    M
2  202402 3.4    B    M    B    M
3  202403 3.2    B    L    B    L
4  202404 2.9    C    L    C    L
5  202405 3.8    B    M    B    M
6  202406 3.5    B    M    B    M
7  202407 3.2    B    L    B    L
8  202408 3.8    B    M    B    M
9  202409 3.1    B    L    B    L
10 202410 2.4    C    L    C    L
                 ~
55 202455 4.0    A    H    A    H
56 202456 3.9    B    M    B    M
57 202457 3.8    B    M    B    M
58 202458 3.6    B    M    B    M
59 202459 3.9    B    M    B    M
60 202460 4.1    A    H    A    H
61 202461 4.0    A    H    A    H
62 202462 3.8    B    M    B    M
63 202463 3.8    B    M    B    M
64 202464 3.6    B    M    B    M
```

R 함수요약

단계 3

데이터 프레임 만들기

> data.frame(벡터/행렬 1, 벡터/행렬 2, … , 벡터/행렬 k)
> read.table(file= , header= , sep= , na.strings=)
> read.csv(file= , header=)
> read.xlsx(file= , sheetIndex= 또는 sheetName=)

데이터 프레임 저장하기

> save(데이터 프레임 이름, file=)

R 데이터 불러오기

> load(file="경로/R 데이터 이름")

변수 지정하기

> 데이터 프레임 이름$변수 이름

데이터 프레임 결합하기

> rbind(데이터 프레임 1, … , 데이터 프레임 k)
> merge(데이터 프레임 1, 2, by= , all=)

새로운 변수 생성하기

> 데이터 프레임 이름$새로운 변수 이름
= 변수를 포함하는 연산식

조건문

> if(조건) 명령문(조건이 참일 때 실행)
else(조건이 거짓일 때 실행)
> if(조건 1) 명령문 1(조건 1이 참일 때 실행)
else if(조건 2) 명령문 2(조건 2가 참일 때 실행)
⋮
else if(조건 k) 명령문 k(조건 k가 참일 때 실행)
else 명령문 k+1(위 조건이 모두 거짓일 때 실행)
> ifelse(조건, 명령문 1(조건이 참일 때 실행),
명령문 2(조건이 거짓일 때 실행))

반복문

> for(반복조건)
명령문(반복조건을 만족하는 경우 실행될 문장)

새로운 데이터 프레임 만들기	> 새로운 데이터 프레임 이름 = 데이터 프레임 이름**[c(**열번호 1, 열번호 2, … **)]** > 새로운 데이터 프레임 이름 = 데이터 프레임 이름**[c(**"변수 1", "변수 2", … **)]** > 새로운 데이터 프레임 이름 = **subset(**데이터 프레임 이름, **select=c(**변수 1, 변수 2, … **))** > 새로운 데이터 프레임 이름 = **subset(**데이터 프레임 이름, **subset=(**조건**))** > 새로운 데이터 프레임 이름= **subset(**데이터 프레임 이름, **select=c(**변수 1, 변수 2, … **), subset=(**조건**))**
변수 삭제하기	> **subset(**데이터 프레임 이름, **select=c(**-변수 1, -변수 2, … **))**
데이터 프레임 외부파일로 내보내기	> **write.table(**데이터 프레임 이름, **file= , quote= , sep= , row.names= , col.names=)** > **write.csv(**데이터 프레임 이름, **file=)**
데이터 프레임 행렬로 바꾸기	> **as.matrix(**데이터 프레임 이름**)** > **data.matrix(**데이터 프레임 이름**)**
요인변수 만들기	> **cut(**변수이름, **breaks= , labels=)**

단계 4

데이터 탐색하기

1. R / RStudio 설치하기
2. RStudio 사용하기

3. 변수 설정하기
4. 벡터 만들고 다루기
5. 행렬 만들고 다루기

6. 데이터 프레임 만들기
7. 데이터 프레임 다루기

8. 데이터 요약하기
9. 확률분포 이해하기

10. 모평균 검정
11. 분산분석
12. 범주형 자료분석
13. 상관분석
14. 회귀분석

Chapter 8. 데이터 요약하기

6장과 7장에서는 분석용 데이터 프레임을 만들고 다루는 방법에 대하여 자세히 살펴보았다. 이 장에서는 이렇게 만들어진 최종 분석용 데이터 프레임을 사용해서 데이터를 정리하고 요약하는 데이터 탐색방법에 대해서 설명하고자 한다.
데이터 탐색방법은 크게 두 가지로 구분해볼 수 있는데, 첫 번째 방법은 도수분포표 또는 막대그래프, 히스토그램, 도수다각형, 상자도표, 줄기-잎 그림 등과 같은 다양한 형태의 도표와 그래프를 이용하여 데이터를 시각적으로 표현하는 방법이고, 두 번째 방법은 주어진 자료의 대표값과 산포도(dispersion)를 나타내는 수치적 측도를 이용해서 전체 자료를 요약하는 방법이다. 데이터를 시각적으로 표현하는 방법은 빅데이터 시대에 점점 더 그 중요성이 확대되고 있으며, 도표나 그래프를 이용하여 정보를 명확하고 효과적으로 전달하는 것이 무엇보다 중요하다. 이와 같이 시각적으로 데이터를 요약하는 방법은 비전문가라 하더라도 데이터의 특성을 쉽게 파악할 수 있다는 장점이 있지만 분석자의 관점에 따라 동일한 데이터에 대해 다른 분석을 할 수 있는 주관적 방법이라는 문제점을 가지고 있다. 따라서, 이러한 단점을 보완하여 객관적으로 데이터의 분포 상태를 파악하기 위하여 수치적 측도를 이용한 탐색적 데이터 분석 방법이 사용된다. 또한, 이러한 방법들은 데이터의 유형에 따라 다르게 사용될 수 있으므로 반드시 데이터의 유형을 먼저 파악한 후 데이터의 유형에 맞는 적절한 분석 방법을 사용해야 한다.
통계학에서 연구 목적에 부합되는 관심대상이 되는 모든 관측값들의 집합을 모집단(population)이라 하며, 모집단으로부터 통계적 분석을 위해 추출된 일부 관측값들의 집합을 표본(sample)이라고 한다. 그리고 모집단의 특성을 나타내는 여러 값들을 모수(parameter)라 하고, 표본의 특성을 나타내는 표본의 함수를 통계량(statistic)이라 한다. 우리가 일반적으로 얘기하는 통계자료란 표본으로 추출된 관측값들의 집합을 의미한다.

기술통계학과 추측통계학

일반적으로 통계학은 크게 기술통계학(descriptive statistics)과 추측통계학(inferential statistics)으로 구분할 수 있다. 기술통계학은 분석 대상이 되는 통계자료를 다양한 방법에 의해 요약, 정리하는 분야로서 자료들을 표나 그래프와 시각적인 방법이나 수치적 측도를 이용하여 자료의 전체적인 분포 상태 및 내용을 쉽게 파악할 수 있도록 하는 것이다. 자료를 요약하는 가장 단순한 방법으로 도수분포표(frequency table)를 이용하여 자료를 정리하는 방법이 있고, 자료의 전체적인 개요나 형태를 시각적으로 파악하기 위해서 히스토그램(histogram), 도수다각형(frequency polygon), 원그림(pie chart) 또는 상자그림(box plot)이나 줄기-잎 그림(stem-and-leaf plot) 등이 사용된다.
추측통계학은 모집단에서 추출되어 생성된 표본자료 값들로부터 계산된 통계량 값들을 이용하여 모집단의 일반적인 특성을 추측하는 분야이다. 추측통계학은 크게 추정(estimation) 분야와 가설검정(hypothesis testing) 분야로 구분할 수 있으며, 추정은 표본의 특성을 나타내는 통계량 값을 이용하여 모집단의 모수(parameter)를 추측하는 것이고, 가설검정은 표본에 의해 얻어진 통계량 값들을 이용하여 모집단에 대한 어떠한 주장이나 현상을 설명하는 가설을 설정한 후, 이 가설의 진위 여부를 판단하는 것이다.

8.1 범주형 자료 요약하기

1) 하나의 범주형 자료를 도수분포표로 요약하기

범주형(categorical type) 자료는 성별이나 직업, 지역, 선호도 등과 같이 자료 값들이 수치적인 속성을 가지고 있지 않은 자료를 의미한다. 관측 결과가 범주형 자료인 경우에는 연속형 자료에 대한 분석방법을 사용할 수 없으며, 하나의 범주형 자료에 대해서는 일반적으로 도수분포표나 막대그래프로 요약하여 데이터의 특성을 파악하게 된다.
통계학에서 사용되는 통계자료는 일반적으로 다량의 관측값들로 구성되어 있다. 이와 같은 통계자료를 분석하기 위해서 가장 먼저 선행되어야 할 문제는 수집된 다량의 자료들을 정리, 요약함으로써 전체 자료의 특성을 파악할 수 있도록 하는 것이다. 하나의 범주형 자료를 도수분포표로 요약하는 방법에 대해 살펴보자. 도수분포표를 작성하기 위해서 **table( )** 함수가 사용되며 사용 형식은 다음과 같다.

table( )	> table(범주형 변수)

위의 일반 사용형식에서 사용되는 옵션은 다음과 같은 의미로 사용된다.

- **범주형 변수** : 도수분포표로 요약하고자 하는 범주형 변수의 이름을 지정한다. 벡터인 경우 벡터의 이름, 데이터 프레임인 경우에는 **데이터 프레임 이름$변수**의 형식으로 지정한다.

Example 8.1

분석용 데이터 Data_fin 생성하기 분석에 사용하게 될 최종 분석용 데이터 프레임 Data_fin을 R에서 사용할 수 있도록 활성화시켜보자. 이를 위해서는 7.6절에서 최종적으로 저장한 텍스트 파일(final3.txt) 또는 csv 파일(final5.csv)을 6장에서 설명된 **read.table( ) 또는 read.csv( )** 함수를 사용해서 불러오면 된다.

```
> Data_fin = read.table(file="c:/DATA/data_final3.txt", header=TRUE)
> Data_fin = read.csv(file="c:/DATA/data_final5.csv", header=TRUE)
```

이와 같은 방법을 사용할 수도 있으나 이미 7장에서 최종 분석용 데이터 프레임을 **save( )** 함수를 사용하여 R 데이터 Data_fin.RData로 저장(**Example 7.15** 참조) 하였기 때문에 **load( )** 함수를 이용하여 저장된 R 데이터를 불러와서 사용하는 편이 훨씬 간단하다고 할 수 있다.

```
> load("c:/DATA/Data_fin.RData")
```

분석용 데이터 프레임 Data_fin의 범주형 자료에 대해서 도수분포표를 작성해보자. **table( )** 함수를 이용하면 도수분포표를 작성할 수 있으며, 상대도수를 나타내는 상대도수분포표는 뒤에서 설명되는 **prop.table( )** 함수를 사용하면 된다.

Example 8.2

범주형 자료를 도수분포표로 요약하기 데이터 프레임 Data_fin에서 변수 GPA1을 사용하여 학생들의 학점 분포를 분석할 수 있는 도수분포표를 작성해 보자.

```
> table(Data_fin$GPA1)
 A  B  C
10 48  6
```

만약 다음과 같이 변수 Data_fin$GPA1을 GPA11이라는 변수로 지정한 다음 이를 사용해도 동일하게 도수분포표를 작성할 수 있다.

```
> GPA11=Data_fin$GPA1
> table(GPA11)
GPA11
 A  B  C
10 48  6
```

■■■ 결과분석

이 결과를 살펴보면 학점별 도수가 나타나 있는데, 이로부터 A학점이 10명, B학점이 48명 그리고 C학점이 6명이라는 사실을 알 수 있다.

---

2) 최빈값 구하기

범주형(categorical type) 자료는 앞에서 설명한 바와 같이 성별이나 직업, 지역, 선호도 등과 같이 자료 값들이 수치적인 속성을 가지고 있지 않은 자료로 이러한 자료의 대푯값으로 최빈값을 고려해볼 수 있다. 범주형 자료의 최빈값을 구하는 방법에 대해서 살펴보자.

R에서 최빈값을 찾기 위한 **Mode( )** 함수는 **DescTools 패키지**에 있으므로 이 패키지를 먼저 실행시킨 후 **Mode( )** 함수를 사용하면 최빈값을 구할 수 있다.

6.6절에서 **xlsx 패키지**를 설치하고 이를 실행시키는 방법에 대해서 자세히 설명하고 있는데 이와 동일한 방법으로 **DescTools 패키지**를 설치하고 실행시키면 되므로 이를 참고하기 바란다. **DescTools 패키지**를 설치한 후 이를 불러와서 실행시킨 후 최빈값을 구하기 위한 **Mode( )** 함수를 사용할 수 있다.

패키지 DescTools 설치하기

STEP 1 R 메뉴에 **패키지들** ⇨ **CRAN 미러 설정**을 선택해서 나타나는 **Secure CRAN mirrors** 창의 목록 중 Korea를 찾아서 선택하고 OK를 클릭한다.

STEP 2 R 메뉴의 **패키지들** ⇨ **패키지(들) 설치**를 선택해서 나타나는 **Packages** 목록에서 **DescTools**를 찾아서 선택하고 OK를 클릭한다.

DescTools 패키지를 성공적으로 설치한 후 이를 사용하기 위해서는 R에 이 패키지를 불러와야 하는데 **DescTools 패키지**를 불러오는 방법은 6.6절에서 설명된 바와 같이 두 가지 방법이 있으며 두 방법 중 사용자가 편리한 방법을 선택해서 사용하면 된다. R 프로그램을 종료하면 이전에 불러온 **DescTools 패키지**도 같이 종료되므로 필요한 경우 R을 실행시킬 때마다 **DescTools 패키지**를 불러오는 과정을 거쳐야 **Mode( )** 함수를 사용할 수 있다.

Mode( )	> **Mode(변수이름)**

최빈값을 구하기 위해서 사용되는 **Mode( )** 함수의 사용 형식은 위와 같다. 이 함수를 사용할 때 변수의 자료 형태를 확인할 수 있는 **mode( )** 함수와 혼동하여 사용하지 않도록 주의해야 한다.

Example 8.3

범주형 자료의 최빈값 구하기 데이터 프레임 Data_fin에서 학점을 나타내는 GPA1 변수를 사용하여 전체 학생들 중 가장 많은 학생들이 받은 학점이 무엇인지 찾아보자. **Mode( )** 함수를 사용하기 위해서는 먼저 **DescTools 패키지**를 불러들이는 과정이 필요한데 여기서는 **library( )** 함수를 이용하였다.

```
> library(DescTools)
경고메시지(들):
패키지 'DescTools'는 R 버전 4.3.2에서 작성되었습니다
> load("c:/DATA/Data_fin.RData")
> Mode(Data_fin$GPA1)
[1] "B"
attr(,"freq")
[1] 48
> mod = Mode(Data_fin$GPA1)
```

```
> mod[1]
[1] "B"
> mod[2]
[1] NA
```

■■■ 결과분석

이 결과를 살펴보면 학생들이 가장 많이 받은 학점은 B학점이며, 48명의 학생들이 B학점을 받았음을 나타내고 있다. 이 결과는 **Example 8.2**의 도수분포표로 요약된 결과와 동일함을 알 수 있다.
실제로 자료를 분석할 때 최빈값은 유일하게 존재하지 않는 경우가 있다. 따라서, 2개 이상의 최빈값을 구하기 위해서는 위와 같이 최빈값을 변수 **mod**로 지정하여 저장할 수 있으며, **mod[1]**을 출력하면 최빈값인 **"B"**가 출력되며, **mod[2]**는 또 다른 최빈값이 존재하는 경우 이를 출력해준다. 여기서는 최빈값이 유일하게 존재하기 때문에 **mod[2]**는 **NA**와 같이 출력된다.

---

3) 하나의 범주형 자료를 그래프로 요약하기

지금까지 분석 대상이 되는 변수가 하나의 범주형 자료인 경우에 도수분포표로 요약하거나 최빈값을 구하는 방법에 대해서 살펴보았는데, 여기서는 이러한 자료를 그래프로 작성하는 방법에 대해서 설명하고자 한다. 범주형 자료를 그래프로 요약하는 방법 중 많이 사용되는 막대그래프와 원그래프의 작정방법을 살펴보자. 이를 위해서 각각 **barplot( )** 함수와 **pie( )** 함수가 사용되는데, 이 함수의 일반적인 사용 형식은 다음과 같다.

barplot( )	**> barplot(table(범주형 변수), horiz= , col=))**
pie( )	**> pie(table(범주형 변수), horiz= , col=))**

위의 일반 사용형식에서 사용되는 옵션은 다음과 같은 의미로 사용된다.

- **table(범주형 변수) :** 이전에서 설명된 **table( )** 함수의 사용 형식과 동일하다.
- **horiz= :** 막대그래프의 방향을 지정한다. 디폴트는 세로형 막대그래프로 가로형 막대그래프를 작성하기 위해서는 **horiz=T**와 같이 지정하면 된다.
- **col= :** 막대그래프의 색상을 " "에 지정할 수 있다.

Example 8.4

범주형 자료를 그래프로 요약하기 데이터 프레임 Data_fin에서 학점을 나타내는 GPA1 변수를 사용하여 전체 학생들의 성적의 분포를 대략적으로 파악하기 위해 다양한 형태의 그래프를 그려보자.

세로형 막대그래프와 막대의 색상을 “black”으로 지정한 가로형 막대그래프, 원그래프를 다음과 같이 작성할 수 있다.

> *barplot(table(Data_fin$GPA1))*
> *barplot(table(Data_fin$GPA1), horiz=T, col="black")*

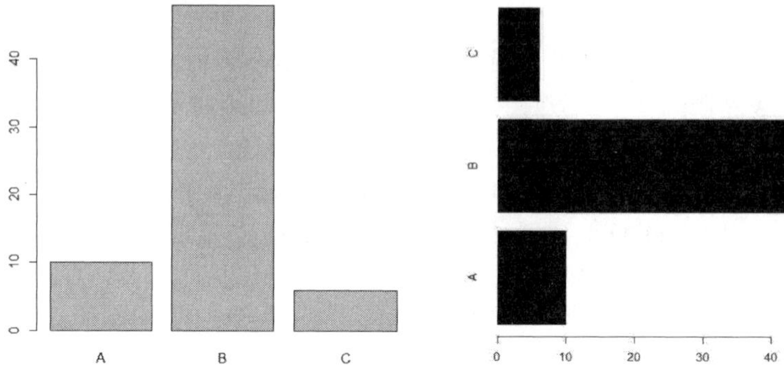

> *pie(table(Data_fin$GPA1))*

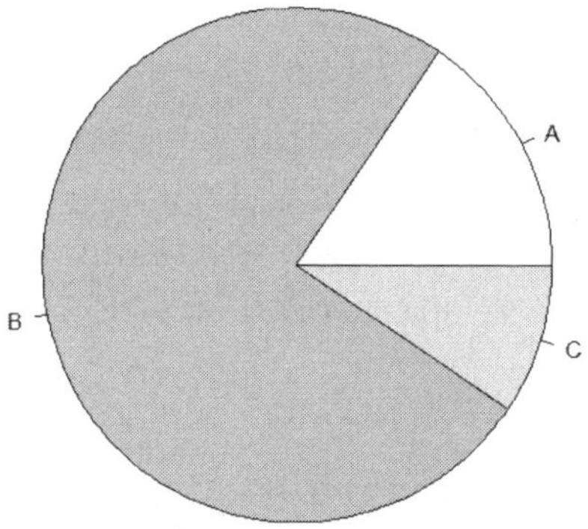

■■■ 결과분석

이 결과를 보면 학점에 대한 두 가지 유형의 막대그래프와 원그래프가 작성되어 있는데, 이는 **Example 8.2**의 결과에 나타나 있는 도수분포표를 이용하여 작성되었으며, 학점이 D와 F인 학생은 한명도 없다는 것도 알 수 있다. 또한, 작성된 원그래프를 살펴보면 B학점이 차지하는 비중이 가장 크다는 사실을 한눈에 알 수 있다.

---

4) 두 범주형 자료를 교차표로 요약하기

이제까지 분석 대상이 하나의 범주형 자료인 경우에 대해서 살펴보았는데, 두 개의 범주형 자료 사이의 관계를 분석해야 하는 경우도 많이 있다. 성별에 따른 교내 흡연 금지에 대한 의견, 학년별 학교의 특정 정책에 대한 의견 등 분석자가 두 범주형 자료들 사이의 관계에 관심을 가지는 경우에는 교차표(contingency table)를 작성하여 분석하게 된다. 교차표는 두 범주형 자료에 대하여 분류 기준이 되는 변수에 따라 관측값들이 어떻게 분포하고 있는지를 파악할 수 있도록 **[표 8.1]**과 같은 형태로 행과 열이 만나는 셀에 해당 도수 또는 상대도수를 표기해서 작성한다.

[표 8.1] 이차원 교차표

행변수 \ 열변수		B				전 체
		B_1	B_2	$\cdots$	B_l	
A	A_1	n_{11} 1)	n_{12}	$\cdots$	n_{1l}	$n_{1\cdot}$ 2)
	A_2	n_{21}	n_{22}	$\cdots$	n_{2l}	$n_{2\cdot}$
	$\vdots$	$\vdots$	$\vdots$	$\cdots$	$\vdots$	$\vdots$
	A_k	n_{k1}	n_{k2}	$\cdots$	n_{kl}	$n_{k\cdot}$
전 체		$n_{\cdot 1}$ 3)	$n_{\cdot 2}$	$\cdots$	$n_{\cdot l}$	n 4)

1) 행 변수가 A_1이고 열 변수가 B_1인 도수를 의미
2) 행 변수가 A_1인 경우의 전체 도수
3) 열 변수가 B_1인 경우의 전체 도수
4) 전체 도수

두 범주형 자료의 교차표를 작성하기 위해서도 **table( )** 함수가 사용되는데, 일반적인 사용 형식은 다음과 같다.

table( )	> table(범주형 변수 1(행 변수), 범주형 변수 2(열 변수))

Example 8.5

두 범주형 자료를 교차표로 요약하기 1 데이터 프레임 Data_fin을 사용하여 성별(Gender)에 따른 학점(GAP1)을 나타내는 교차표와 학년별(AYear) 학점(GAP1)을 나타내는 교차표를 각각 작성해 보자.

```
> table(Data_fin$Gender, Data_fin$GPA1)
   A  B  C
F  7 24  1
M  3 24  5
> table(Data_fin$AYear, Data_fin$GPA1)
   A  B  C
1  0 12  4
2  2 12  2
3  2 14  0
4  6 10  0
```

■■■ 결과분석

첫 번째 교차표에서 1행의 빈도를 살펴보면, 남, 여학생 모두 B학점이 24명으로 동일하지만 여학생은 A학점이 7명으로 남학생 3명보다 많고, C학점은 여학생이 1명, 남학생은 5명으로 나타났다. 또한, 두 번째 교차표에서 학년별 학점의 분포를 살펴보면 1학년은 A학점이 1명도 없으며. 3학년과 4학년은 모두 B학점 이상으로 C학점을 받은 학생이 없음을 알 수 있다. 모든 학년에서 B학점을 받은 학생들이 가장 많은 것으로 나타났다.

지금까지는 두 범주형 자료에 대한 교차표를 작성할 때 각 셀별 도수가 표시되는 도수분포표를 작성하는 방법에 대하여 살펴보았다. 그러나 많은 경우에 도수뿐만 아니라 각 셀별 상대도수(백분율)가 필요한 경우가 있다. 행 백분율, 열 백분율, 셀 백분율 값을 얻기 위해서는 다음과 같이 **prop.table( )** 함수를 사용하며, 원하는 백분율 값을 얻기 위해 백분율 기준을 지정해주면 된다.

prop.table( )	**> prop.table(table(행 변수, 열 변수), 백분율 기준)**

위의 일반 사용형식에서 사용되는 옵션은 다음과 같은 의미로 사용된다.

- **table(행변수, 열변수)** : 교차표를 작성하고자 하는 행 변수와 열 변수의 이름을 지정한다.
- **백분율 기준** : 교차표에 나타내고자 하는 백분율의 기준을 지정한다. 1을 지정하면 행 백분율, 2는 열 백분율, 생략하면 셀 백분율을 작성해 준다. 행 백분율 값은 행의 합계가 1, 열 백분율은 열의 합계가 1이 되며, 셀 백분율 값은 모든 셀의 값을 더하면 1이 된다.

Example 8.6

두 범주형 자료를 교차표로 요약하기 2 데이터 프레임 Data_fin을 사용하여 성별에 따른 학점(GAP1)에 대한 행 백분율 교차표와 셀 백분율 교차표를 각각 작성해 보자. 도수분포표에 행 백분율을 표시하기 위해 백분율 기준으로 1의 값을 지정하였으며, 이를 생략하면 셀 백분율이 표시된다.

```
> prop.table(table(Data_fin$Gender, Data_fin$GPA1), 1)
        A       B       C
F 0.21875 0.75000 0.03125
M 0.09375 0.75000 0.15625
```

```
> prop.table(table(Data_fin$Gender, Data_fin$GPA1))
         A        B        C
F 0.109375 0.375000 0.015625
M 0.046875 0.375000 0.078125
```

■■■ 결과분석

첫 번째 교차표는 백분율 기준에 1의 값을 입력하였으므로 행 백분율 값이 나타나 있다. 이를 보면 여학생은 약 21.9%가 A학점인 반면에 남학생은 약 9.4%만이 A학점이며, 여학생은 약 3.1%, 남학생은 약 15.6%가 C학점을 받았다는 사실을 알 수 있다. 행 백분율 교차표에서는 행의 합이 항상 1이 된다.
두 번째 교차표는 백분율 기준을 생략하였으므로 셀 백분율 값을 제공해준다. 셀 백분율 값의 의미를 살펴보면, A학점을 받은 여학생의 비율이 약 10.9%임을 알려준다. 따라서, 셀 백분율 교차표에서는 제시되는 모든 상대도수 값을 모두 더하면 1이 된다.

5) 두 범주형 자료를 그래프로 요약하기

앞에서는 분석 대상이 되는 두 범주형 자료를 교차표로 요약하는 방법에 대해서 살펴보았는데, 여기서는 이를 그래프로 작성하는 방법에 대해서 설명하고자 한다. 두 범주형 자료를 막대그래프로 요약하거나 누적 막대그래프를 작성하기 위해 앞에서 설명된 **barplot( )** 함수가 사용되는데, 이 함수의 일반적인 사용 형식은 다음과 같다.

barplot( )

```
> barplot(table(범주형 변수 1, 범주형 변수 2),
          beside= , legend= )
```

위의 일반 사용형식에서 사용되는 옵션은 다음과 같은 의미로 사용된다.

- **table(범주형 변수1, 범주형 변수2) : 범주형 변수 2**에 따라 **범주형 변수 1**의 막대그래프를 작성해주며, 디폴트로 누적막대그래프가 작성된다.
- **beside=** : 누적 막대그래프가 아닌 변수별 막대그래프를 작성하기 위해서는 **beside=T**와 같이 지정하면 된다.
- **legend= :** 작성된 그래프의 범례를 표시하도록 하는 옵션으로 디폴트는 범례가 표시되지 않으며, 이를 표시하도록 하기 위해서는 **legend=T**와 같이 지정하면 된다.

Example 8.7

두 범주형 자료를 그래프로 요약하기 데이터 프레임 Data_fin을 사용하여 성별(Gender)에 따른 학점(GPA1)을 비교할 수 있는 누적 막대그래프와 성별에 따른 막대그래프를 각각 작성해보자. 또한, 범례가 표시될 수 있도록 **legend=T**로 지정해보자.

```
> barplot(table(Data_fin$GPA1, Data_fin$Gender), legend=T)
> barplot(table(Data_fin$GPA1, Data_fin$Gender), legend=T, besid=T)
```

다음에 제시된 그래프는 성별(Gender)에 따른 학점(GPA1)의 누적막대그래프와 성별에 따른 학점의 막대그래프로 **legend=T**와 같이 지정하여 범례가 표시되도록 하였다. 여학생의 경우 B학점이 가장 많고, A학점, C학점 순서인데 남학생은 B학점이 가장 많고, 다음으로 C학점, A학점이 많은 것으로 나타났다. 즉, 성별에 따라 학점이 다르게 분포하고 있음을 알 수 있다.

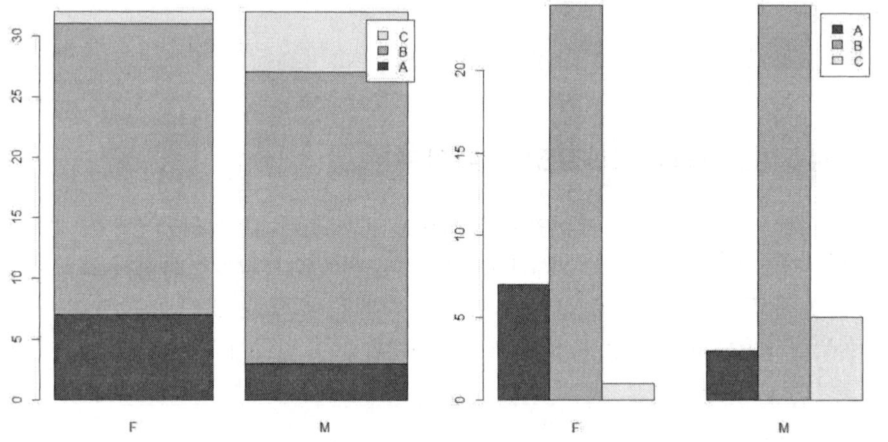

8.2 수치형 자료 요약하기

키, 체중, 성적 등과 같은 수치형 자료인 경우에는 수치적 측도와 다양한 종류의 그래프를 이용하여 자료를 정리하고 요약함으로써 데이터의 특성을 파악하게 된다. 수치형 자료를 요약하기 위한 수치적 측도로 평균, 분산, 표준편차 등의 기술통계량이 사용되고, 그래프로 요약하기 위해서는 히스토그램, 줄기-잎 그림, 상자그림 등이 사용된다.

대푯값과 산포도

모집단으로부터 추출된 n개의 표본 관측값 $(x_1, x_2, \cdots, x_n)$들이 주어진 경우, 관측값들의 중심위치를 나타내는 측도로 대푯값을 사용한다. 일반적으로 많이 사용되는 대푯값으로 평균(mean), 중앙값(median), 최빈값(mode)이 있다.

3개의 대푯값 중에서 어느 대푯값이 가장 좋은지를 판단하는 기준은 분석하고자 하는 자료의 형태 또는 특성에 따라 다르게 결정된다. 예를 들어 표본평균의 경우 자료에 이상값(outlier)이 존재하는 경우 이 값에 의한 영향이 너무 크다는 단점이 있고, 중앙값은 관측값의 수가 너무 작은 경우 대푯값으로써의 의미가 없게 되는 경우가 있다. 또한, 최빈값은 존재하지 않거나 유일하게 존재하지 않는다는 단점이 있다. 따라서, 자료의 상태에 따라 이를 가장 잘 대표할 수 있는 대푯값이 무엇인지를 판단하여 이 값을 사용하는 것이 무엇보다 중요하다. 또한, 세 측도값을 비교하면 자료의 분포 상태를 미리 예측해볼 수 있다. 즉, 세 측도의 값이 거의 비슷한 값을 가지는 경우(평균=중앙값=최빈값)에는 대칭인 분포를 가지며, 평균≤중앙값≤최빈값인 경우 중심이 오른쪽으로 치우친 분포를 가지고, 이와 반대로 평균≥중앙값≥최빈값인 경우 분포의 중심이 왼쪽으로 치우친 분포를 가지게 된다.

대푯값과 함께 표본 관측값들의 특성을 나타내는 중요한 측도로 산포도(dispersion)가 있다. 산포도란 표본에 포함된 각 관측값들이 대푯값을 중심으로 얼마나 흩어져 있는가를 나타내는 측도로 분산(variance) 또는 표준편차(standard deviation)가 주로 사용되는데, 표준편차는 분산의 양의 제곱근 값으로 계산된다. 이러한 분산 또는 표준편차는 절대적 산포도를 나타내는 측도로 측정 단위를 가지고 있기 때문에 측정 단위가 서로 다른 집단 또는 중심위치에 큰 차이가 있는 두 집단의 산포도를 비교할 때는 이와 같은 절대적 산포도 측도를 사용할 수 없다. 이에 대한 대안적인 산포도 측도로 상대적 산포도를 나타내는 변이계수(coefficient of variation)를 사용하게 된다.

분산과 표준편차 및 변이계수와 같은 산포도를 나타내는 측도들은 표본평균을 대푯값으로 사용하는 경우의 산포도를 나타내는 측도이며, 대푯값으로 중앙값을 사용하는 경우에는 사분위수범위(interquartile range) 또는 범위(range)를 산포도의 측도로 사용하며, 최빈값을 대푯값으로 사용하는 경우 다양성지수가 산포도의 측도로 사용된다.

1) 기술통계량으로 요약하기

수치형 자료를 평균, 분산, 표준편차 등의 기술통계량으로 요약하기 위해서는 4.4절의 **[표 4.2]**에 제시된 통계 함수를 사용하면 된다.

Example 8.8

수치형 자료를 기술통계량으로 요약하기 데이터 프레임 Data_fin에서 학생들의 키를 나타내는 Height 변수를 사용하여 전체 학생들의 키 분포를 분석할 수 있는 여러 가지 기술통계량 값들을 R 통계 함수를 이용해서 구해 보자.

① 평균

```
> mean(Data_fin$Height)
[1] 167.0109
```

② 표준편차

```
> sd(Data_fin$Height)
[1] 8.069856
```

③ 사분위수

```
> quantile(Data_fin$Height)
     0%     25%     50%     75%    100%
151.400 161.025 165.800 174.000 184.600
```

일반적으로 많이 사용되는 기술통계량 값(최솟값, 제1 사분위수, 중앙값, 평균, 제 3 사분위수, 최댓값)을 구하기 위해서 **summary( )** 함수가 사용된다.

```
> summary(Data_fin$Height)
   Min. 1st Qu.  Median    Mean 3rd Qu.    Max.
  151.4   161.0   165.8   167.0   174.0   184.6
```

■■■ 결과분석

키(Height)의 특성을 파악할 수 있는 기술통계량 값인 평균과 표준편차, 중앙값, 최솟값, 최댓값, 제 1사분위수, 제 3사분위수의 값은 여러 가지 통계 함수를 이용하여 구할 수 있다.
전체 64명의 학생들에 대하여 키의 평균은 약 167.0이며, 중앙값은 165.8로 제 50 백분위수의 값과 같다. 또한 키가 제일 작은 학생은 151.4이며 제일 큰 학생의 키는 184.6이다. 그리고 키의 표준편차는 약 8.07이며, 제 1사분위수인 25백분위수는 161.0이고, 제 3사분위수인 75백분위수는 174.0임을 알 수 있다.

---

2) 최빈값 구하기

수치형 자료의 최빈값을 구하는 방법은 범주형 자료의 경우와 마찬가지로 **Mode( )** 함수를 이용하면 된다. **Mode( )** 함수를 사용하기 위해서는 먼저 **library( )** 함수를 이용하여 **DescTools 패키지**를 불러들이는 과정이 필요하다.

Example 8.9

수치형 자료의 최빈값 구하기 데이터 프레임 Data_fin에서 학생들의 허리둘레(Waist)의 최빈값을 구해보자.

```
> library(DescTools)
> Mode(Data_fin$Waist)
[1] 25
attr(,"freq")
[1] 9
```

■■■ 결과분석

허리둘레(Waist)의 최빈값은 25로 전체 64명의 학생들 중 9명의 허리둘레가 25의 값을 가지는 것으로 나타났다.

---

3) 히스토그램으로 요약하기

수치형 자료에 대한 분포의 특성을 대략적으로 알아보기 위해서 흔히 사용되는 방법이 히스토그램을 작성해보는 것이다. 수치형 자료의 히스토그램을 작성하기 위해서는 다음과 같이 **hist( )** 함수를 사용한다.

hist( )	> hist(수치형 변수, prob= , main= , xlab= , ylab= , col=)

위의 일반 사용형식에서 사용되는 옵션은 다음과 같은 의미로 사용된다.

- **수치형 변수** : 히스토그램을 작성하고자 하는 변수의 이름을 지정한다. 벡터인 경우에는 벡터의 이름을 지정하면 되고, 일반적인 데이터 프레임인 경우에는 앞에서 살펴보았던 것처럼 **데이터 프레임 이름$변수**의 형식으로 지정한다.
- **prob=** : 막대의 높이로 도수를 사용할지 밀도를 사용할지를 지정한다. 여기서, 밀도는 상대도수를 계급의 구간의 폭으로 나눈 값을 나타낸다.
  prob=F라고 지정하면 막대의 높이로 도수를 사용하고 **prob=T**라고 지정하면 막대의 높이로 밀도를 사용한다. 디폴트는 **prob=F**이므로 생략하면 도수가 사용된다. 밀도를 이용하여 히스토그램의 높이를 작성하면 히스토그램의 면적은 1이 된다.
- **main=** : 히스토그램의 제목을 " "에 입력한다.
- **xlab=** : 히스토그램의 x축 제목을 " "에 입력한다.
- **ylab=** : 히스토그램의 y축 제목을 " "에 입력한다.
- **col=** : 히스토그램의 색상을 " "에 지정한다.

Example 8.10

수치형 자료를 히스토그램으로 요약하기 데이터 프레임 Data_fin에서 학생들의 키(Height)를 나타내는 변수를 사용하여 키 분포를 나타내는 히스토그램을 높이를 밀도로 하여 작성해보자. 히스토그램의 제목을 "키의 히스토그램"으로 지정하고, x축에는 "키"를, y축에는 "밀도"로 표시되도록 하자. 또한, **col=** 옵션을 이용하여 히스토그램의 색상 "gray"로 지정하자.

```
> hist(Data_fin$Height, prob=T, main="키의 히스토그램", xlab="키",
+        ylab="밀도", col="gray")
```

이와 같이 작성된 히스토그램에 추정된 확률밀도함수를 함께 표현하고 싶으면 다음과 같이 **lines( )** 함수를 이용할 수 있는데, 여기서 **density( )** 함수는 주어진 자료의 확률밀도를 추정해주는 함수이다.

```
> lines(density(Data_fin$Height))
```

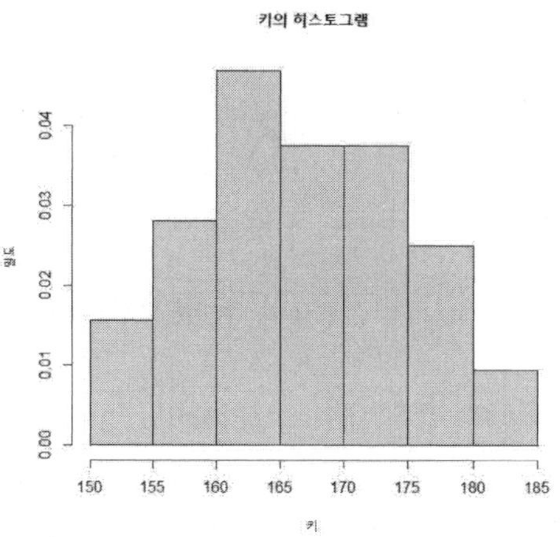

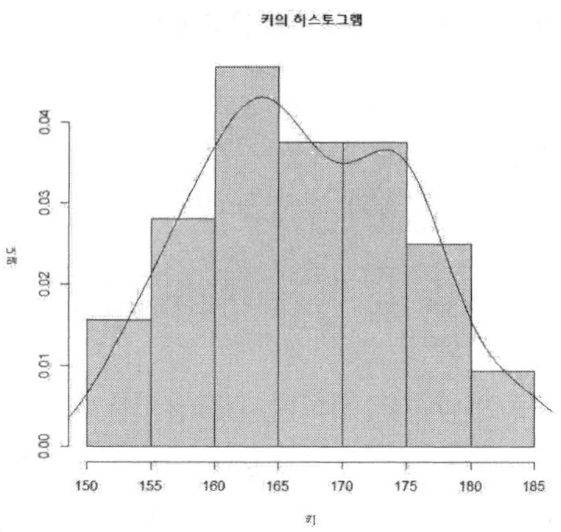

4) 줄기-잎 그림으로 요약하기

줄기-잎 그림을 작성해서 수치형 자료를 요약하고 분포상태를 파악해볼 수 있는데, 줄기-잎 그림을 작성하면 분포의 형태를 대략적으로 파악할 수 있을 뿐 아니라 원 데이터 값에 대한 정보를 갖고 있다는 장점이 있다. 또한, 자료에 이상값이 존재하는 경우 이를 파악하기 쉬우며, 줄기의 수를 분석자가 자의적으로 결정할 수 없기 때문에 객관적으로 자료를 요약할 수 있는 방법이다. 수치형 자료를 줄기-잎 그림을 작성해서 분포의 특성을 파악하기 위해서는 다음과 같이 **stem( )** 함수를 사용한다.

stem( )	> stem(수치형 변수, scale=)

위의 일반 사용형식에서 사용되는 옵션은 다음과 같은 의미로 사용된다.

- **수치형 변수** : 줄기-잎 그림을 작성하고자 하는 수치형 변수의 이름을 지정한다.
- **scale=** : 줄기-잎 그림을 작성할 때 줄기-잎 그림의 척도를 지정한다. 지정된 척도값에 따라 줄기의 수를 조정하는데 디폴트 값은 **1**로 생략 가능하다. 줄기의 수를 2배로 하여 1단계 세분화된 줄기-잎 그림을 작성하기 위해서는 **scale=2**라고 지정하며, 줄기의 수를 5배로 하여 2단계 세분화된 줄기-잎 그림을 그리고 싶으면 **scale=5**라고 지정하면 된다.

Example 8.11

수치형 자료를 줄기-잎 그림으로 표현하기 데이터 프레임 Data_fin에서 학생들의 키를 배꼽높이로 나눈 신체비(Ratio)의 줄기-잎 그림을 작성해 보자. 다음은 **scale=**이 생략된 경우 줄기-잎 그림으로 줄기의 수가 7개로 작성되었다.

```
> stem(Data_fin$Ratio)
  The decimal point is 2 digit(s) to the left of the |

  160 | 79909
  162 | 688858999
  164 | 235666999001237
  166 | 1222233345567801779
  168 | 01240122258
  170 | 5691
  172 | 4
```

다음은 1단계 세분화된 줄기-잎 그림을 작성하기 위해 **scale=2**와 같이 지정한 것으로 이렇게 하면 줄기의 수는 14개가 되어야 하지만 자료의 최솟값이 1.607로 첫 번째 줄기에 해당되는 자료의 값이 없으므로 생략되어 줄기의 수가 13개로 작성되었다.

```
> stem(Data_fin$Ratio, scale=2)
  The decimal point is 2 digit(s) to the left of the |

  160 | 799
  161 | 09
  162 | 6888
  163 | 58999
  164 | 235666999
  165 | 001237
  166 | 12222333455678
  167 | 01779
  168 | 0124
  169 | 0122258
  170 | 569
  171 | 1
  172 | 4
```

■■■ 결과분석

이와 같이 작성된 줄기-잎 그림으로부터 신체비(Ratio)의 전체적인 분포 상태 뿐 아니라 각각의 관측치에 대한 정보도 알 수 있다. 줄기-잎 그림에서 첫 번째 줄기 160은 1.60을 의미하기 때문에 신체비가 가장 작은 학생 즉, 하체가 키에 비하여 상대적으로 가장 짧은 학생의 신체비 값은 1.607이고, 가장 큰 학생의 신체비 값은 1.724임을 알 수 있다. 또한 신체비(Ratio)의 분포는 봉우리가 하나이며, 대칭분포에 가까워 보임을 알 수 있다.

---

5) 상자 그림으로 요약하기

상자 그림을 작성해서 수치형 자료를 요약할 수 있는데, 상자 그림을 작성하기 위해서는 평균, 중앙값, 제 1사분위수, 제 3사분위수 등의 기술 통계량 값이 사용된다. 이와 같이 작성된 상자 그림으로부터 분포의 형태, 대칭 정도, 이상값의 존재 여부 등을 파악할 수 있는데 자료에 이상값이 존재하는 경우 작성된 상자그림에서 이상값의 위치에 *가 표시된다.
수치형 자료에 대한 상자 그림을 작성하기 위해서 다음과 같이 **boxplot( )** 함수를 사용한다.

boxplot( )	> boxplot(수치형 변수, main= , xlab= , ylab= , col=) > boxplot(수치형 변수 ~ 요인 변수, main= , xlab= , ylab= , col=)

위의 일반 사용형식에서 사용되는 옵션은 다음과 같은 의미로 사용된다.

- **수치형 변수** : 상자 그림을 작성하고자 하는 수치형 변수의 이름을 지정한다.
- **요인 변수** : 그룹별 상자 그림을 작성하고자 할 때 그룹을 구분하는 요인 변수를 지정한다. 이 때 요인 변수는 범주형 자료이어야 한다.
- **main=** : 상자그림의 제목을 " "에 입력한다.
- **xlab=** : 상자그림의 x축 제목을 " "에 입력한다.
- **ylab=** : 상자그림의 y축 제목을 " "에 입력한다.
- **col=** : 상자그림의 색상을 " "에 지정한다.

Example 8.12

수치형 자료를 상자그림으로 요약하기 1 데이터 프레임 Data_fin에서 학생들의 키를 배꼽높이로 나눈 신체비(Ratio)의 상자그림을 작성해보자.

```
> boxplot(Data_fin$Ratio, main="신체비(Ratio) 상자그림", ylab="신체비",
+          col="gray")
```

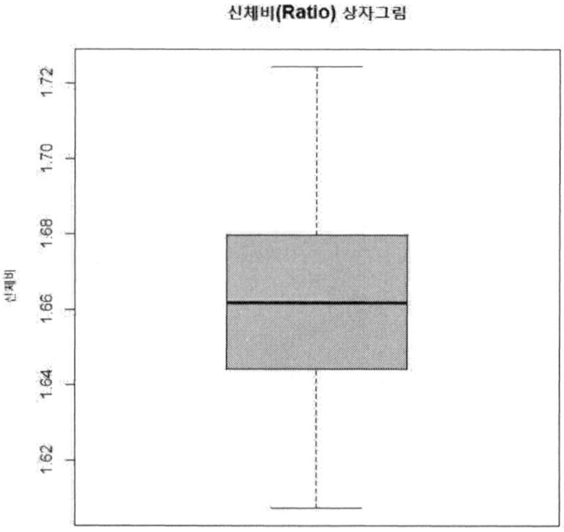

■■■ 결과분석

위 상자그림으로부터 신체비(Ratio)에 대한 최소값, 제 1 사분위수, 제 2 사분위수(중앙값), 제 3 사분위수, 최대값의 위치를 알 수 있다. 또한 이상치는 존재하지 않는 것으로 보이며, 대칭에 가까운 분포를 가짐을 알 수 있다.

이번에는 요인 변수를 사용하여 상자그림을 작성하는 방법을 살펴보자. 이와 같이 요인별 상자그림을 작성하면 그룹별 데이터의 분포를 비교해볼 수 있다는 장점이 있다. 요인별 상자그림을 작성하기 위해서는 **boxplot( )** 함수에서 ~를 이용하여 요인변수를 지정해주면 된다.

Example 8.13

수치형 자료를 상자그림으로 요약하기 2 데이터 프레임 Data_fin에서 성별에 따른 키(Height)의 상자그림을 작성해보자. 이를 위해서는 수치형 변수로 키(Height)를 지정하고 요인변수로 성별(Gender)를 지정하면 된다.

```
> boxplot(Data_fin$Height ~ Data_fin$Gender, main="성별에 따른 키의 상자그림",
+         xlab="Gender", ylab="Height")
```

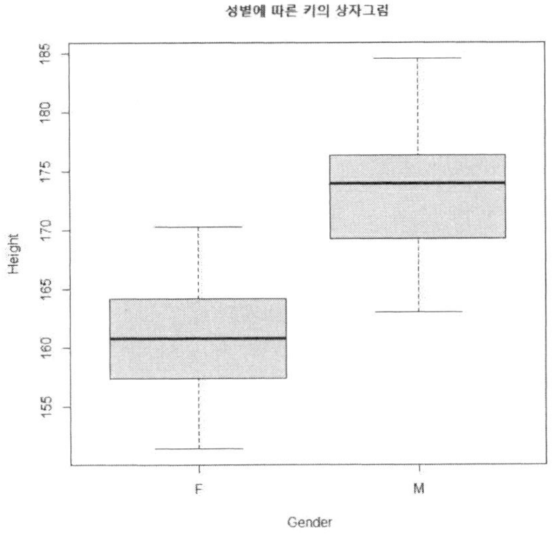

■■■ 결과분석

성별에 따른 학생들의 키(Height)에 대한 상자그림으로부터 여학생 키의 분포가 남학생 키의 분포에 비하여 상대적으로 대칭에 가까운 분포임을 알 수 있다. 그리고 남학생 키의 중앙값이 여학생 키의 중앙값보다 크다는 사실도 알 수 있다. 또한 두 집단 모두 이상값은 존재하지 않는 것으로 나타났다.

Chapter 9. 확률분포 이해하기

데이터 분석을 올바르게 수행하기 위해서는 통계학에서 사용되는 다양한 확률분포(probability distribution)에 대한 이해가 필수적이라고 할 수 있다. 이 장에서는 확률분포와 관련된 부분에서 이론적인 부분이 아닌 실제 확률 값의 계산, 분위수 계산, 난수 발생 방법 등 데이터 분석을 위해서 필요한 부분을 R을 활용하여 어떻게 구할 수 있는지 그 방법에 대하여 자세히 소개하고자 한다.
확률분포란 확률변수(random variable)를 X로 정의할 때 확률변수 X가 가지는 모든 가능한 값과 이 값들이 가지는 확률과의 관계를 표현한 것이다. 확률분포는 확률변수 X가 가질 수 있는 값의 유형에 따라 이산형 확률분포(discrete probability distribution)와 연속형 확률분포(continuous probability distribution)를 나눌 수 있다.
이 장에서는 가장 대표적인 연속형 확률분포인 정규분포(normal distribution)를 중심으로 다양한 확률분포에 대하여 확률밀도(질량)함수, 분포함수, 분위수함수, 난수발생함수 등을 R을 이용하여 구하는 방법을 다루고자 한다.

9.1 확률밀도함수 이해하기

확률변수 X가 평균이 μ이고 분산이 σ^2인 정규분포를 따른다고 할 때 $X \sim N(\mu, \sigma^2)$와 같이 표현하며, 정규분포의 확률밀도함수(probability density function)는 다음과 같이 정의된다.

$$f(x) = \frac{1}{\sqrt{2\pi}\,\sigma} e^{-\frac{(x-\mu)^2}{2\sigma^2}} \quad , -\infty < x < \infty$$

이러한 정규분포의 확률밀도함수에 대하여 특정 확률변수 값 x에 대응하는 $f(x)$ 값을 구하기 위해서는 다음과 같이 **dnorm( )** 함수를 사용한다.

dnorm( )

```
> dnorm(x, mean= , sd= )
```

위의 일반 사용형식에서 사용되는 옵션은 다음과 같은 의미로 사용된다.

- **x** : 확률밀도함수 값을 구하고자 하는 x의 값을 지정한다.
- **mean=** : 정규분포의 평균 값을 지정한다.
- **sd=** : 정규분포의 표준편차 값을 지정한다.

Example 9.1

정규분포의 확률밀도함수 값 구하기 확률변수 X가 평균이 0이고 분산이 1인 정규분포를 따른다고 가정하자. 이 때, $x=-1,0,1$에 대응하는 확률밀도함수 값 $f(-1)$, $f(0)$, $f(1)$의 값을 구해보자.

```
> dnorm(-1, mean=0, sd=1)
[1] 0.2419707
> dnorm(0, mean=0, sd=1)
[1] 0.3989423
> dnorm(1, mean=0, sd=1)
[1] 0.2419707
```

위에서 설명한 정규분포 이외에 많은 이산형 확률분포와 연속형 확률분포가 데이터 분석을 수행하기 위해서 사용될 수 있는데, 대표적인 이산형 확률분포에 대한 확률질량함수(probability mass function)와 연속형 확률분포에 대한 확률밀도함수(probability density function)의 사용형식을 **[표 9.1]**에 정리하였다.

[표 9.1] 다양한 확률밀도(질량)함수

확률분포		사용 형식	정의된 확률분포
이산형	이항분포	dbinom(x, size= , prob=)	시행횟수(size)가 n, 성공의 확률(prob)이 p인 이항분포
	포아송분포	dpois(x, lambda=)	평균 발생횟수가 lambda인 포아송 분포
연속형	균등분포	dunif(x, min= , max=)	구간이 $(\min, \max)$인 균등분포
	정규분포	dnorm(x, mean= , sd=)	평균(mean)이 μ, 표준편차(sd)가 σ인 정규분포
	t-분포	dt(x, df=)	자유도가 df인 t-분포
	지수분포	dexp(x, rate=)	평균발생률이 rate인 지수분포
	카이제곱분포	dchisq(x, df=)	자유도가 df인 카이제곱분포

Example 9.2

이항분포의 확률질량함수 값 구하기 확률변수 X가 시행 횟수가 30이고 성공 확률이 0.2인 이항분포를 따른다고 하자. 이때 $P(X=4)$, $P(X=6)$, $P(X=8)$의 값을 구해보자.

```
> dbinom(4, size=30, prob=0.2)
[1] 0.1325224
> dbinom(6, size=30, prob=0.2)
[1] 0.1794575
> dbinom(8, size=30, prob=0.2)
[1] 0.1105586
```

벡터 객체를 활용하면 위 프로그램을 다음과 같이 간단히 실행할 수도 있다.

```
> dbinom(c(4, 6, 8), size=30, prob=0.2)
[1] 0.1325224 0.1794575 0.1105586
> x = c(4, 6, 8)
> dbinom(x, size=30, prob=0.2)
[1] 0.1325224 0.1794575 0.1105586
```

이제 확률분포를 나타내는 확률밀도함수를 그래프로 작성하는 방법에 대해서 살펴보자. 이러한 그래프는 산점도(scatter plot)의 일종으로 산점도란 x와 y 사이의 관계를 평면상에 표시한 그림으로 산점도에 표시된 점을 선으로 연결하면 확률밀도함수 그래프를 작성할 수 있다. R에서 산점도를 작성하는 가장 쉬운 방법은 **plot( )** 함수로 일반적인 사용형식은 다음과 같다.

plot( )	> plot(x, y, type= , main= , xlab= , ylab=)

위의 일반 사용형식에서 사용되는 옵션은 다음과 같은 의미로 사용된다.

- **x** : x축의 값을 지정한다.
- **y** : y축의 값을 지정한다.
- **type=** : 산점도에서 자료의 값을 어떻게 표시할 것인지를 " "에 지정한다. 사용할 수 있는 옵션으로 **p**(점), **l**(선), **b**(점과 선) 등이 있으며, 더 자세한 내용에 대해서는 **help( )** 함수를 이용하기 바란다.
- **main=** : 산점도의 제목을 " "에 입력한다.
- **xlab=** : 산점도의 x축 제목을 " "에 입력한다.
- **ylab=** : 산점도의 y축 제목을 " "에 입력한다.

Example 9.3

정규분포의 확률밀도함수 그래프 그리기 평균이 4이고, 표준편차가 1인 정규분포의 확률밀도함수 그래프를 그려보자.

이를 위해서 먼저 x축의 값을 고려해보자. 평균이 4인 정규분포이므로 x축의 값은 0부터 8까지 0.05씩 증가시키도록 하여 생성하였고, 이를 벡터 **x**로 정의하였다. 다음으로 y축에는 각 x값에 대한 평균이 4이고 표준편차가 1인 정규분포의 확률밀도함수 값이 지정되어야 하므로 이를 구하기 위해서 **dnorm( )** 함수를 이용하였고, 이를 벡터 **y**로 정의하였다.
이제 **plot( )** 함수의 x축과 y축에 이를 지정한 다음 선으로 연결하여 작성하기 위해 **type="l"**로 지정하였고, 그래프의 제목을 "pdf of Normal distribution N(4,1)"으로 지정하면 다음과 같은 확률밀도함수 그래프를 얻을 수 있다.

```
> x = seq(from=0, to=8, by=0.05)
> y = dnorm(x, mean=4, sd=1)
> plot(x, y, main="pdf of Normal distribution N(4,1)", type="l")
```

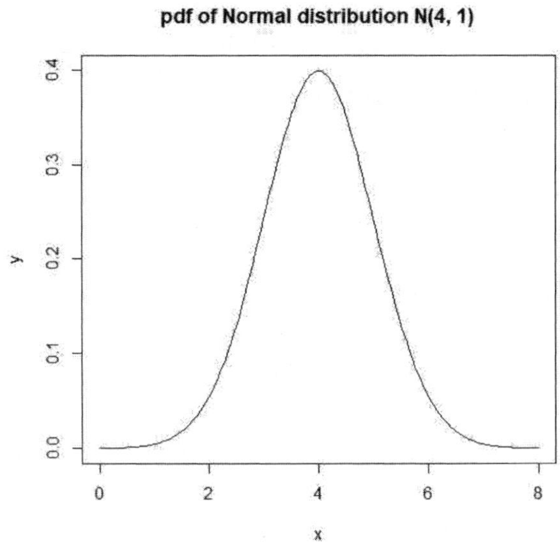

이번에는 여러 개의 산점도를 한 평면에 작성하는 방법에 대해서 살펴보자. 이를 위해서는 **par( )** 함수를 사용하여 그래프 영역을 먼저 설정하고, 그래프를 작성하기 위한 **plot( )** 함수를 연속적으로 사용하면 된다. **par( )** 함수의 일반적인 사용형식은 다음과 같다.

par( )	> par(mfrow=c(행의 수, 열의 수))

위의 일반 사용형식에서 사용되는 옵션은 다음과 같은 의미로 사용된다.

- **행의 수** : 그래프 영역을 설정할 때 행의 수를 지정한다.
- **열의 수** : 그래프 영역을 설정할 때 행의 수를 지정한다.

예를 들어 행의 수와 열의 수를 모두 2로 지정하면, 그래프 영역을 2행 2열 즉 2×2로 설정하는 것으로 이는 4개의 그래프를 작성하게 된다. 따라서, 4개의 **plot( )** 함수가 지정되어야 한다. **Example 9.4**를 통해서 자세한 사용방법을 살펴보자.

Example 9.4

확률밀도함수 그래프 그리기 정규분포, t-분포, 지수분포, 카이제곱 분포의 확률밀도함수를 한 평면에 작성해보자. 각 분포들은 다음과 같이 정의된다.

① 평균이 4이고, 표준편차가 1인 정규분포
② 자유도가 6인 t-분포
③ 평균발생률이 0.5인 지수분포
④ 자유도가 3인 카이제곱분포

```
> par(mfrow=c(2,2))
> x1 = seq(from=0, to=8, by=0.05)
> y1 = dnorm(x, mean=4, sd=1)
> plot(x1, y1, main="pdf of Normal dist. N(4,1)", type="l")

> x2 = seq(from=-3, to=3, by=0.05)
> y2 = dt(x2, df=6)
> plot(x2, y2, main="pdf of t-dist. t(6)", type="l")

> x3 = seq(from=0, to=10, by=0.05)
> y3 = dexp(x3, rate=0.5)
> plot(x3, y3, main="pdf of Exponential dist. Exp(0.5)", type="l")

> x4 = seq(from=0, to=10, by=0.05)
> y4 = dchisq(x4, df=3)
> plot(x4, y4, main="pdf of chi square dist. chisq(3)", type="l")
```

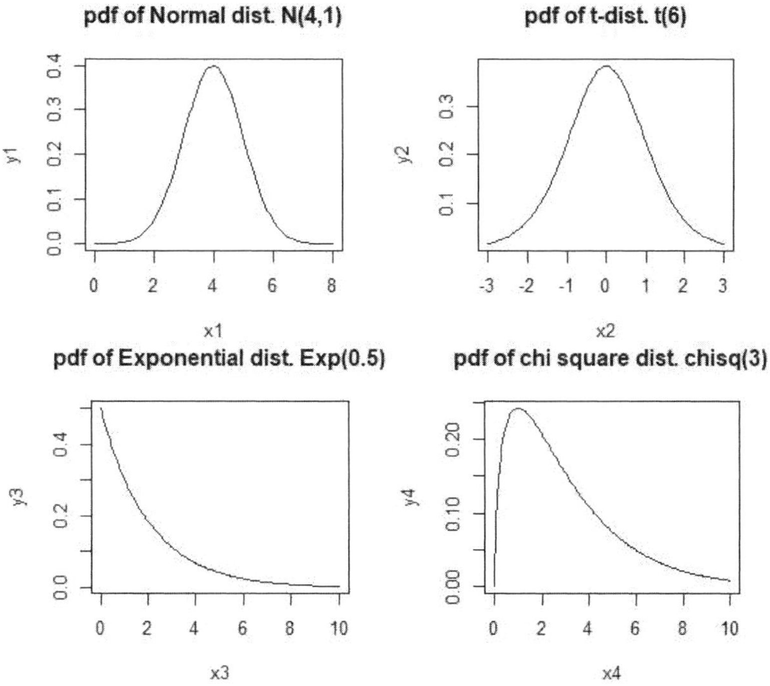

9.2 분포함수 이해하기

확률변수 X가 평균이 μ이고 분산이 σ^2인 정규분포를 따르는 경우에 분포함수(cumulative distribution function)는 다음과 같이 정의된다.

$$F(x) = P(X \le x) = \int_{-\infty}^{x} \frac{1}{\sqrt{2\pi}\,\sigma} e^{-\frac{(x-\mu)^2}{2\sigma^2}} dx$$

위와 같이 정의되는 분포함수를 사용하면 정규분포에서 분석자가 원하는 다양한 구간의 확률 값을 얻을 수 있다. 특정 확률변수 값 x에 대한 정규분포의 분포함수 값을 구하기 위해서는 다음과 같이 **pnorm( )** 함수를 사용한다.

pnorm( )	> pnorm(x, mean= , sd=)

위의 일반 사용형식에서 사용되는 옵션은 다음과 같은 의미로 사용된다.

- **x** : 분포함수 값을 구하고자 하는 x 값을 지정한다.
- **mean=** : 정규분포의 평균 값을 지정한다.
- **sd=** : 정규분포의 표준편차 값을 지정한다.

Example 9.5

정규분포 확률 구하기 확률변수 X가 $N(0,1)$일 때 다음 확률 값을 구해보자.

① $P(X \le -1.645)$
② $P(X \le 0)$
③ $P(X \le 1.645)$
④ $P(-1.645 \le X \le 1.645)$

```
> pnorm(-1.645, mean=0, sd=1)
[1] 0.04998491
> pnorm(0, mean=0, sd=1)
[1] 0.5
> pnorm(1.645, mean=0, sd=1)
[1] 0.9500151
> pnorm(1.645, mean=0, sd=1) - pnorm(-1.645, mean=0, sd=1)
[1] 0.9000302
```

위에서 설명한 정규분포 외에 많이 사용되는 이산형 확률분포와 연속형 확률분포에 대한 분포함수(cumulative distribution function)의 사용형식을 **[표 9.2]**에 정리하였으니 참고하기 바란다. 여기서 이산형 확률분포의 분포함수 값을 구할 때에는 등호(=)가 포함된 경우와 그렇지 않은 경우의 분포함수 값이 달라지므로 주의해야 한다. 이제 대표적인 이산형 확률분포인 이항분포의 분포함수 값을 구하는 방법을 예제를 통해서 살펴보자.

Example 9.6

이항분포 확률 구하기 확률변수 X가 시행횟수 $n=5$이고, 성공의 확률이 $p=0.25$인 이항분포를 따를 때, $P(3 \leq X < 5)$의 값을 구해보자.

이항분포는 이산형 확률분포로 **[표 9.2]**에 제시된 이항분포의 분포함수 값을 구하기 위한 **pbinom( )** 함수를 이용하면 $P(X \leq x)$의 값을 구할 수 있다. 따라서 구하고자 하는 확률은 $P(3 \leq X < 5) = P(X \leq 4) - P(X \leq 2)$와 같이 나타낼 수 있으므로 다음과 같이 구해진다.

```
> pbinom(4, size=5, prob=0.25) - pbinom(2, size=5, prob=0.25)
[1] 0.1025391
```

[표 9.2] 다양한 분포함수

확률분포	사용 형식	정의된 확률분포
이항분포	pbinom(x, size= , prob=)	시행횟수(size)가 n, 성공의 확률(prob)이 p인 이항분포
포아송분포	ppois(x, lambda=)	평균 발생횟수가 lambda인 포아송 분포
균등분포	punif(x, min= , max=)	구간이 (min, max)인 균등분포
정규분포	pnorm(x, mean= , sd=)	평균(mean)이 μ, 표준편차(sd)가 σ인 정규분포
t-분포	pt(x, df=)	자유도가 df인 t-분포
지수분포	pexp(x, rate=)	평균발생률이 rate인 지수분포
카이제곱분포	pchisq(x, df=)	자유도가 df인 카이제곱분포

이제 분포함수를 그래프로 작성하는 방법에 대해서 살펴보자. 분포함수를 그래프로 작성하기 위해서는 **Example 9.3**에서 설명한 정규분포에 대한 확률밀도함수의 그래프 작성방법과 동일하게 **plot( )** 함수를 이용하면 된다. 마찬가지로 여러 개의 그래프를 한 평면에 작성하기 위해서 **par( )** 함수가 사용될 수 있다.

Example 9.7

분포함수 그래프 그리기 **Example 9.4**에서 정의된 정규분포와 지수분포의 분포함수를 하나의 평면(1×2)에 그래프로 그려보자.

```
> par(mfrow=c(1,2))
> x = seq(from=0, to=8, by=0.05)
> plot(x, pnorm(x, mean=4, sd=1), main="cdf of Normal dist. N(4, 1)", type='l')
> plot(x, pexp(x, rate=0.5), main="cdf of Exponential dist. Exp(0.5)", type='l')
```

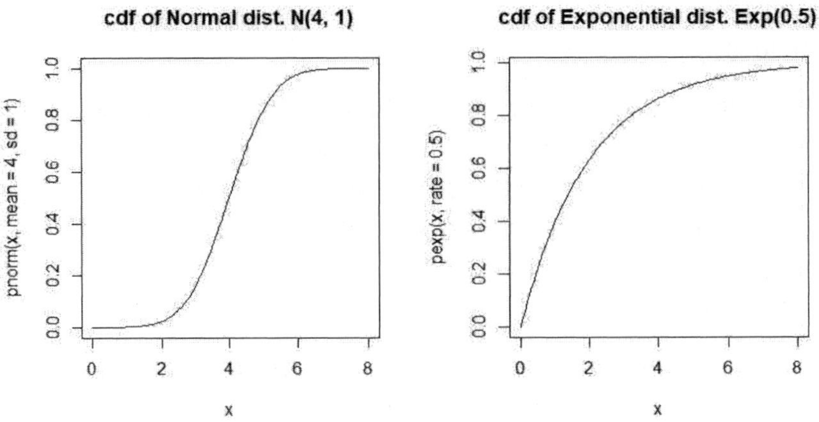

9.3 분위수함수 이해하기

9.2절에서는 확률변수 X가 평균이 μ이고 분산이 σ^2인 정규분포를 따르고, x의 값이 주어진 경우에 분포함수 $P(X \leq x)$의 값을 구하는 방법에 대하여 설명하였다. 이제는 확률변수 X가 평균이 μ이고 분산이 σ^2인 정규분포를 따른다고 할 때 분포함수 $P(X \leq x)$의 값이 주어진 경우 역으로 x의 값을 구하는 방법을 설명하고자 한다. 이렇게 정의되는 x의 값을 분위수(percentile)라고 하며, 이 값을 구하기 위해서 **qnorm( )** 함수가 사용된다.

qnorm( )	> qnorm(p, mean= , sd=)

위의 일반 사용형식에서 사용되는 옵션은 다음과 같은 의미로 사용된다.

- **p** : 확률 값 즉 분포함수, $P(X \leq x)$의 값을 지정한다.
- **mean=** : 정규분포의 평균 값을 지정한다.
- **sd=** : 정규분포의 표준편차 값을 지정한다.

일반적으로 확률변수 Z가 평균이 0이고 표준편차가 1인 표준정규분포를 따를 때 $P(Z \geq z) = \alpha$를 만족하는 z의 값을 z_α라고 표기하고, 확률변수 T가 자유도가 $(n-1)$인 t-분포를 따를 때 $P(T \geq t) = \alpha$를 만족하는 t의 값을 $t_{(\alpha, n-1)}$로 정의한다.

Example 9.8

정규분포에서 분위수 구하기 확률변수 X가 $N(0,1)$일 때, 분위수함수 **qnorm( )**을 이용하여 다음을 만족하는 분위수 x의 값을 구해보자.

① $P(X \leq x) = 0.05$를 만족하는 x

② $P(X \leq x) = 0.5$를 만족하는 x

③ $P(X \le x) = 0.95$를 만족하는 x

```
> qnorm(0.05, mean=0, sd=1)
[1] -1.644854
> qnorm(0.5, mean=0, sd=1)
[1] 0
> qnorm(0.95, mean=0, sd=1)
[1] 1.644854
```

이 결과를 이용하면 확률변수 X가 평균이 0이고 분산이 1인 표준정규분포를 따른다고 할 때 $P(X \le -1.644854) = 0.05$, $P(X \le 0) = 0.5$, $P(X \le 1.644854) = 0.95$임을 알 수 있다.

위에서 설명한 정규분포 이외에 많은 이산형 확률분포와 연속형 확률분포가 데이터 분석을 수행하기 위해서 사용되는데, 대표적인 확률분포에 대한 분위수함수의 사용형식을 **[표 9.3]**에 정리하였다.

[표 9.3] 다양한 분위수함수

확률분포	사용 형식	정의된 확률분포
이항분포	qbinom(p, size= , prob=)	시행횟수(size)가 n, 성공의 확률(prob)이 p인 이항분포
포아송분포	qpois(p, lambda=)	평균 발생횟수가 lambda인 포아송 분포
균등분포	qunif(p, min= , max=)	구간이 (min, max)인 균등분포
정규분포	qnorm(p, mean= , sd=)	평균(mean)이 μ, 표준편차(sd)가 σ인 정규분포
t-분포	qt(p, df=)	자유도가 df인 t-분포
지수분포	qexp(p, rate=)	평균발생률이 rate인 지수분포
카이제곱분포	qchisq(p, df=)	자유도가 df인 카이제곱분포

Example 9.9

t-분포에서 분위수 구하기 확률변수 X가 다음과 같이 자유도 df를 가지는 t-분포를 따를 때, $P(X \le x) = 0.05$를 만족하는 분위수 x의 값을 구해보자.

① df=10일 때 $P(X \le x) = 0.05$를 만족하는 x

② df=30일 때 $P(X \le x) = 0.05$를 만족하는 x

③ df=50일 때 $P(X \le x) = 0.05$를 만족하는 x

④ df=100일 때 $P(X \le x) = 0.05$를 만족하는 x

```
> qt(0.05, df=10)
[1] -1.812461
> qt(0.05, df=30)
[1] -1.697261
> qt(0.05, df=50)
[1] -1.675905
> qt(0.05, df=100)
[1] -1.660234
```

이 결과로부터 $t_{(0.05,10)}=-1.812461$, $t_{(0.05,30)}=-1.697261$, $t_{(0.05,50)}=-1.675905$, $t_{(0.05,100)}=-1.660234$와 같이 나타낼 수 있다. **Example 9.8**의 결과를 보면 표준정규분포를 따르는 경우 $P(X \le x)=0.05$를 만족하는 분위수 x의 값은 -1.644854로 나타났다. t-분포에서 동일한 확률 값 0.05에 대해 분위수 값을 구해본 결과 자유도가 커질수록 표준정규분포의 분위수와 가까워지는 것을 알 수 있다. 즉, **Example 9.8**과 **Example 9.9**의 결과로부터 t-분포의 자유도가 커짐에 따라서 $t_{(0.05,n-1)}$ 값은 표준정규분포의 $z_{0.05}$ 값에 가까워짐을 알 수 있다.

9.4 난수발생함수 이해하기

이 절에서는 특정 확률분포를 따르는 난수를 발생시키기 위한 난수발생함수의 사용 방법에 대해서 살펴보자. 난수(random number)란 정의된 범위 내에서 무작위로 추출된 수를 의미한다. 만일 평균이 μ이고 분산이 σ^2인 정규분포를 따르는 난수를 생성하고 싶다면, 다음과 같이 **rnorm( )** 함수를 사용한다.

rnorm( )	> rnorm(n, mean= , sd=)

위의 일반 사용형식에서 사용되는 옵션은 다음과 같은 의미로 사용된다.

- **n** : 발생시키고자 하는 난수의 개수를 지정한다.
- **mean=** : 정규분포의 평균 값을 지정한다.
- **sd=** : 정규분포의 표준편차 값을 지정한다.

Example 9.10

정규분포를 따르는 난수 발생하기 평균이 75이고 표준편차가 5인 정규분포를 따르는 난수를 50개 발생시키고, 이 값을 이용하여 히스토그램을 작성해보자.
난수는 발생시킬 때마다 다른 값을 가지므로 다음에 제시된 결과는 난수가 발생될 때마나 달라질 수 있다. 즉 다음에 제시된 난수와 동일한 값을 가질 필요는 없으며, 생성된 값으로 히스토그램을 작성했을 때 평균이 75인 정규분포의 형태를 가지는지 확인해보면 된다. 다음에 제시된 히스토그램을 보면 75에서 히스토그램의 높이가 가장 높고 거의 대칭인 형태를 띠고 있음을 알 수 있다.

```
> x=rnorm(50, mean=75, sd=5)
> x
 [1] 69.66870 63.58318 76.24930 79.94173 77.46829 73.15779 76.02971
 [8] 72.11510 71.19374 79.87088 84.04584 73.07229 84.11780 64.27431
[15] 72.68321 80.39084 68.46300 75.17357 62.78678 71.48954 77.70734
[22] 71.35677 77.98076 83.57099 82.49644 75.96918 70.09575 69.80073
[29] 73.49642 82.77246 71.09468 75.43366 84.22782 75.55160 88.46254
[36] 85.51072 72.73493 78.29826 74.73167 71.88157 78.77377 76.81567
[43] 71.25451 68.89096 75.40890 66.66254 68.20766 76.09953 77.70240
[50] 81.56876
> hist(x, prob=T)
```

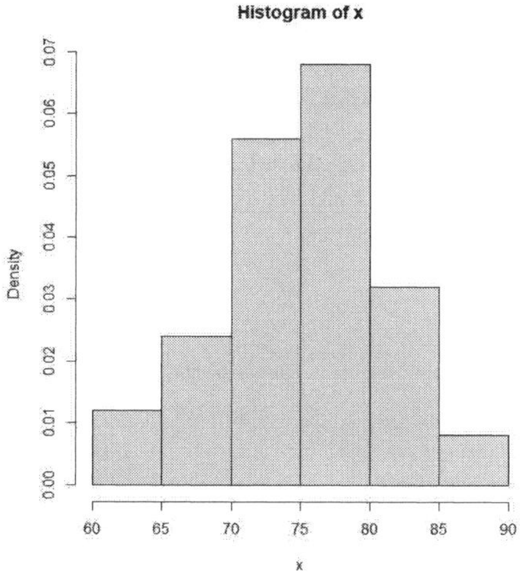

[표 9.4]는 대표적인 확률분포의 난수발생함수를 정리한 것이다. 이를 이용하면 다양한 확률분포를 따르는 난수를 발생시켜 분석에 이용할 수 있다.

[표 9.4] 다양한 난수발생함수

확률분포	사용 형식	정의된 확률분포
이항분포	rbinom(n, size= , prob=)	시행횟수(size)가 n, 성공의 확률(prob)이 p인 이항분포
포아송분포	rpois(n, lambda=)	평균 발생횟수가 lambda인 포아송 분포
균등분포	runif(n, min= , max=)	구간이 $(\min, \max)$인 균등분포
정규분포	rnorm(n, mean= , sd=)	평균(mean)이 μ, 표준편차(sd)가 σ인 정규분포
t-분포	rt(n, df=)	자유도가 df인 t-분포
지수분포	rexp(n, rate=)	평균발생률이 rate인 지수분포
카이제곱분포	rchisq(n, df=)	자유도가 df인 카이제곱분포

Example 9.11

균등분포를 따르는 난수 발생하기 구간이 (0,10)인 균등분포를 따르는 난수를 난수발생함수 **runif( )** 함수를 사용하여 50개 발생시킨 다음 이 값을 이용하여 히스토그램을 작성하고, 히스토그램이 주어진 구간에서 균등분포의 형태를 가지는지 확인해보자.

```
> y = runif(50, min=0, max=10)
> y
 [1] 1.00311019 2.76474650 7.46418449 9.89867344 2.60620979 0.83685149
 [7] 4.84876781 7.95032881 0.16591517 8.30107846 6.53260215 9.47796145
[13] 3.82383494 0.20028170 5.33130099 8.43984554 4.70028710 2.09053423
[19] 9.47457995 5.07204325 4.80874002 2.95454226 0.36995745 4.98083250
[25] 9.94867933 4.85668366 1.25758864 0.20257912 7.98621229 8.35026433
[31] 6.26515024 6.61182130 5.64586743 0.04292448 7.30577011 7.14857986
[37] 9.09675053 0.80851865 7.19814106 0.20159571 8.77556589 2.52348649
[43] 7.05556322 4.66625144 2.46432434 4.24793091 1.68977164 9.95444485
[49] 3.68086539 8.24934009
> hist(y, prob=T)
```

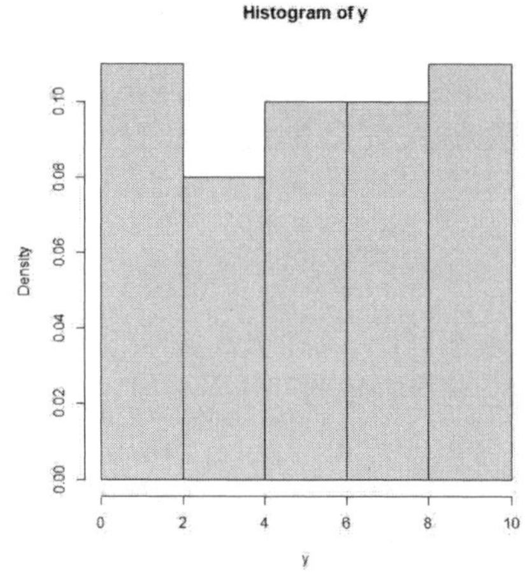

R 함수요약

단계 4

도수분포표 작성하기

```
> table(범주형 변수)
```

범주형 자료의 최빈값 구하기

```
> library(DescRools)
> Mode(변수이름)
```

그래프로 요약하기

```
> barplot(table(범주형 변수), horiz= , col= )
> pie(table(범주형 변수))
> barplot(table(범주형 변수 1, 범주형 변수 2),
                                    beside= , legend= )
```

교차표 작성하기

```
> table(범주형 변수 1(행 변수), 범주형 변수 2(열 변수))
> prop.table(table(행 변수, 열 변수), 백분율 기준)
```

수치형 자료 요약하기

```
> summary(변수)
```

히스토그램 작성하기

```
> hist(수치형 변수, prob= , main= , xlab= , ylab= , col= )
```

히스토그램에 확률밀도함수 그리기

```
> lines(density(수치형 변수))
```

줄기-잎 그림 작성하기

```
> stem(수치형 변수, scale= )
```

상자그림 작성하기

```
> boxplot(수치형 변수, main= , xlab= , ylab=, col= )
> boxplot(수치형 변수 ~ 요인 변수, main= , xlab= ,
                                        ylab= , col=)
```

확률분포에서 f(x) 값 구하기

```
> dnorm(x, mean= , sd= )
> dbinom(x, size= , prob= )
> dpois(x, lambda= )
> dunif(x, min= , max= )
> dt(x, df= )
> dexp(x, rate= )
> dchisq(x, df= )
```

산점도 그리기

```
> plot(x, y, type= , main= , xlab= , ylab= )
> par(mfrow=c(행의 수, 열의 수))
```

확률분포에서 누적확률 구하기

```
> pnorm(x, mean= , sd= )
> pbinom(x, size= , prob= )
> ppois(x, lambda= )
> punif(x, min= , max= )
> pt(x, df= )
> pexp(x, rate= )
> pchisq(x, df= )
```

확률분포에서 분위수 구하기

```
> qnorm(x, mean= , sd= )
> qbinom(x, size= , prob= )
> qpois(x, lambda= )
> qunif(x, min= , max= )
> qt(x, df= )
> qexp(x, rate= )
> qchisq(x, df= )
```

난수발생하기

```
> rnorm(x, mean= , sd= )
> rbinom(x, size= , prob= )
> rpois(x, lambda= )
> runif(x, min= , max= )
> rt(x, df= )
> rexp(x, rate= )
> rchisq(x, df= )
```

단계 5

데이터 분석하기

Chapter 10. 모평균 검정

통계적 가설검정(hypothesis testing)은 모집단의 모수에 대해 가설을 설정한 후 표본 자료에 기초한 검정통계량 값을 근거로 하여 설정된 가설을 기각(reject) 또는 채택(accept)할 것인지를 결정하기 위한 일련의 과정이다. 이 장에서는 모평균의 가설검정 과정을 R을 이용하여 분석하는 방법에 대해 다루고자 한다.
통계적 가설은 귀무가설과 대립가설로 설정되며, 표본 자료에 기초하여 귀무가설을 받아들일 것인지 받아들이지 않을 것인지를 결정하는데 사용되는 통계량을 검정통계량(test statistic)이라고 한다. 귀무가설의 기각 또는 채택 여부는 유의수준(significance level)을 어떻게 설정하느냐에 따라서 달라진다. 통계적 가설검정을 수행하기 위해서 기본적으로 필요한 개념과 내용을 다음에 정리하였으니 참고하기 바란다.

가설 및 가설의 종류

분석자가 반증적인 방법으로 자신의 주장을 증명하기 위하여 기각할 것을 바라고 가설을 설정하게 되는데 이러한 가설을 귀무가설(null hypothesis)이라 하고 H_0로 표시하며, 귀무가설과 대립되는 가설로 분석자가 주장하고자 하는 내용이 포함되도록 설정한 가설을 대립가설(alternative hypothesis)이라고 하며 H_1 또는 H_a로 표시한다. 가설은 대립가설의 형태에 따라 양측가설(two-side hypothesis)과 단측가설(one-side hypothesis)로 구분되며, 단측가설은 다시 분석자의 관심이 어느 쪽에 있는지에 따라 우단측가설과 좌단측가설로 나눌 수 있다. 양측가설에 대한 검정을 양측검정(two-side test), 단측가설에 대한 검정을 단측검정(one-side test)이라고 한다. 다음은 모평균 검정에서 양측검정과 단측검정에 대한 일반적인 가설의 형태를 나타낸다.

- 양측검정 : $\begin{cases} H_0 : \mu = \mu_0 \\ H_1 : \mu \neq \mu_0 \end{cases}$
- 우단측검정 : $\begin{cases} H_0 : \mu = \mu_0 \ (\text{또는 } \mu \leq \mu_0) \\ H_1 : \mu > \mu_0 \end{cases}$
- 좌단측검정 : $\begin{cases} H_0 : \mu = \mu_0 \ (\text{또는 } \mu \geq \mu_0) \\ H_1 : \mu < \mu_0 \end{cases}$

유의수준 및 유의확률

귀무가설이 사실임에도 불구하고 귀무가설을 기각함으로 발생되는 오류를 범할 확률의 최대허용한계를 유의수준(significance level)이라고 하며 α로 표기한다.

일반적으로 유의수준은 분석자가 자료의 특성에 따라 결정하게 되며, 보통 0.01, 0.05 또는 0.1이 많이 사용된다. 유의확률(significant probability)이란 표본자료를 근거로 하여 계산된 검정통계량 값을 기각하게 될 최소의 확률을 의미하며, p-값(p-value)이라고도 한다.

10.1 단일 모집단의 모평균 검정하기 : t-검정

t-검정은 모집단이 정규분포를 따른다는 가정 하에서 모평균 μ에 대한 검정을 할 때 사용된다. 이 절에서는 **[그림 10.1]**에서 설명되는 다양한 t-검정 방법 중 하나의 모집단의 모평균에 관한 검정에 대해서 설명하고자 한다. 두 모집단의 모평균에 관한 검정은 10.2절과 10.3절에서 자세히 살펴볼 것이다.

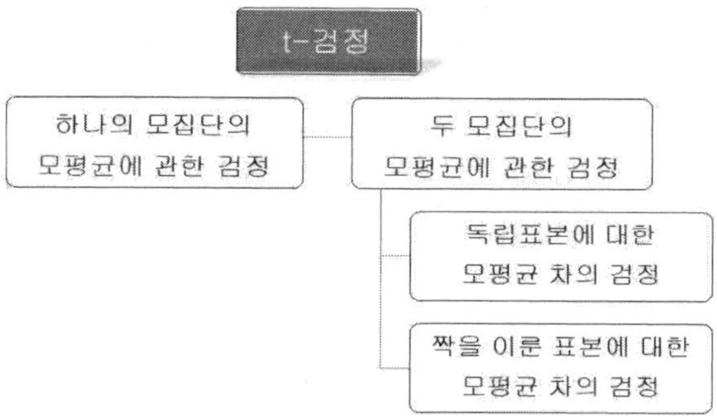

[그림 10.1] t-검정을 이용한 모평균 검정

하나의 모집단의 모평균에 대한 검정 즉, 귀무가설 $H_0 : \mu = \mu_0$를 검정하기 위해서 모평균이 μ이고 모분산이 σ^2인 정규분포를 따르는 모집단으로부터 추출된 n개의 표본을 $X_1, X_2, \cdots, X_n$이라고 하자. 여기서 모분산 σ^2은 알려지지 않았다고 가정하자 (**[그림 10.2]** 참조).

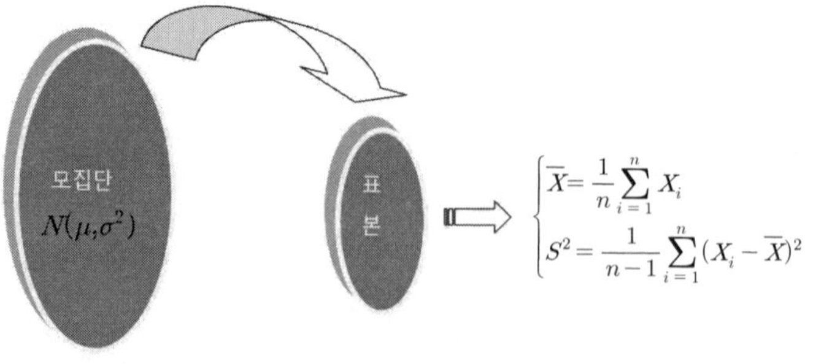

[그림 10.2] 모집단과 표본 및 통계량

이 때 귀무가설 $H_0 : \mu = \mu_0$를 검정하기 위한 검정통계량 T는 다음과 같이 정의되며, 자유도가 $(n-1)$인 t-분포를 따른다.

$$T = \frac{\overline{X} - \mu}{S / \sqrt{n}} \sim t_{n-1}$$

귀무가설이 사실이라는 가정하에서 이 검정통계량의 값은 표본평균 $\overline{X}$와 표본 표준편차 S를 이용하여 구할 수 있다. 따라서, 이를 이용하면 단일 모집단의 모평균에 대한 검정을 할 수 있다.

가설검정 절차

일반적으로 가설검정은 다음과 같은 절차에 의해서 수행된다.

STEP 1 가설설정
STEP 2 검정통계량 값 또는 유의확률의 계산
STEP 3 유의수준 α 결정
STEP 4 귀무가설의 기각 여부 결정(유의확률 < α이면 귀무가설 기각)

단일 모집단의 모평균에 대한 검정을 수행하기 위해서는 다음과 같은 형식으로 사용되는 **t.test( )** 함수를 사용한다.

t.test( )	> t.test(변수이름, mu= , alternative=, conf.level=)

위의 일반 사용형식에서 사용되는 옵션은 다음과 같은 의미로 사용된다.

- **변수이름** : 귀무가설 $H_0 : \mu = \mu_0$에 대한 검정에서 검정을 수행하고자 하는 변수이름을 지정한다. 벡터인 경우에는 벡터의 이름을 지정하면 되고, 데이터 프레임인 경우에는 앞에서 살펴보았던 것처럼 **데이터 프레임 이름$변수**의 형식으로 지정한다.
- **mu=** : 귀무가설 $H_0 : \mu = \mu_0$에서의 μ_0값을 지정한다. 여기서 μ_0는 검정하고자 하는 변수의 모평균 값을 의미한다.
- **alternative=** : 대립가설의 종류를 지정한다. 즉, 양측검정이면 "**two.sided**", 좌단측 검정이면 "**less**" 그리고 우단측 검정이면 "**greater**"라고 지정한다.
- **conf.level=** : **t.test( )** 함수는 검정을 위한 검정통계량 값 그리고 p-값(유의확률)과 더불어 모평균 μ에 관한 $(1-\alpha)\times 100\%$ 신뢰구간을 제공해주는데, 이 신뢰구간의 신뢰수준을 지정한다. 즉, **conf.level= 0.90**이면 90% 신뢰구간을 제공하며 이 옵션이 생략되는 경우 디폴트로 95% 신뢰구간이 제공된다.

하나의 모집단의 모평균을 검정하는 예를 살펴보자. K 대학교의 교육상담연구소에서는 최근 취업의 어려움으로 인한 학점 상향 현상으로 인해서 K 대학교의 학생들의 평점의 평균이 5년 전의 학생들의 평점 평균이었던 3.0보다 높다고 주장한다. 이러한 주장에 대해 전체 학생 중 임의로 추출된 64명의 평점(GPA) 자료를 이용하여 학생들의 평균 평점이 3.0보다 높다는 연구소의 주장을 t-검정을 사용하여 유의수준 5%에서 검정해보자. 이를 위해서, 귀무가설과 대립가설은 다음과 같이 설정할 수 있다. 여기서, μ는 K 대학교 학생들의 평점의 모평균이다.

$$\begin{cases} H_0 \ : \ \mu = 3.0 \\ H_1 \ : \ \mu > 3.0 \end{cases}$$

Example 10.1은 이와 같이 설정된 가설을 검정하기 위한 프로그램과 분석 결과이다.

Example 10.1

단일 모집단의 모평균 검정하기 : 단측검정 데이터 프레임 Data_fin에서 학생들의 평점을 나타내는 GPA 변수를 사용하여 위에서 설정한 가설에 대한 검정을 수행할 수 있다.

- 데이터 프레임 : Data_fin
- 검정하고자 하는 변수 : GPA
- 가설의 종류 : 우단측 검정
- 유의수준 : 0.05

이를 위해서 먼저 저장되어 있는 데이터 프레임 Data_fin을 **load( )** 함수를 이용해서 불러온 다음 **t.test( )** 함수를 사용하여 t-검정을 수행할 수 있다. GPA 변수에 대하여 모평균이 3.0인지를 검정하여야 하므로 **mu=3.0**으로 지정하였고, 우단측 검정이므로 **alternative="greater"**와 같이 지정하였다. 다음 결과를 보면 모든 t-검정 결과에 항상 신뢰구간이 제시되는데. 우리가 일반적으로 분석하는 신뢰구간은 양측 신뢰구간이므로 단측 검정에서 제공되는 신뢰구간 값은 의미를 부여하지 않아야 한다.

```
> load(file="c:/DATA/Data_fin.RData")
> t.test(Data_fin$GPA, mu=3.0, alternative="greater")

        One Sample t-test

data:  Data_fin$GPA
t = 11.189, df = 63, p-value < 2.2e-16
alternative hypothesis: true mean is greater than 3
95 percent confidence interval:
 3.478576      Inf
sample estimates:
mean of x
   3.5625
```

■■■ 결과분석

하나의 모집단의 모평균에 대한 검정을 수행하면 위와 같이 **One Sample t-test** 결과를 얻을 수 있다. 이를 살펴보면, 평점의 평균은 **sample estimates : mean of**

x의 값으로 3.5625점이고 검정통계량 T값은 **t=11.189**이며, 자유도는 **df=63**이다. 유의확률은 **p-value < 2.2e-16**으로 나타나 있는데 이 값은 거의 0에 가까운 값을 가짐을 알 수 있다. 이 값을 이용하여 유의수준 5%에서 앞에서 설명된 가설검정 절차에 따라 가설검정을 수행해 보자.

Step 1 가설설정 : μ를 평점의 모평균이라 할 때 가설은 다음과 같다.

$$\begin{cases} H_0 : \mu \le 3.0 \, (\text{또는 } \mu = 3.0) \\ H_1 : \mu > 3.0 \end{cases}$$

Step 2 검정통계량 값과 유의확률 : 위 결과로부터 귀무가설이 사실일 때 검정통계량 값은 11.189이고, 유의확률은 0에 가까운 값임을 알 수 있다.

Step 3 유의수준 α 결정 : 유의수준은 0.05로 하자. 물론 이에 따른 기각역도 결정할 수 있다.

Step 4 가설의 기각 여부 결정 : 유의확률 값이 0에 가까운 값으로 설정한 유의수준 0.05보다 작기 때문에 귀무가설을 기각할 수 있다. 즉, K 대학교 학생들의 평점의 평균은 연구소에서 주장하는 바와 같이 3.0점보다 높다고 할 수 있다.

☜ 인체의 황금비

황금비 1.618은 긴 부분과 짧은 부분의 길이의 비가 전체와 긴 부분의 길이의 비와 같아지는 경우로써 고대 그리스 시대부터 가장 안정적이고 아름다운 느낌을 주는 비로 인식되어왔다. 고대 서양의 예술가들은 그림, 조각상, 꽃병 등 각종 예술작품에 이 황금비를 적용하였으며, 인체분석을 위한 이상적인 수단으로 여겼다. 황금비의 예로는 파르테논 신전, 피라미드, 레오나르도 다빈치의 Vitruvius의 인체비례도, 부석사의 무량수전, 신용카드, 피아노 건반 등이 있다.

인체의 황금비와 관련된 예를 살펴보자. K 대학교의 생활과학연구소에서는 K 대학교 학생들의 신체비가 황금비를 이루는지를 알아보기 위해서 64명의 학생을 임의로 추출한 후 각 학생들의 키(Height)와 배꼽높이(Navel)를 측정하였다. 그리고 이 자료를 사용하여 키를 배꼽높이로 나눈 값인 신체비(Ratio)를 구했으며, 이는 최종 자료분석을 위한 데이터 프레임 Data_fin에 변수로 저장되어 있다.

이와 같이 키와 배꼽높이의 비를 나타내는 변수 신체비(Ratio)를 이용하여 K 대학교의 학생들의 신체비가 황금비를 이룬다고 할 수 있는지 유의수준 5%에서 검정해보자. 이 경우 신체비가 황금비인 1.618과 동일한지에 관심을 가지는 것이므로 양측검정을 통해 분석해야 한다.

먼저, 다음과 같이 귀무가설과 대립가설을 설정할 수 있다. 여기서, μ는 신체비(Ratio)의 모평균이다.

$$\begin{cases} H_0 : \mu = 1.618 \\ H_1 : \mu \ne 1.618 \end{cases}$$

Example 10.2

하나의 모평균 검정하기 : 양측검정 데이터 프레임 Data_fin에서 학생들의 신체비를 나타내는 Ratio 변수를 사용하여 유의수준 5%에서 황금비를 따른다고 할 수 있는지 가설검정을 수행해보자.

- 데이터 프레임 : Data_fin
- 검정하고자 하는 변수 : Ratio
- 가설의 종류 : 양측 검정
- 유의수준 : 0.05

신체비의 모평균이 황금비 값인 1.618인지를 검정하는 것이므로 **mu=1.618**로 지정하였고, 양측검정이므로 **alternative="two.sided"**와 같이 지정하였다. 신뢰수준을 지정하지 않았기 때문에 디폴트로 제공되는 95% 신뢰구간이 제시된다.

```
> t.test(Data_fin$Ratio, mu=1.618, alternative="two.sided")

        One Sample t-test

data:  Data_fin$Ratio
t = 12.76, df = 63, p-value < 2.2e-16
alternative hypothesis: true mean is not equal to 1.618
95 percent confidence interval:
 1.654002 1.667373
sample estimates:
mean of x
 1.660688
```

■■■ 결과분석

신체비(Ratio)의 평균은 1.660688이고 95% 신뢰구간은 (1.654002, 1.667373)와 같다. 검정통계량 T값은 **t=12.76**이며, 유의확률 **p-value**는 0에 가까운 값을 가진다. 이 결과를 이용하여 다음과 같이 가설검정을 수행할 수 있다.

Step 1 가설설정 : μ를 신체비(Ratio)의 모평균이라 할 때 가설은 다음과 같이 설정된다.

$$\begin{cases} H_0 \ : \ \mu = 1.618 \\ H_1 \ : \ \mu \neq 1.618 \end{cases}$$

Step 2 검정통계량 값과 유의확률 계산 : 위 결과로부터 검정통계량 T값은 12.76이고, 유의확률은 0에 가까운 값임을 알 수 있다.

Step 3 유의수준 α 결정 : 유의수준 α는 주어진 것처럼 0.05로 하자.

Step 4 가설의 기각 여부 결정 : 유의확률 값이 0에 가까운 값으로 설정한 유의수준 0.05보다 작기 때문에 귀무가설을 기각할 수 있다. 즉, K 대학교 학생들의 신체비는 황금비를 따른다고 할 수 없다.

Example 10.3

모평균에 대한 신뢰구간 구하기 **Example 10.2**의 결과에서 학생들의 신체비(Ratio)에 대한 모평균 μ의 95% 신뢰구간은 (1.654002 1.667373)와 같다. 90% 신뢰구간과 99% 신뢰구간을 구해서 이들을 비교해보자.
구하고자 하는 신뢰구간의 신뢰수준을 **conf.level=**에 지정한다. 90% 신뢰구간을 얻기 위해서는 **conf.level=0.9**, 99% 신뢰구간을 얻기 위해서는 **conf.level=0.99**와 같이 지정한다.

```
> t.test(Data_fin$Ratio, mu=1.618, alternative="two.sided", conf.level=0.90)

        One Sample t-test

data:  Data_fin$Ratio
t = 12.76, df = 63, p-value < 2.2e-16
alternative hypothesis: true mean is not equal to 1.618
90 percent confidence interval:
 1.655103 1.666273
sample estimates:
mean of x
 1.660688
```

```
> t.test(Data_fin$Ratio, mu=1.618, alternative="two.sided", conf.level=0.95)

        One Sample t-test

data:  Data_fin$Ratio
t = 12.76, df = 63, p-value < 2.2e-16
alternative hypothesis: true mean is not equal to 1.618
95 percent confidence interval:
 1.654002 1.667373
sample estimates:
mean of x
 1.660688
```

```
> t.test(Data_fin$Ratio, mu=1.618, alternative="two.sided", conf.level=0.99)

        One Sample t-test

data:  Data_fin$Ratio
t = 12.76, df = 63, p-value < 2.2e-16
alternative hypothesis: true mean is not equal to 1.618
99 percent confidence interval:
 1.651802 1.669574
sample estimates:
mean of x
 1.660688
```

■■■ 결과분석

위 결과를 보면 신뢰구간의 값만 달라졌을 뿐 다른 결과는 모두 동일하다는 것을 알 수 있다. 즉, 신뢰수준의 값은 검정 결과에는 아무런 영향을 미치지 않는다. 신뢰수준(0.9, 0.95, 0.99)에 따라 구해진 신뢰구간의 값을 비교해보면 신뢰수준이 커질수록 신뢰구간의 길이는 점점 길어진다는 것을 알 수 있다. 따라서, 이들 신뢰구간 중 어떤 신뢰구간이 가장 좋은지는 판단할 수 없다.

10.2 독립표본인 경우 두 모평균의 차이 검정하기

10.1절에서는 K 대학교의 학생들의 평점 평균이 5년 전의 학생들의 평점 평균인 3.0보다 높다고 할 수 있는지, 그리고 K 대학교 학생들의 신체비가 황금비를 이루고 있는지에 대한 통계적 가설검정에 대해서 살펴보았다.

이 절에서는 분석자의 관심이 K 대학교의 남학생과 여학생의 평점 평균에 차이가 있는지, 남학생과 여학생의 신체비의 평균에 차이가 있는지를 검정하기 위한 방법에 대해서 살펴보고자 한다. 이러한 경우 남학생 집단과 여학생 집단으로부터 각각 추출된 표본은 서로 독립이므로 두 모집단의 모평균에 차이가 있는지를 검정하기 위해 각 모집단으로부터 추출된 독립표본을 이용할 수 있다. 독립표본인 경우 두 모집단의 모평균에 차이가 있다고 할 수 있는지에 대한 통계적 가설검정 방법을 살펴보자.

모평균이 μ_1 이고 모분산이 σ_1^2인 정규분포를 따르는 모집단으로부터 추출된 n_1개의 표본을 $(X_1, X_2, \cdots, X_{n_1})$이라 하고, 모평균이 μ_2이고 모분산이 σ_2^2인 정규분포를 따르는 모집단으로부터 추출된 n_2개의 표본을 $(Y_1, Y_2, \cdots, Y_{n_2})$라고 하자. 이 때, 각각의 표본으로부터 표본평균과 표본분산을 구할 수 있다(**[그림 10.3]** 참조).

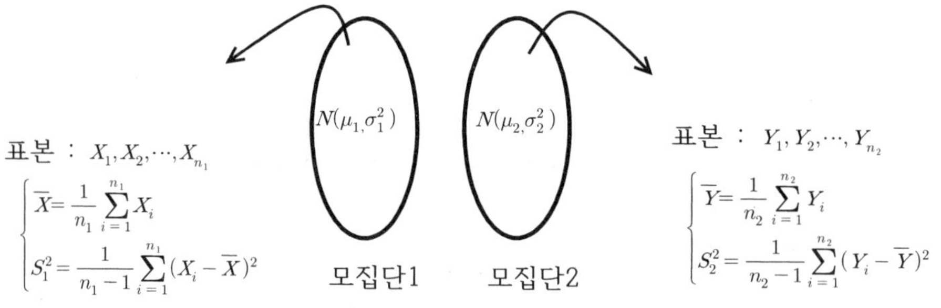

[그림 10.3] 두 모집단의 표본과 통계량

두 모집단의 모평균이 동일하다고 할 수 있는지에 대한 가설검정에 사용되는 검정통계량은 두 모집단의 분산이 동일한지 여부에 따라서 달라진다. 즉, 두 모집단의 분산이 동일한 경우($\sigma_1^2 = \sigma_2^2$)와 두 모집단의 분산이 동일하지 않은 경우($\sigma_1^2 \neq \sigma_2^2$)에 따라 검정통계량과 그 분포가 다르게 정의되므로 구분해서 가설검정을 수행해야 한다. 두 가지 경우에 대해서 각각 모평균에 차이가 있다고 할 수 있는지 검정하기 위한 방법을 자세히 살펴보자.

1) 두 모집단의 분산이 동일한 경우

두 모집단의 모분산이 동일한 경우($\sigma_1^2 = \sigma_2^2$) 두 모집단의 모평균이 동일하다고 할 수 있는지에 대한 가설검정에 사용되는 검정통계량 T는 다음과 같이 정의되며, 자유도가 $(n_1 + n_2 - 2)$인 t-분포를 따른다. 여기서, S_p^2은 통합분산추정량(pooled variance estimator)으로 다음과 같이 정의된다.

$$T = \frac{\overline{X} - \overline{Y}}{S_p \sqrt{\frac{1}{n_1} + \frac{1}{n_2}}} \sim t_{n_1 + n_2 - 2}, \qquad S_p^2 = \frac{(n_1 - 1)S_1^2 + (n_2 - 1)S_2^2}{n_1 + n_2 - 2}$$

2) 두 모집단의 분산이 다른 경우

두 모집단의 분산이 동일하지 않은 경우($\sigma_1^2 \neq \sigma_2^2$) 두 모집단의 모평균에 차이가 있다고 할 수 있는지에 대한 가설검정에 사용되는 검정통계량 T는 다음과 같이 정의되며, 자유도가 r인 근사적인 t-분포를 따른다. 여기서, 자유도 r은 두 모집단의 표본분산(S_1^2, S_2^2)과 표본의 크기(n_1, n_2)를 이용하여 다음과 같이 구해지며, 계산된 자유도 r의 값이 정수가 아닌 경우에는 소수점 이하 값을 버리고 자유도로 결정한다.

$$T = \frac{\overline{X} - \overline{Y}}{\sqrt{\frac{S_1^2}{n_1} + \frac{S_2^2}{n_2}}} \stackrel{\cdot}{\sim} t_r, \qquad r = \frac{(S_1^2/n_1 + S_2^2/n_2)^2}{\frac{(S_1^2/n_1)^2}{n_1 - 1} + \frac{(S_2^2/n_2)^2}{n_2 - 1}}$$

위에서 설명한 두 가지 경우에 따라 사용되는 검정통계량과 분포가 다르기 때문에 두 모집단의 모평균에 차이가 있다고 할 수 있는지를 검정하기 위해서는 두 모집단의 모분산이 동일한지 여부에 대한 통계적 가설 검정이 선행되어야 한다.

두 모분산의 동일성 검정

두 모집단 분산의 동일성 검정(test of equality)을 위한 가설을 다음과 같이 설정할 수 있다.

$$\begin{cases} H_0 : \sigma_1^2 = \sigma_2^2 \\ H_1 : \sigma_1^2 \neq \sigma_2^2 \end{cases}$$

위와 같이 설정된 가설을 검정하기 위한 검정통계량은 $F = S_1^2 / S_2^2$와 같이 정의되며, 검정통계량 F는 귀무가설이 사실이라는 가정 하에서 자유도가 $(n_1 - 1, n_2 - 1)$인 F분포를 따른다. 따라서, 이를 이용하면 두 모집단의 분산이 동일한지 여부에 대한 검정을 수행할 수 있다.

이제, R을 사용해서 두 모집단으로부터 추출된 표본이 서로 독립인 경우 두 모집단의 모평균에 차이가 있는지를 검정하는 방법에 대해서 살펴보자. 이를 위해서는 **t.test( )** 함수가 사용되는데 **t.test( )** 함수의 사용형식은 검정하고자 하는 데이터(변수)가 벡터 형태로 저장되어 있는지 데이터 프레임 형태로 저장되어 있는지에 따라 다르게 사용된다. 먼저 데이터(변수)가 벡터로 저장된 경우에 대해서 살펴보자. 다음은 벡터로 저장된 경우 **t.test( )** 함수의 일반적인 사용형식이다.

t.test( )	> t.test(변수1, 변수2, var.equal=, alternative=, conf.level=)

위의 일반 사용형식에서 사용되는 옵션은 다음과 같은 의미로 사용된다.

- **변수1, 변수2** : 두 모집단으로부터 추출된 표본이 서로 독립일 때 모평균에 차이가 있는지를 검정하고자 하는 두 변수의 이름을 지정한다.
- **var.equal=** : 두 모집단의 모분산이 동일성 여부를 지정한다. 만약 두 모분산이 동일하면 **TRUE**라고 지정하고, 동일하지 않으면 **FALSE**라고 지정한다.
- **alternative=** : 검정하고자 하는 가설의 형태를 " "에 지정한다. 양측 검정이면 "**two.sided**", 좌단측 검정이면 "**less**", 우단측 검정이면 "**greater**"라고 지정한다.
- **conf.level=** : **t.test( )** 함수는 검정을 위한 검정통계량 값과 유의확률 값(p-값), 그리고 모평균 μ에 관한 $(1-\alpha)\times 100\%$ 신뢰구간을 제공해 주는데, 이 때 신뢰수준을 지정한다. 즉, **conf.level=0.90**이면 90% 신뢰구간을 제공하며 이 옵션이 생략되는 경우 디폴트로 95% 신뢰구간이 제공된다.

다음으로 검정하고자 하는 데이터(변수)가 데이터 프레임 형태로 저장된 경우 다음과 같은 형식으로 **t.test( )** 함수를 사용할 수 있다.

t.test( )	> t.test(반응변수 ~ 그룹변수, var.equal= , alternative= , conf.level=)

위의 일반 사용형식에서 사용되는 옵션은 다음과 같은 의미로 사용되며, 여기서 설명되지 않은 다른 옵션을 사용하는 방법은 위에서 설명된 데이터(변수)가 벡터로 저장된 경우와 동일하므로 이를 참조하기 바란다.

- **반응변수** : 두 집단(그룹변수로 지정)의 모평균에 차이가 있는지를 검정하고자 하는 반응변수의 이름을 지정한다. 변수이름은 **데이터프레임$변수**와 같이 지정한다.
- **그룹변수** : 두 집단을 구분하는 그룹변수의 이름을 지정한다. 변수이름은 **데이터프레임$변수**와 같이 지정한다.

한편, 앞에서 설명한 바와 같이 두 모집단의 모평균에 차이가 있는지를 검정하기 위해서는 먼저 두 모집단의 모분산이 동일한지 여부에 대한 통계적 가설 검정이 선행되어야 한다. 이러한 두 모분산의 동일성 검정 결과에 따라서 위에서 설명된 **t.test( )** 함수에서 분산의 동일성 여부를 지정하는 **var.equal=**의 옵션에 **TRUE** 또는 **FALSE**를 지정하게 된다.

두 모집단의 모분산이 동일한지를 검정하기 위해서 **var.test( )** 함수가 사용되며, 이 함수의 일반적인 사용 형식은 다음과 같다. 여기서도 **t.test( )** 함수와 마찬가지로 검정하고자 하는 데이터(변수)가 어떠한 형식으로 구성되었는지에 따라 다르게 사용된다. 다음은 각각 데이터(변수)가 벡터로 저장된 경우와 데이터 프레임 형태로 저장된 경우 **var.test( )** 함수의 일반적인 사용형식을 나타낸다.

var.test( )	> var.test(변수 1, 변수 2, alternative= , conf.level=)

var.test( )	> var.test(반응변수 ~ 그룹변수, alternative= , conf.level=)

위의 일반 사용형식에서 사용되는 옵션은 다음과 같은 의미로 사용된다.

- **변수1, 변수2** : 두 모집단의 모분산이 동일한지를 검정하고자 할 때 두 변수의 이름을 각각 지정한다.
- **반응변수** : 두 집단(그룹변수로 지정)의 모분산이 동일한지를 검정하고자 할 때 반응변수의 이름을 지정한다. 변수이름은 **데이터프레임$변수**와 같이 지정한다.
- **그룹변수** : 두 집단을 구분하는 그룹변수의 이름을 지정한다. 변수이름은 **데이터프레임$변수**와 같이 지정한다.
- **alternative=** : 검정하고자 하는 가설의 종류를 지정하는데, 여기서는 두 모집단의 모분산이 동일하지를 검정하는 것이므로 양측검정 결과가 필요하다. 따라서, "**two.sided**"로 지정한다.
- **conf.level=** : **var.test( )** 함수는 검정을 위한 검정통계량 값과 유의확률 값(p-값) 및 모집단 분산비(σ_1^2/σ_2^2)에 대한 신뢰구간을 제공해 주는데, 이때 신뢰수준을 지정한다. 즉, **conf.level= 0.90**이면 90% 신뢰구간을 제공하며 이 옵션이 생략되는 경우 디폴트로 95% 신뢰구간이 제공된다.

독립표본인 경우 두 모집단의 모평균 차에 대한 가설검정의 예를 들어보자. K 대학교의 교육상담연구소에서는 남학생의 평균 평점과 여학생의 평균 평점에 차이가 있는지를 알아보기 위해서 남학생과 여학생 32명을 각각 임의로 추출하였고, 이들의 평점 자료를 얻었다. 여기서, 남학생 표본과 여학생 표본은 서로 독립이므로 독립표본인 경우의 가설검정 방법을 사용하면 된다. 이 자료를 이용하여 남학생과 여학생의 평균 평점에 차이가 있다고 할 수 있는지에 대한 검정을 고려해보

자. 다음에 제시되는 **Example 10.4**와 **Example 10.5**는 각각 변수가 데이터 프레임으로 저장된 경우와 벡터로 저장되어 있는 경우 독립표본 t-검정을 수행하는 방법에 대해서 설명하고 있다.

Example 10.4

독립표본인 경우 두 모평균의 차이 검정하기 1 : 변수가 데이터 프레임으로 저장된 경우 데이터 프레임 Data_fin에서 학생들의 평점을 나타내는 GPA 변수와 성별을 나타내는 Gender 변수를 사용하여 성별에 따라 평균 평점에 차이가 있다고 할 수 있는지 유의수준 5%에서 검정해보자. 여기서, 두 변수 GPA와 Gender는 데이터 프레임으로 저장되어 있다.

- 데이터 프레임 : Data_fin
- 검정하고자 하는 반응 변수 : GPA
- 그룹 변수 : Gender
- 가설의 종류 : 양측 검정
- 유의수준 : 0.05

두 모집단의 모평균이 동일한지의 여부를 검정하기 위해서는 두 모집단의 모분산이 동일한지 여부에 대한 통계적 가설 검정이 선행되어야 한다. 따라서, 다음과 같이 성별에 따른 두 모집단의 평점의 모분산이 동일한지에 대한 검정을 먼저 수행한 다음 이 결과를 바탕으로 두 모집단의 모평균에 차이가 있는지를 검정해야 한다.

```
> var.test(Data_fin$GPA~Data_fin$Gender, alternative="two.sided")

        F test to compare two variances

data:  Data_fin$GPA by Data_fin$Gender
F = 0.54185, num df = 31, denom df = 31, p-value = 0.09309
alternative hypothesis: true ratio of variances is not equal to 1
95 percent confidence interval:
 0.2645001 1.1100246
sample estimates:
ratio of variances
         0.5418502
```

■■■ 결과분석 1 : 분산의 동일성 검정

두 모집단의 분산이 동일한지에 대한 검정을 수행하면 위와 같이 **F test to compare two variances** 결과를 얻을 수 있다. 이 결과를 이용하여 유의수준 5%에서 분산의 동일성 여부를 판단하기 위한 가설검정을 수행해 보자.

Step 1 가설설정 : 다음과 같이 가설을 설정할 수 있다. 단, σ_1^2은 여학생 집단의 평점의 모분산이고 σ_2^2은 남학생 집단의 평점의 모분산이다.

$$\begin{cases} H_0 : \sigma_1^2 = \sigma_2^2 \text{ (두 모집단의 모분산은 동일하다.)} \\ H_1 : \sigma_1^2 \neq \sigma_2^2 \text{ (두 모집단의 모분산은 동일하지 않다.)} \end{cases}$$

Step 2 검정통계량 F값과 유의확률의 계산 : 위 결과로부터 모분산의 동일성 검정을 위한 F검정통계량 값은 0.54185이고 유의확률 값은 0.09309임을 알 수 있다.

Step 3 유의수준 α 결정 : 유의수준 α는 주어진 것처럼 0.05로 하자.

Step 4 가설의 기각 여부 결정 : 유의확률이 α=0.05보다 크므로 귀무가설을 기각할 수 없다. 즉, 두 집단의 모분산이 동일하다고 할 수 있다.

위에서 수행한 두 모집단의 분산이 동일한지에 대한 검정 결과 귀무가설이 기각될 수 없으므로 두 모집단의 모분산이 동일하다는 결론을 얻었다. 따라서, 이를 근거로 모분산의 동일성 여부를 지정하는 옵션에 **var.equal=TRUE**와 같이 입력한 다음 남학생과 여학생의 평균 평점에 차이가 있다고 할 수 있는지에 대한 검정을 다음과 같이 수행하면 된다.

```
> t.test(Data_fin$GPA~Data_fin$Gender, var.equal=TRUE,
+                                    alternative="two.sided")

        Two Sample t-test

data:  Data_fin$GPA by Data_fin$Gender
t = 3.1943, df = 62, p-value = 0.002204
alternative hypothesis: true difference in means between group F and
group M is not equal to 0
95 percent confidence interval:
 0.1122609 0.4877391
sample estimates:
mean in group F mean in group M
         3.7125          3.4125
```

■■■ 결과분석 2 : 독립표본 모평균 차이 검정

독립표본인 두 모집단의 모평균이 동일한지에 대한 검정을 수행하면 위와 같이 **Two Sample t-test** 결과를 얻을 수 있다. 이제 유의수준 5%에서 가설검정을 수행해 보자.

Step 1 가설설정 : 다음과 같이 가설을 설정할 수 있다. 단, μ_1은 여학생의 평균 평점이고 μ_2는 남학생의 평균 평점이다.

$$\begin{cases} H_0 : \mu_1 = \mu_2 \text{ (여학생과 남학생의 평균 평점은 동일하다.)} \\ H_1 : \mu_1 \neq \mu_2 \text{ (여학생과 남학생의 평균 평점은 동일하지 않다.)} \end{cases}$$

Step 2 검정통계량 값과 유의확률의 계산 : 위 결과로부터 검정통계량 T값은 **t=3.1943**이고 유의확률 값은 **p-value=0.002204**임을 알 수 있다.

Step 3 유의수준 α 결정 : 유의수준 α를 0.05로 하자.

Step 4 가설의 기각 여부 결정 : 유의확률이 α=0.05보다 작으므로 귀무가설을 기각할 수 있다. 즉, 남학생과 여학생의 평균 평점에는 통계적으로 유의한 차이가 있다고 할 수 있다. **sample estimates :** 값을 보면 **mean in group F**에 제시된 여학생 평점의 표본평균은 3.7125이고 **mean in group M**에 제시된 남학생 평점의 표본평균은 3.4125로 여학생의 평점 평균이 남학생의 평점 평균보다 높음을 알 수 있다.

이제 변수가 벡터로 저장되어 있는 경우 **t.test( )** 함수를 사용하는 방법에 대해서 다음 예제를 통해 살펴보자.

Example 10.5

독립표본인 경우 두 모평균의 차이 검정하기 2 : 변수가 벡터로 저장된 경우

데이터 프레임 Data_fin을 성별에 따라 구분하여 데이터 프레임 Data_f1과 Data_m1을 생성한 다음 **data.matrix( )** 함수를 사용하여 각각 벡터 Data_f와 Data_m을 생성하였다.

Example 10.4와 마찬가지로 모평균 차이에 대한 검정을 수행하기 전에 분산의 동일성 검정을 먼저 실행하였고, 이 결과를 바탕으로 분산이 동일하다는 가정하에서 독립표본 t-검정을 수행하였다.

다음에서 볼 수 있는 것처럼 성별에 따라 구분한 2개의 벡터 Data_f와 Data_m에 대해서 **t.test( )** 함수를 이용하여 성별에 따른 평균 평점에 차이가 있는지에 대한 검정을 실행하면 **Example 10.4**와 동일한 결과를 얻을 수 있다.

```
> Data_f1 = subset(Data_fin, select=c("GPA"), subset=(Gender == "F"))
> Data_f = data.matrix(Data_f1)

> Data_m1 = subset(Data_fin, select=c("GPA"), subset=(Gender == "M"))
> Data_m = data.matrix(Data_m1)

> var.test(Data_f, Data_m, alternative="two.sided")

	F test to compare two variances

data:  Data_f and Data_m
F = 0.54185, num df = 31, denom df = 31, p-value = 0.09309
alternative hypothesis: true ratio of variances is not equal to 1
95 percent confidence interval:
 0.2645001 1.1100246
sample estimates:
ratio of variances
         0.5418502
```

> *t.test(Data_f, Data_m, var.equal=TRUE, alternative= "two.sided")*

```
        Two Sample t-test

data:  Data_f and Data_m
t = 3.1943, df = 62, p-value = 0.002204
alternative hypothesis: true difference in means is not equal to 0
95 percent confidence interval:
 0.1122609 0.4877391
sample estimates:
mean of x mean of y
   3.7125    3.4125
```

Example 10.6

독립표본인 경우 두 모평균의 차이 검정하기 3 데이터 프레임 Data_fin에서 학생들의 신체비(Ratio)에 대하여 남학생과 여학생의 평균 신체비에 차이가 있다고 할 수 있는지 유의수준 5%에서 검정해보자.

- 데이터 프레임 : Data_fin
- 검정하고자 하는 변수 : Ratio
- 가설의 종류 : 양측 검정
- 유의수준 : $\alpha = 0.05$

두 모집단으로부터 추출된 신체비에 대한 여학생의 표본과 남학생의 표본은 서로 독립이므로 독립표본 t-검정을 수행할 수 있다. 여기서도 마찬가지로 두 모집단의 모평균이 동일한지의 여부를 검정하기 위해서는 두 모집단의 분산이 동일한지 여부에 대한 통계적 가설 검정이 선행되어야 하므로 다음과 같이 성별에 따른 두 모집단의 모분산이 동일한지에 대한 검정을 먼저 수행한다.

> *var.test(Data_fin$Ratio~Data_fin$Gender, alternative="two.sided")*

```
        F test to compare two variances

data:  Data_fin$Ratio by Data_fin$Gender
F = 0.99301, num df = 31, denom df = 31, p-value = 0.9846
alternative hypothesis: true ratio of variances is not equal to 1
95 percent confidence interval:
 0.4847322 2.0342698
sample estimates:
ratio of variances
         0.9930136
```

■■■ 결과분석 1 : 분산의 동일성 검정

두 모집단의 분산이 동일한지에 대한 검정을 수행한 결과 검정통계량 F값은 **F=0.99301**이고, 이 때의 유의확률 값은 **p-value=0.9846**임을 알 수 있다. 이 값을 이용하여 유의수준 5%에서 가설검정을 수행해 보자.

Step 1 가설설정 : 다음과 같이 가설을 설정할 수 있다. 단, σ_1^2은 여학생의 신체비에 대한 모분산이고 σ_2^2은 남학생의 신체비에 대한 모분산이다.

$$\begin{cases} H_0 : \sigma_1^2 = \sigma_2^2 \text{ (두 모집단의 모분산은 동일하다.)} \\ H_1 : \sigma_1^2 \neq \sigma_2^2 \text{ (두 모집단의 모분산은 동일하지 않다.)} \end{cases}$$

Step 2 검정통계량 값과 유의확률의 계산 : 모분산의 동일성 검정을 위한 F 검정통계량 값이 0.99301이고 유의확률 은 0.9846이다.

Step 3 유의수준 α 결정 : 유의수준 α는 주어진 것처럼 0.05로 하자.

Step 4 가설의 기각 여부 결정 : 유의확률 값이 0.9846으로 α=0.05보다 크므로 귀무가설을 기각할 수 없다. 즉, 두 집단의 모분산이 동일하다고 할 수 있다.

위 결과 분석에서 두 모집단의 신체비에 대한 모분산이 동일하다는 결론을 얻었으므로 이를 근거로 하여 모분산의 동일성 여부를 지정하는 옵션에 **var.equal=TRUE**와 같이 입력한 다음 남학생과 여학생의 평균 신체비가 동일하다고 할 수 있는지에 대한 가설검정을 수행하면 된다. 이를 위해서 다음과 같이 프로그램을 수행할 수 있다.

```
> t.test(Data_fin$Ratio~Data_fin$Gender, var.equal=TRUE,
+                                        alternative="two.sided")

      Two Sample t-test

data:  Data_fin$Ratio by Data_fin$Gender
t = -1.0737, df = 62, p-value = 0.2871
alternative hypothesis: true difference in means between group F and
group M is not equal to 0
95 percent confidence interval:
 -0.020534402  0.006183589
sample estimates:
mean in group F mean in group M
       1.657100        1.664275
```

■■■ 결과분석 2 : 독립표본 모평균 차이 검정

Step 1 가설설정 : 다음과 같이 가설을 설정할 수 있다. 단, μ_1은 여학생의 평균 신체비이고 μ_2는 남학생의 평균 신체비이다.

$$\begin{cases} H_0 : \mu_1 = \mu_2 \text{ (여학생과 남학생의 평균 신체비는 동일하다.)} \\ H_1 : \mu_1 \neq \mu_2 \text{ (여학생과 남학생의 평균 신체비는 동일하지 않다.)} \end{cases}$$

Step 2 검정통계량 값과 유의확률의 계산 : 위 결과로부터 검정통계량 T값은 -1.0737이고 유의확률 값은 0.2871임을 알 수 있다.

Step 3 유의수준 α 결정 : 유의수준 α를 0.05로 하자.

Step 4 가설의 기각 여부 결정 : 유의확률이 α=0.05보다 크므로 귀무가설을 기각할 수 없다. 즉, 남학생과 여학생의 평균 신체비에는 통계적으로 유의한 차이가 있다고 할 수 없다. **sample estimates** : 값을 보면 **mean in group F**에 제시된 여학생 신체비의 표본평균은 1.657100이고 **mean in group M**에 제시된 남학생 신체비의 표본평균은 1.664275로 거의 차이가 없음을 알 수 있다.

10.3 대응표본인 경우 두 모집단 비교하기

10.2절에서는 두 모집단으로부터 추출된 표본이 서로 독립인 경우 두 모집단의 모평균이 동일하다고 할 수 있는지에 대한 검정 방법에 대하여 설명하였다. 그러나 두 모집단으로부터 추출된 표본이 서로 독립이 아닌 경우가 있으며 이러한 경우 독립표본 t-검정 방법을 사용할 수 없다. 이와 같이 추출된 두 표본이 서로 독립이 아닌 경우 대응표본(paired sample)이라고 하며 짝비교 검정방법(paired test)이 사용되는데 이 방법은 실험단위를 동질적인 쌍으로 묶은 다음 각 쌍을 임의로 추출하여 두 가지 처리(처리 1과 처리 2)를 적용시키고 각 쌍에 대해 두 관측값의 차이(difference)를 계산하여 모집단 차이의 모평균에 대한 추론을 하게 된다.

쌍	처리 1	처리 2	차이
1	X_1	Y_1	D_1
2	X_2	Y_2	D_2
⋮	⋮	⋮	⋮
n	X_n	Y_n	D_n

짝비교 검정방법을 설명하기 위해 정규분포를 따르는 모집단으로부터 다음과 같은 n개의 대응표본 $(X_1, Y_1), (X_2, Y_2), \cdots, (X_n, Y_n)$을 얻었다고 하자. 이로부터 각 쌍에서 얻은 관측값의 차이를 다음과 같이 구할 수 있다.

$$D_1 = X_1 - Y_1,\ D_2 = X_2 - Y_2,\ \cdots,\ D_n = X_n - Y_n$$

μ_d를 모집단의 차이 $D_i = X_i - Y_i\ (i = 1,2,\cdots N)$의 모평균이라고 할 때 차이가 없다는 것은 이 값이 0인지를 검정하는 것이므로 귀무가설은 $H_0 : \mu_d = 0$와 같이 설정할 수 있다. 따라서 이에 대한 검정의 문제는 10.1절에서 설명된 단일 모집단의 모평균에 대한 검정방법으로 고려할 수 있다. 귀무가설 $H_0 : \mu_d = 0$를 검정하기 위한 검정통계량은 다음과 같이 정의된다.

$$T = \frac{\overline{D} - \mu_d}{S_d / \sqrt{n}} \sim t_{n-1}$$

여기서, $\overline{D} = \frac{1}{n}\sum_{i=1}^{n} D_i$, $S_d^2 = \frac{1}{n-1}\sum_{i=1}^{n}(D_i - \overline{D})^2$이다. 물론, 검정통계량 T는 귀무가설이 사실이라는 가정하에서 자유도가 $(n-1)$인 t-분포를 하므로 10.1절에서 설명

한 것과 동일한 방법에 의해 가설 검정을 수행할 수 있다. 이와 같이 대응표본인 경우 두 모집단 차이에 대한 모평균 검정을 수행하기 위해서는 다음과 같은 형식으로 사용되는 **t.test( )** 함수를 사용한다.

t.test( )	> t.test(변수1, 변수2, paired=T, alternative= , conf.level=)

위의 일반 사용형식에서 옵션 **paired=**는 다음과 같은 의미로 사용된다. 다른 옵션을 사용하는 방법은 10.2절에서 설명된 독립표본 t-검정에서의 **t.test( )** 함수와 동일하므로 이를 참조하면 된다.

- **paired=** : 대응표본 t-검정을 할 것인지를 지정하기 위한 옵션으로 디폴트는 **FALSE**이므로 지정되지 않으면 독립표본 t-검정을 하게 되며, 대응표본 t-검정을 하기 위해서는 **T(TRUE)**를 지정해준다.

두 모집단으로부터 추출된 표본이 독립이 아니라 대응표본인 경우 모집단의 차이에 대한 모평균(μ_d)의 가설검정을 설명하기 위해 다음과 같은 예를 고려해보자. K 대학교의 교육상담연구소에서는 학생들의 감성지수를 높일 수 있는 새로운 프로그램을 개발하였다. 실제로 이 프로그램에 의해서 연수를 받은 학생들의 감성지수가 연수전보다 더 높아졌다고 할 수 있는지를 알아보기 위해 프로그램 연수 전과 연수후의 감성지수를 측정하였고, 이 프로그램 연수가 효과가 있다고 할 수 있는지를 검정해 보고자 한다.

64명의 학생들에 대해서 프로그램 연수전의 감성지수(EQ1)를 측정하고, 동일한 학생들에 대해서 프로그램 연수 후 감성지수(EQ2)를 측정하여 자료를 얻었다고 하자. 여기서 분석자는 "감성지수를 높이는 프로그램이 효과가 있는가? 즉, 프로그램 연수 후 학생들의 감성지수는 프로그램 연수전의 감성지수보다 더 높아졌다고 할 수 있는가?"에 관심을 가지게 된다. 그런데 프로그램 연수전의 감성지수(처리 1)와 프로그램 연수후의 감성지수(처리 2) 자료는 동일한 학생들을 대상으로 측정된 값이므로 두 표본은 서로 독립이 아니다. 즉, 이러한 경우가 대응표본인 경우로 앞에서 설명된 독립표본 t-검정 방법을 사용하여 가설검정을 할 수 없다. 이와 같이 두 표본이 서로 독립이 아닌 경우 짝비교 검정방법을 고려해야 한다.

Example 10.7

대응표본인 경우 모집단 차이에 대한 모평균 검정하기 데이터 프레임 Data_fin에서 프로그램 연수 전과 연수 후의 감성지수를 나타내는 두 변수 EQ1, EQ2를 사용하여 유의수준 5%에서 감성지수를 높이는 프로그램이 효과가 있다고 할 수 있는지 검정해보자.

- 데이터 프레임 : Data_fin
- 검정하고자 하는 변수 : EQ1, EQ2

- 가설의 종류 : 좌단측 검정
- 유의수준 : $\alpha = 0.05$

```
> t.test(Data_fin$EQ1, Data_fin$EQ2, paired=T, alternative="less")
      Paired t-test

data:  Data_fin$EQ1 and Data_fin$EQ2
t = -5.5911, df = 63, p-value = 2.597e-07
alternative hypothesis: true difference in means is less than 0
95 percent confidence interval:
     -Inf -1.622027
sample estimates:
mean of the differences
              -2.3125
```

■■■ 결과분석

모집단으로부터 추출된 표본이 독립이 아닌 경우 대응표본 t-검정을 수행하면 위와 같이 **Paired t-test** 결과를 얻을 수 있다. 이제 유의수준 5%에서 프로그램 연수 전후의 지능지수에 통계적으로 유의한 차이가 있는지에 대한 가설검정을 수행해 보자. 위 결과로부터 프로그램 연수 전후의 두 지능지수의 차(EQ1-EQ2)에 대한 평균 **sample estimate : mean difference** 값은 $\overline{D} = -2.3125$임을 알 수 있다. 더불어 위 결과를 이용하여 다음과 같이 가설검정을 할 수 있다.

Step 1 가설설정 : 다음과 같이 가설을 설정할 수 있다.

$$\begin{cases} H_0 : \mu_d = 0 \text{ (프로그램 연수 전후의 감성지수에 차이가 없다.)} \\ H_1 : \mu_d < 0 \text{ (프로그램 연수 후의 감성지수가 더 높다.)} \end{cases}$$

Step 2 검정통계량 값과 유의확률 : 위 결과로부터 검정통계량 값은 **t=-5.5911**이고, 유의확률은 0에 가까운 매우 작은 값임을 알 수 있다.

Step 3 유의수준 α 결정 : 유의수준 α를 0.05로 하자.

Step 4 가설의 기각 여부 결정 : 유의확률 값이 거의 0에 가까운 값으로 유의수준 α=0.05보다 작으므로 귀무가설을 기각한다. 즉, 개발된 프로그램 연수과정이 감성지수를 높이는 효과가 있다고 할 수 있다.

Chapter 11. 분산분석

10장에서는 두 모집단의 모평균에 차이가 있는지를 검정하기 위한 t-검정 분석방법에 대하여 설명하였는데, 실제로 여러 개의 모집단의 모평균에 차이가 있는지를 분석해야 하는 경우가 많이 있다. 따라서, 이 장에서는 세 개 이상의 모집단의 모평균에 차이가 있는지를 검정하기 위한 통계적 분석 방법인 분산분석(Analysis of Variance : ANOVA)에 대해서 살펴보고자 한다.

11.1 일원분산분석 수행하기

10.2절에서 두 정규모집단의 모평균에 차이가 있는지를 검정하기 위해서 추출된 표본이 독립인 경우 t-검정을 사용한 분석방법을 다루었는데, 이 장에서 설명하고자 하는 분산분석은 세 개 이상의 정규모집단의 모평균에 차이가 있는지를 검정하는 방법이다.

분산분석에서 사용되는 중요한 용어로 요인(factor)과 수준(level)이 있는데 이 두 용어의 개념을 먼저 이해해보도록 하자. 분산분석에서 관심 대상이 되는 변수인 반응변수에 영향을 미치는 변수를 요인이라 하고, 요인을 분류하는데 사용되는 여러 조건을 수준이라고 한다. 예를 들어 학년별로 평점에 차이가 있는지에 관심을 가진다고 하자. 이 때 반응 변수는 평점이 되며, 이 변수에 영향을 미치는 요인이 학년이 된다. 또한, 학년은 4개 수준(1학년, 2학년, 3학년, 4학년)으로 나누어지므로 수준의 수는 4가 된다.

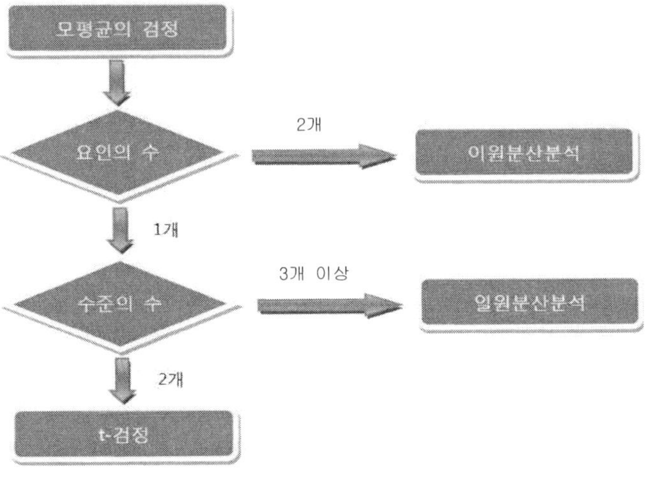

[그림 11.1] 모평균 차에 대한 검정

분산분석은 요인(factor)별 모평균에 차이가 있는지를 검정하는 방법으로 요인의 수가 1개인 일원분산분석(one-way ANOVA)과 요인의 수가 2개인 이원분산분석(two-way ANOVA)으로 구분할 수 있다. 앞에서 설명한 바와 같이 학생들의 평균 평점이 학년별로 차이가 있는지 분석하고자 한다면 요인은 학년이 되며, 요인 수가 1개이므로 일원분산분석을 수행하면 된다. 또한, 학생들의 평균 평점이 학년별, 성별에 따라 차이가 있는지를 분석하고자 한다면 요인(학년, 성별)의 수는 2개가 된다. 이러한 경우 이원분산분석 방법을 사용해서 분석하게 된다.
[그림 11.1]은 요인의 수와 수준의 수에 따라 어떠한 방법을 사용하여 모평균 차에 대한 검정을 수행해야 하는지를 도식화한 것이다.
일원분산분석은 요인의 수가 1개인 경우, 3개 이상의 수준으로 구분되는 정규모집단의 모평균에 차이가 있는지를 검정하기 위해서 사용되는 방법으로 검정하고자 하는 종속변수(반응변수)와 요인을 나타내는 변수(범주형)를 이용하여 요인별 모평균 사이에 통계적으로 유의한 차이가 있는지를 검정하는 방법이다. 분산분석에서 귀무가설은 다음과 같이 설정된다.

H_0 : p개 모집단의 모평균이 모두 동일하다. $(\mu_1 = \mu_2 = \cdots = \mu_p)$

분산분석을 수행한 결과 귀무가설이 기각된다는 것은 p개 모집단의 모평균 중에서 어느 한 집단의 모평균이라도 같지 않다는 것을 의미하는 것이므로 p개 모집단의 모평균 중 구체적으로 어느 모집단의 모평균 사이에 통계적으로 유의한 차이가 있는지를 알 수 없다. 따라서 이러한 결과를 얻기 위해서는 11.2절에서 설명하는 다중비교를 통한 사후분석을 수행하여야 한다. 일원분산분석을 수행하기 위해서는 다음과 같은 형식으로 사용되는 **oneway.test( )** 함수를 사용한다.

oneway.test( )	> oneway.test(반응변수 ~ 요인(그룹)변수, var.equal=)

위의 일반 사용형식에서 사용되는 옵션은 다음과 같은 의미로 사용된다.

- **반응변수** : 요인을 구성하는 수준에 따라 모평균에 차이가 있는지를 검정하고자 할 때 반응변수의 이름을 지정한다. 변수 이름은 **데이터프레임$변수**와 같이 지정한다.
- **요인(그룹)변수** : 요인(그룹)의 수준을 구분하는 요인(그룹)변수의 이름을 지정한다. 변수 이름은 **데이터프레임$변수**와 같이 지정한다.
- **var.equal=** : 요인을 구성하는 수준에 따라 모집단 분산이 동일하다면 **TRUE**라고 입력하고 동일하지 않다면 **FALSE**라고 입력한다. 디폴트는 **FALSE**이므로 이 옵션이 생략되면 모집단의 등분산 가정을 하지 않고 분석을 수행하게 된다.

이제 일원분산분석의 예를 들어보자. K 대학교의 교육상담연구소에서는 학년(1, 2, 3, 4학년)에 따라 학생들의 평균 평점에 차이가 있다고 할 수 있는지를 알아보기 위해서 학년별로 학생들의 평점을 조사하였다. 이 자료를 이용하여 학년별 평점의 평균에 차이가 있는지를 알아보기 위해서 일원분산분석을 수행할 수 있다. 분산분석을 위한 귀무가설은 $\mu_{1,}\ \mu_{2,}\ \mu_{3,}\ \mu_4$를 각각 1학년, 2학년, 3학년, 4학년 학생들의 평점의 모평균이라고 할 때 다음과 같이 설정된다.

H_0 : 학년에 따라 평점의 모평균에 차이가 없다.$(\mu_1 = \mu_2 = \mu_3 = \mu_4)$

여기서, 요인(그룹)을 나타내는 변수는 학년(AYear)으로 이 변수는 범주형 변수이며, 실제로 모평균의 차이를 검정하고자 하는 종속변수(반응변수)는 평점(GPA)으로 연속형 변수이다.

Example 11.1

등분산이 아닌 경우 셋 이상의 모집단에 대한 모평균 차이 분석하기 학년에 따라 평균 평점에 차이가 있다고 할 수 있는지를 유의수준 1%에서 검정해 보자. 여기서, 학년별 평점에 대한 모분산은 동일하지 않다고 가정하자. 일원분산분석에서 요인변수는 학년(AYear)으로 4개의 수준을 가지며, 모평균에 차이가 있는지를 검정하고자 하는 종속변수는 평점(GPA)이다.

```
> oneway.test(Data_fin$GPA~Data_fin$AYear)
        One-way analysis of means (not assuming equal variances)
data:  Data_fin$GPA and Data_fin$AYear
F = 17.888, num df = 3.000, denom df = 31.524, p-value = 5.802e-07
```

■■■ 결과분석

학년별 평점에 대한 모분산은 동일하지 않다는 가정하에 검정을 수행하기 위해 **var.equal=**이 생략되었다. 일원분산분석을 수행하면 **One-way analysis of means** 결과를 얻을 수 있는데 여기서 (**not assuming equal variances**)은 학년별 평점에 대한 모분산이 동일하다는 가정을 하지 않은 상태에서 분산분석을 실행한 결과임을 알려주고 있다. 이 검정에서 귀무가설은 다음과 같이 설정된다.

H_0 : 학년별로 평점의 평균에 차이가 없다$(\mu_1 = \mu_2 = \mu_3 = \mu_4)$.

위 결과를 보면 F-검정통계량 값은 **F=17.888**이고, 이 때의 유의확률 값은 0에 가까운 값을 가짐을 알 수 있다. 따라서, 유의확률 값이 유의수준 $\alpha = 0.01$보다 작으므로 귀무가설을 기각할만한 충분한 근거가 있다고 할 수 있다. 즉, 학생들의 평점의 모평균은 학년별로 통계적으로 유의한 차이가 있다고 결론지을 수 있다.

Example 11.1에서 학년별 평점에 대한 분산이 동일하다는 사실을 알고 있다면, 이를 반영하여 분산분석을 수행해야 한다. 이러한 경우 **oneway.test( )** 함수의 옵션에서 **var.equal=TRUE**를 추가해주면 된다.

Example 11.2

등분산인 경우 셋 이상의 모집단에 대한 모평균 차이 분석하기 1 학년별 평점에 대한 분산이 모두 동일하다는 가정 하에서(등분산) 학년에 따라 평균 평점에 차이가 있다고 할 수 있는지 유의수준 1%에서 검정해보자.

```
> oneway.test(Data_fin$GPA~Data_fin$AYear, var.equal=TRUE)

        One-way analysis of means

data:  Data_fin$GPA and Data_fin$AYear
F = 14.045, num df = 3, denom df = 60, p-value = 4.822e-07
```

■■■ 결과분석

위와 같이 학년별 평점의 모분산이 모두 동일하다고 가정한 상태에서 분산분석을 시행한 결과와 동일하지 않다는 가정을 한 상태에서 분산분석을 시행한 **Example 11.1**의 결과를 비교해보면 F 검정통계량 값이 **F=14.045**로 등분산을 가정한 경우 더 작은 값을 가짐을 알 수 있다. 또한, 자유도와 유의확률 값도 모두 달라졌다. 물론 모분산이 모두 동일하다고 가정한 경우의 분산분석 결과에서도 유의확률 값은 거의 0에 가까운 값을 가지고 있기 때문에 설정된 귀무가설은 등분산을 가정하지 않은 경우와 마찬가지로 기각된다. 따라서, 학생들의 평점의 평균은 학년에 따라 통계적으로 유의한 차이가 있다고 결론지을 수 있다. 물론 이 예에서는 두 가지 경우의 가설 검정 결과가 달라지지 않았지만, 실제로 등분산을 가정한 경우와 그렇지 않은 경우 검정 결과가 달라질 수도 있으므로 모집단 분산의 동일성 여부를 지정하는 것은 매우 중요한 문제이다.

이제까지는 **oneway.test( )** 함수를 이용하여 일원분산분석을 수행하는 방법에 대해서 살펴보았는데, 일원분산분석을 수행하기 위해 **aov( )** 함수를 사용할 수도 있다. 여기서 주의할 점은 **aov( )** 함수는 요인을 구성하는 수준의 모집단 분산이 동일하다는 가정 하에서 분석을 수행하게 된다는 점이다. 즉, 요인별 등분산성을 가정한 경우 **oneway.test( )** 함수와 **aov( )** 함수를 사용한 분산분석은 동일한 결과를 제공해준다.

aov( ) 함수는 다음과 같은 형식으로 사용되며, **aov( )** 함수의 결과를 A에 저장한 후 **summary( )** 함수를 이용하면 분산분석표를 얻을 수 있다. 여기서, 사용되는 **반응변수**와 **요인(그룹)변수**는 **oneway.test( )** 함수에서와 동일한 방법으로 지정하면 된다.

aov( )	> A = aov(반응변수 ~ 요인(그룹)변수) > summary(A)

Example 11.3

등분산인 경우 셋 이상의 모집단에 대한 모평균 차이 분석하기 2 학년별 평점에 대한 분산이 모두 동일하다는 가정 하에서 학년에 따라 평점의 평균에 차이가 있다고 할 수 있는지 **aov( )** 함수를 이용하여 검정해보자. 여기서는 **aov( )** 함수의 결과를 result에 저장하였고, 이를 **summary( )** 함수에 지정하여 분산분석표를 작성하였다.

```
> result = aov(Data_fin$GPA~Data_fin$AYear)
> summary(result)
                Df Sum Sq Mean Sq F value   Pr(>F)    
Data_fin$AYear   3  4.204  1.4013   14.04 4.82e-07 ***
Residuals       60  5.986  0.0998                     
---
Signif. codes:  0 '***' 0.001 '**' 0.01 '*' 0.05 '.' 0.1 ' ' 1
```

■■■ 결과분석

aov( ) 함수를 이용하여 분산분석을 실시하여 얻어진 결과를 이용하면 다음과 같이 분산분석표를 작성할 수 있다.

	Df	Sum Sq	Mean Sq	F value	Pr(>F)
Data_fin$AYear	3	4.204	1.4013	14.04	4.82e-07
Residuals	60	5.986	0.0998		
Total	63	10.19	1.5011		

이 결과를 살펴보면 검정통계량 값은 **F value**로 14.04이며, 유의확률 값은 **Pr(>F)**로 제시된다. 이 값은 등분산을 가정한 상태에서 **oneway.test( )** 함수를 이용한 **Example 11.2**의 결과와 동일함을 알 수 있다.

11.2 다중비교를 이용한 사후분석 수행하기

셋 이상의 모집단으로부터 추출된 독립표본을 이용하여 모집단 평균에 차이가 있는지 검정하기 위한 분산분석에서 귀무가설은 "$H_0 : p$개 모집단의 모평균이 모두 동일하다."와 같이 설정된다. 분산분석 수행 결과 귀무가설이 기각된다는 것은 p개 모집단의 모평균이 모두 다르다는 것을 의미하지 않는다. 즉, p개 모집단의 모평균 중 어느 한 집단의 모평균이라도 같지 않은 경우가 존재한다는 것으로 구체적으로 어느 모집단의 모평균 사이에 통계적으로 유의한 차이가 있는지를 알기 위해서는 2단계 분석을 수행해야 한다. 이러한 분석을 사후분석이라고 하며 사후분석은 다중비교(multiple comparison) 방법을 이용한다. 물론, 설정된 귀무가설이 통계적으로 유의하지 않는 경우, 즉 귀무가설이 기각되지 않는 경우에는 다중비교를 수행할 필요가 없다.

분산분석에서 사용되는 다중비교 방법에는 여러 가지가 있는데 최소유의차를 이용하여 분석하는 LSD 검정법, Tukey의 HSD 검정법, Duncan과 Scheffe, Dunnet의 방법 등이 있다. 이러한 다중비교 방법의 결과가 모두 동일하게 나타나는 것이 아니므로 이들 방법을 통해 얻어지는 결과를 종합하여 결론을 내리는 것이 좋으며, 일반적으로 LSD와 Duncan의 방법은 민감하고, Scheffe의 방법은 이보다 둔감하다고 알려져 있다. Tukey가 제안한 HSD 검정법은 표준화범위 분포를 이용하여 모든 가능한 두 수준의 평균 사이의 차에 대해서 검정이 가능하도록 한 방법으로 다른 방법에 비해 검정력이 우수하다고 알려져 있다.

11.1절에서 학년별로 평점의 모평균에 차이가 있는지를 알아보기 위해서 분산분석을 수행하였는데, 그 결과 학생들의 평점의 모평균은 학년에 따라 통계적으로 유의한 차이가 있다고 결론지을 수 있었다. 따라서 어느 학년 사이의 평점의 모평균에 차이가 있는지 알아보기 위해 다중비교를 통한 사후분석을 수행해보자. 여기서는 여러 가지 사후분석을 위한 다중비교 방법 중에서 Tukey가 제안한 HSD 검정법을 사용하여 분석하는 방법을 설명하고자 한다. Tukey가 제안한 HSD 검정법을 사용하여 사후분석을 하기 위해서 **TukeyHSD( )** 함수를 사용할 수 있으며, 이를 위해서는 11.1절에서 설명된 **aov( )** 함수를 이용하여 분산분석을 수행한 다음 이 결과를 저장하고, 이를 **TukeyHSD( )** 함수에 지정하면 된다.

Example 11.4

다중비교를 통한 사후분석하기 어느 학년 사이에 평점의 모평균에 통계적으로 유의한 차이가 있다고 할 수 있는지를 Tukey의 HSD 검정 방법으로 분석하고, 이들 사이의 관계를 그래프로 작성해보자. 이를 위해서 학년별 평점의 모평균에 차이가 있는지를 **aov( )** 함수를 이용하여 분산분석하고 이 결과를 result에 지정한 후 result에 대한 다중비교분석으로 위해 **TukeyHSD( )** 함수를 사용하였다.

```
> result = aov(Data_fin$GPA~Data_fin$AYear)
> TukeyHSD(result)
  Tukey multiple comparisons of means
    95% family-wise confidence level

Fit: aov(formula = Data_fin$GPA ~ Data_fin$AYear)

$`Data_fin$AYear`
       diff         lwr       upr     p adj
2-1 0.26875 -0.02635412 0.5638541 0.0867107
3-1 0.45625  0.16114588 0.7513541 0.0007472
4-1 0.70000  0.40489588 0.9951041 0.0000003
3-2 0.18750 -0.10760412 0.4826041 0.3436494
4-2 0.43125  0.13614588 0.7263541 0.0015499
4-3 0.24375 -0.05135412 0.5388541 0.1398125
```

■■■ 결과분석

Example 11.3의 결과에서 F-검정통계량 값은 14.04이고, 이때의 유의확률 값은 0에 가까운 값으로 유의수준 1%에서 학생들의 평균 평점은 학년에 따라 통계적으로 유의한 차이가 있다고 결론지을 수 있었으며, 이러한 경우에는 사후분석을 통해 어느 학년 사이 평점의 모평균에 차이가 있는지를 살펴볼 필요가 있다.
다중비교 분석 결과에서 **diff**는 두 학년 사이의 평점 평균의 차이를 나타내며, **lwr**과 **upr**은 각각 차이에 대한 신뢰구간의 하한 및 상한 값을 제공해준다. 여기서는 신뢰수준이 지정되지 않았으므로 95% 신뢰구간이 제시되었다. 두 학년 사이의 평점 평균에 유의한 차이가 있는지를 검정하기 위해서는 마지막 열에 제시된 유의확률 **p adj** 값을 분석하면 된다. 이로부터 유의수준 1%에서 검정하기 위해 이 값이 0.01보다 작은 경우를 살펴보면 (1학년-3학년), (1학년-4학년)과 (2학년-4학년)의 **p adj** 값이 0.01보다 작음을 알 수 있다. 즉 이들의 평균 평점에는 통계적으로 유의한 차이가 있다고 할 수 있으며, (1학년-2학년), (2학년-3학년)과 (3학년-4학년)의 평균 평점에는 통계적으로 유의한 차이가 있다고 할 수 없다.

다중비교 결과를 시각적으로 파악하기 위한 그래프를 작성하기 위해서는 다음 예제에서 설명되는 것과 같이 다중비교 분석결과를 **plot( )** 함수에 지정하면 된다.

Example 11.5

다중비교 결과를 시각적으로 표현하기 학년별 평점의 모평균의 차이에 대한 다중비교 결과를 시각적으로 파악하기 위한 그래프를 작성해보자.

```
> plot(TukeyHSD(result))
```

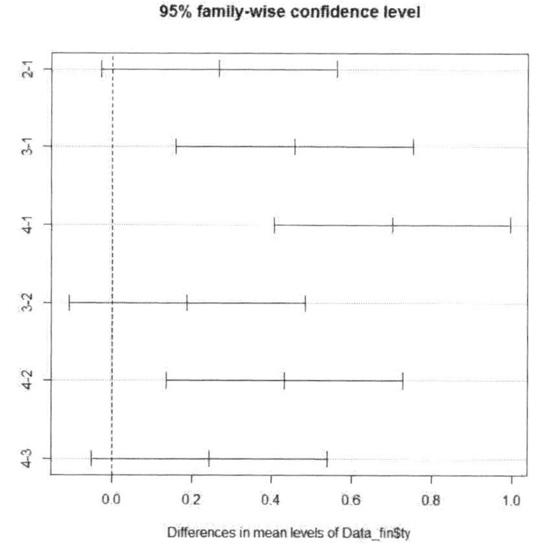

Chapter 12. 범주형 자료분석

8장에서 설명되었던 자료의 유형 중에서 범주형 자료인 경우에는 이제까지 설명된 t-검정, 분산분석 또는 회귀분석과 같은 수치형 자료에 대한 분석방법을 사용할 수 없다. 이러한 범주형 자료를 분석하기 위한 통계적 방법으로 적합도 검정(goodness-of-fit test), 독립성 검정(test of independence), 동질성 검정(test of homogeniety)이 사용된다.

적합도 검정은 측정된 결과가 가정된 확률모형에 적합한지 또는 어떤 특정한 확률분포로부터 얻어진 것인지를 분석하는 방법이며, 독립성 검정은 어떤 한 속성이 다른 한 속성과 관련성이 있는지를 분석하는 방법이다. 그리고 동질성 검정은 몇 개의 모집단이 분석하고자 하는 문제의 특성에 대하여 동일한 성질을 가지고 있는지를 판단하는 방법이다. 이 장에서는 범주형 자료를 분석하기 위한 3가지 방법에 대해서 자세히 살펴보고자 한다.

12.1 적합도 검정하기

실험 또는 관측 결과와 이론적인 기대값의 일치정도를 적합도(goodness of fit)라고 하며, 통계적 실험이나 자연현상으로부터 관찰되는 실제 도수들이 우리가 가정한 확률분포에 얼마나 일치하는지 검정하는 방법을 적합도 검정이라 한다.
각 범주의 실제 관측값을 관측도수(observed frequency)라 하고 귀무가설이 사실인 경우에 기대되는 값을 기대도수(expected frequency)라 하면, 크기가 n인 표본을 k개의 범주로 나눌 때 각 범주의 관측도수와 기대도수는 다음과 같이 표현된다.

[표 12.1] 각 범주별 관측도수와 기대도수

범주	관측도수	기대도수
1	O_1	E_1
2	O_2	E_2
⋮	⋮	⋮
k	O_k	E_k
전체	n	n

적합도 검정을 위한 귀무가설은 다음과 같이 나타낼 수 있다.

H_0: 관측도수는 가정한 확률분포(기대확률)를 따른다.

관측도수와 기대도수가 얼마나 일치하는지를 알아보기 위해서는 관측도수와 기대도수의 차이가 통계적으로 유의한지를 판단하기 위한 기준이 필요하며, 이 때 다음과 같은 χ^2 검정통계량을 이용하게 된다.

$$\chi^2 = \sum_{i=1}^{k} \frac{(O_i - E_i)^2}{E_i}, \quad i = 1, 2, \cdots, k$$

여기서, O_i는 i번째 범주의 관측도수이고, E_i는 i번째 범주의 기대도수이며, k는 범주의 수를 나타낸다. 이와 같이 정의된 χ^2-통계량은 귀무가설 H_0가 참일 때 표본의 크기가 충분히 크면 근사적으로 자유도가 $(k-1)$인 χ^2-분포를 따른다.

범주형 변수의 적합도 검정을 위해서 카이제곱 검정이 사용되며, 이를 위한 검정통계량 값과 유의확률 값은 다음과 같은 형식으로 사용되는 **chisq.test( )** 함수를 실행하여 얻을 수 있다.

chisq.test( ) **> chisq.test(x= , p= , rescale.p=)**

위의 일반 사용형식에서 사용되는 옵션은 다음과 같은 의미로 사용된다.

- **x= :** 적합도 검정을 하고자 하는 관측도수 벡터의 이름을 지정한다.
- **p= :** 가정한 확률분포의 셀 별 기대확률 벡터의 이름을 지정한다.
- **rescale.p= :** 지정된 기대확률의 합이 1이 되도록 할 것인지를 지정하는 옵션으로 **TRUE**로 입력하면 기대확률의 값이 1이 되도록 보정해주므로 적합도 검정을 위해서는 반드시 이 옵션에서 **TRUE**를 지정해 주어야 한다.

적합도 검정의 예를 살펴보자. K 대학교에서는 학생들의 학점 비율이 A학점 25%, B학점 50%, C학점 25%가 되도록 권장하고 있다고 한다. 실제로 학생들의 학점이 이와 같은 분포를 보이고 있는지 알아보자. 이를 위해서 적합도 검정을 수행할 수 있다.

Example 12.1

적합도 검정하기 데이터 프레임 Data_fin을 사용하여 학생들의 학점을 나타내는 GPA1를 이용하여 학점별 도수를 구한 다음 이들의 비율이 기대확률 (0.25, 0.5, 0.25)과 같은지 유의수준 5%에서 검정해보자.

> *table(Data_fin$GPA1)*

```
 A  B  C 
10 48  6 
```

table( ) 함수를 이용하여 학점별 도수를 구한 결과 A학점은 10명, B학점은 48명, C학점은 6명으로 나타났다. 따라서, 이 관측도수 값이 기대확률과 어느 정도 일치한다고 할 수 있는지 적합도 검정을 통해 분석할 수 있다.

```
> f_Grade = c(10, 48, 6)
> p_Grade = c(0.25, 0.5, 0.25)
> chisq.test(x=f_Grade, p=p_Grade, rescale.p=TRUE)

      Chi-squared test for given probabilities

data:  f_Grade
X-squared = 16.5, df = 2, p-value = 0.0002613

> prop.table(f_Grade)
[1] 0.15625 0.75000 0.09375
```

■■■ **결과분석**

먼저 학점별 관측도수를 나타내는 수치형 벡터를 f_Grade로 저장하였고, 기대확률 벡터를 p_Grade로 저장한 다음 이를 **chisq.test( )** 함수에 지정하여 실행시키면 **Chi-squared test for given probabilities** 결과가 제공된다. 이를 보면 카이제곱 검정통계량 값은 **X-squared=16.5**로 제시되어 있고, 이와 더불어 유의확률 값을 나타내는 **p-value=0.0002613**와 같다. 이 결과를 이용하여 다음과 같이 가설검정을 수행할 수 있다.

Step 1 가설설정 : 다음과 같이 가설을 설정할 수 있다.

$$\begin{cases} H_0 : \text{학점의 비율이 } A=25\%,\ B=50\%,\ C=25\%\text{이다.} \\ H_1 : \text{적어도 하나의 학점 비율은 일치하지 않는다.} \end{cases}$$

Step 2 검정통계량 값과 유의확률의 계산 : 위 결과로부터 카이제곱 검정통계량 값은 16.5이고, 유의확률의 값은 0.0002613임을 알 수 있다.

Step 3 유의수준 α 결정 : 유의수준 α를 0.05로 하자.

Step 4 가설의 기각 여부 결정 : 유의확률 값이 0.0002613으로 유의수준보다 작으므로 귀무가설을 기각할 수 있다. 즉, 학점의 비율이 학교에서 권장한 바와 같이 A학점 25%, B학점 50%, C학점 25%의 비율을 가진다고 할 수 없다.

실제로 **prop.table( )** 함수를 이용하여 학점의 비율을 계산해 본 결과 A학점은 16%, B학점은 75%, C학점은 9%로 귀무가설에서 가정한 학점의 비율(기대확률)과 다르다는 것을 알 수 있다.

12.2 독립성 검정하기

1) 원 자료를 사용해서 독립성 검정하기

독립성 검정은 하나의 모집단으로부터 확률표본을 추출한 후 이 표본을 두 개 범주로 분류하였을 때 두 범주형 변수 사이에 어떠한 연관관계가 있는지를 검정하는 방법으로 귀무가설은 다음과 같이 설정된다.

H_0 : 두 범주형 변수의 특성들이 서로 독립(independent)이다.

즉, 두 범주형 변수의 특성 사이에 연관관계가 없다는 것이다. 이러한 귀무가설을 검정하기 위한 검정통계량은 다음과 같이 정의되며, 자유도가 $(k-1)\times(l-1)$인 χ^2 분포를 따르게 된다.

$$\chi^2 = \sum_{i=1}^{k}\sum_{j=1}^{l}\frac{(O_{ij}-E_{ij})^2}{E_{ij}},\ \ i=1,2,\cdots,k,\ \ j=1,2,\cdots,l$$

여기서, O_{ij}는 i행 j열의 관측도수를 나타내며, E_{ij}는 귀무가설이 참이라는 가정 하에서의 i행 j열의 기대도수를 나타낸다. k와 l은 각각 행의 수와 열의 수를 나타낸다.

[표 12.2] 교차표

행변수 \ 열변수		B				전체
		B_1	B_2	$\cdots$	B_l	
A	A_1	O_{11}	O_{12}	$\cdots$	O_{1l}	$n_{1\cdot}$
	A_2	O_{21}	O_{22}	$\cdots$	O_{2l}	$n_{2\cdot}$
	$\vdots$	$\vdots$	$\vdots$	$\cdots$	$\vdots$	$\vdots$
	A_k	O_{k1}	O_{k2}	$\cdots$	O_{kl}	$n_{k\cdot}$
전체		$n_{\cdot 1}$	$n_{\cdot 2}$	$\cdots$	$n_{\cdot l}$	n

[표 12.2]의 교차표에서 정의된 것과 같이 관측도수가 주어질 때 귀무가설이 참이라는 가정 하에서의 i행 j열의 기대도수 E_{ij}는 다음과 같이 구해진다.

$$E_{ij} = n\left(\frac{n_{i\cdot}}{n}\right)\left(\frac{n_{\cdot j}}{n}\right)$$

위에서 정의된 χ^2-검정통계량에서 사용된 기호의 의미를 **[표 12.2]**의 교차표와 함께 살펴보면 좀 더 쉽게 이해할 수 있을 것이다.

두 범주형 변수의 독립성 검정을 위해서 카이제곱 검정이 사용되며, 이를 위한 검정통계량 값과 유의확률 값은 다음과 같은 형식으로 사용되는 **chisq.test( )** 함수를 이용하여 구할 수 있다.

chisq.test( )	> chisq.test(범주형 변수 1, 범주형 변수 2)

위의 일반 사용형식에서 사용되는 옵션은 다음과 같은 의미로 사용된다.

- **범주형 변수1** : 독립성 검정을 하고자 하는 행 변수의 이름을 지정한다.
- **범주형 변수2** : 독립성 검정을 하고자 하는 열 변수의 이름을 지정한다.

이제 독립성 검정의 예를 살펴보자. K 대학교에서는 학년 등급(저학년, 고학년)에 따라 학점(GPA1)에 차이가 있는지 알아보기 위해 전체 학생들 중에서 64명의 학생을 추출한 다음 이들을 학년 등급과 학점에 따라 분류하여 이들 사이의 관계를 분석하고자 한다. 여기서, 학년 등급은 저학년(1,2학년)이면 "L", 고학년(3,4학년)이면 "H"로 지정하였으며 귀무가설은 다음과 같이 설정된다.

H_0 : 학년 등급과 학점은 서로 독립이다.
(학년 등급에 따라 학점에 차이가 없다.)

Example 12.2

원 자료를 사용해서 두 범주형 범수에 대한 독립성 검정하기 데이터 프레임 Data_fin을 사용하여 저학년과 고학년으로 학년 등급을 구분하는 변수(AYear1)를 생성하고, 학년 등급(AYear1)에 따라 학점(GPA1)에 차이가 있는지 유의수준 5%에서 검정해 보자.

- 데이터 프레임 : Data_fin
- 분석을 위한 범주형 변수 : AYear_1(학년 등급), GPA1(학점)
- AYear_1 변수의 구성 : 저학년(1,2학년)이면 "L", 고학년(3,4학년)이면 "H"
- GPA1 변수의 구성 : A, B, C, D, F
- 유의수준 : 0.05

이를 위해서 먼저 학년 등급을 구분하는 새로운 변수 AYear1을 생성해보자. 조건에 따라 변수를 생성하는 방법을 사용해야 하므로 6.3절에서 설명된 **ifelse( )** 함수를 사용하면 된다. 다음으로 학년 등급과 학점에 따른 교차표를 **table( )** 함수를 이용하여 작성한 결과가 다음과 같다.

```
> Data_fin$AYear1 = ifelse(Data_fin$AYear >= 3, "H", "L")
> table(Data_fin$AYear1, Data_fin$GPA1)
   A  B C
 H 8 24 0
 L 2 24 6
```

이 교차표에는 도수(관측도수)가 표시되어 있는데 백분율을 구하기 위해서 **prop.table( )** 함수를 사용하였고 행별 백분율을 구하기 위해 **1**의 값을 지정하였다. **table( )** 함수와 **prop.table( )** 함수의 사용방법에 대해서는 8.1절에서 설명된 범주형 자료 요약방법을 참조하기 바란다.

```
> prop.table(table(Data_fin$AYear1, Data_fin$GPA1), 1)
        A      B      C
 H 0.2500 0.7500 0.0000
 L 0.0625 0.7500 0.1875
```

이제 두 범주형 변수 학년 등급과 학점의 독립성 여부 즉, 학년 등급에 따라 학점에 차이가 있는지를 분석하기 위해 카이제곱 검정을 수행해보자.

```
> chisq.test(Data_fin$AYear1, Data_fin$GPA1)
        Pearson's Chi-squared test
data:  Data_fin$AYear1 and Data_fin$GPA1
X-squared = 9.6, df = 2, p-value = 0.00823
```

■■■ **결과분석**

chisq.test( ) 함수를 이용하여 검정을 실행시키면 **Pearson's Chi-squared test** 결과가 제공된다. 이 결과를 이용하여 다음과 같이 가설검정을 수행할 수 있다.

Step 1 가설설정 : 다음과 같이 가설을 설정할 수 있다.

$$\begin{cases} H_0 : \text{학년 등급(저학년, 고학년)과 학점은 서로 독립이다.} \\ H_1 : \text{학년 등급(저학년, 고학년)과 학점은 독립이 아니다.} \end{cases}$$

Step 2 검정통계량 값과 유의확률의 계산 : 위 결과로부터 카이제곱 검정통계량 값은 **X-squared=9.6**이고, 유의확률의 값은 **p-value=0.00823**임을 알 수 있다.

Step 3 유의수준 α 결정 : 유의수준 α를 0.05로 하자.

Step 4 가설의 기각 여부 결정 : 유의확률 값이 0.00823으로 유의수준 α=0.05보다 작으므로 학년 등급(저학년과 고학년)과 학점이 서로 독립이라는 귀무가설을 기각할 수 있다. 즉, 학년 등급(저학년과 고학년)에 따라 학점에는 통계적으로 유의한 차이가 있다고 결론지을 수 있다.

실제로 **prop.table( )** 함수를 이용한 교차표의 행별 백분율 결과를 보더라도 고학년(3,4학년)의 A학점 비율은 25%로 저학년(1,2학년)의 A학점의 비율인 6.25%보다 훨씬 더 높게 나타나고 있음을 알 수 있다.

---

2) 교차표를 사용해서 독립성 검정하기

이제까지는 두 범주형 변수에 대한 독립성 검정을 할 때 원 자료를 가지고 분석하는 방법에 대하여 살펴보았는데 이와는 다르게 원 자료는 없는 상태에서 두 범주형 변수에 대해서 작성된 교차표만 가지고 있는 경우가 있을 수 있다. 여기서는 이러한 경우에 독립성 검정을 수행하는 방법에 대해서 설명하고자 한다. 즉, **Example 12.2**에서 독립성 검정을 하고자 하는 두 변수 AYear1과 GPA1에 대한 원 자료는 가지고 있지 않지만 다음과 같은 교차표를 가지고 있다고 하자.

구분		GPA1(학점)		
		A	B	C
AYear_1 (학년 등급)	H(3, 4학년)	8	24	0
	L(1, 2학년)	2	24	6

이러한 교차표를 사용해서 독립성 검정을 수행하기 위해서 **chisq.test( )** 함수가 사용되는데 이 경우에는 교차표를 먼저 행렬로 변환하여 저장한 다음 이를 지정하면 된다. 교차표를 사용하여 독립성 검정을 수행하기 위한 **chisq.test( )** 함수의 일반형식은 다음과 같다.

chisq.test( )	> chisq.test(행렬 이름)

위의 일반 사용형식에서 사용되는 옵션은 다음과 같은 의미로 사용된다.

- **행렬이름** : 두 범주형 변수에 대하여 작성된 교차표의 값을 저장한 행렬의 이름을 지정한다.

Example 12.3

교차표를 이용하여 두 범주형 범수에 대한 독립성 검정하기 학년 등급(AYear1)과 학점(GPA1)에 대해서 원 자료는 가지고 있지 않고 교차표만 있는 경우에 이를 이용하여 유의수준 5%에서 독립성 검정을 수행해 보자.

이를 위해서는 먼저 교차표에 제시되어 있는 셀별 도수 자료를 다음과 같이 크기가 2×3인 행렬로 생성하여 저장한 다음 이를 **chisq.test( )** 함수에 지정하면 된다. 직접 값을 입력하여 행렬을 생성하기 위한 **matrix( )** 함수는 5.3절에 자세히 설명되어 있으므로 이를 참조하기 바란다.

```
> AY_Grade = matrix(c(8, 2, 24, 24, 0, 6), nrow=2, ncol=3)
> AY_Grade
     [,1] [,2] [,3]
[1,]    8   24    0
[2,]    2   24    6
> chisq.test(AY_Grade)

        Pearson's Chi-squared test

data:  AY_Grade
X-squared = 9.6, df = 2, p-value = 0.00823
```

교차표에 제시된 셀별 도수를 행렬로 변환시키기 위해 값을 입력하는 순서는 상관없지만 다음과 같이 학년 등급의 도수를 먼저 입력하는 경우에는 행렬의 값을 입력하는 순서를 행순서로 바꾸어 주어야 하므로 **byrow=TRUE**을 지정하면 된다. 즉, 다음과 같이 행렬을 생성하여 실행해도 동일한 결과를 얻을 수 있다.

```
> AY_Grade1 = matrix(c(8, 24, 0, 2, 24, 6), nrow=2, ncol=3, byrow=TRUE)
> AY_Grade1
     [,1] [,2] [,3]
[1,]    8   24    0
[2,]    2   24    6
> chisq.test(AY_Grade1)
```

■■■ 결과분석

교차표의 자료를 **matrix( )** 함수를 이용하여 행렬 AY_Grade로 지정한 다음 이를 **chisq.test( )** 함수에 지정하면 독립성 검정을 위한 카이제곱 검정 결과를 얻을 수 있다. 이 결과는 원자료를 이용한 독립성 검정방법을 다룬 **Example 12.2**와 동일한 자료에 대한 결과로 앞에서 설명된 결과분석을 참고하면 된다.

12.3 동질성 검정하기

동질성 검정은 어떤 특성에 대한 자료의 분포가 동질적인지를 검정하는 것으로 독립성 검정과 거의 유사한 방법이나, 동질 성검정과 독립성 검정의 차이점은 자료를 얻는 방법이 다르다는 것이다.

독립성 검정은 전체 도수의 합 n을 고정시킨 상태에서 두 특성을 나타내는 변수를 고려하여 두 변수 사이의 연관성을 분석하는 방법인 반면에, 동질성 검정은 전체 자료를 검정하려는 특성에 따라 먼저 분류한 후 각 범주별로 정해진 수만큼의 자료를 조사하여 각 범주별로 비율이 동일한지를 검정하는 것이다. 동질성 검정을 위해서 카이제곱 검정이 사용되며, 이를 위한 검정통계량 값과 유의확률 값은 독립성 검정과 마찬가지로 **chisq.test( )** 함수를 사용하여 얻을 수 있다. 이 함수에 대한 사용 형식은 독립성 검정과 동일하므로 여기서는 생략하였다.

이제 동질성 검정의 예를 들어보자. 12.2절에서 설명된 독립성 검정의 예와 비교하므로 두 검정방법의 차이점을 이해하는 것이 매우 중요하다.

K 대학교에서는 학년 등급에 따라 학점(GPA1)에 차이가 있는지 알아보기 위해 전체 학생들을 먼저 2개의 학년등급으로 분류한 다음 1,2학년(학년 등급 L) 중에서 32명을 추출하고, 3,4학년(학년 등급 H) 중에서 32명을 각각 추출하여 이들의 학점을 조사하였다. 이 때 각 학년 등급별로 학점의 비율이 동일하지 분석해보자.

Example 12.4

두 범주형 변수에 대한 동질성 검정하기 데이터 프레임 Data_fin을 사용하여 저학년과 고학년으로 학년 등급을 구분하는 변수(AYear1)를 생성하고, 학년 등급에 따라 학점(GPA1)의 비율이 동일하다고 할 수 있는지 유의수준 5%에서 검정해 보자.

Example 12.2와 마찬가지 방법으로 학년 등급을 구분하는 새로운 변수 AYear1을 생성한 다음 학년 등급에 따라 학점의 비율이 동일하다고 할 수 있는지 분석하기 위해 카이제곱 검정을 시행하면 된다.

```
> Data_fin$AYear1 = ifelse(Data_fin$AYear >= 3, "H", "L")
```

> *chisq.test(Data_fin$AYear1, Data_fin$GPA1)*

```
      Pearson's Chi-squared test

data:  Data_fin$AYear1 and Data_fin$GPA1
X-squared = 9.6, df = 2, p-value = 0.00823
```

> *prop.table(table(Data_fin$AYear1, Data_fin$GPA1), 1)*

```
       A      B      C
  H 0.2500 0.7500 0.0000
  L 0.0625 0.7500 0.1875
```

■■■ 결과분석

chisq.test( ) 함수를 이용하여 검정을 실행시키면 **Pearson's Chi-squared test** 결과가 제공되는데 이는 독립성 검정을 시행한 **Example 12.2**의 결과와 동일하다. 이 결과를 이용하여 동질성 검정을 다음과 같이 할 수 있다.

Step 1 가설설정 : 다음과 같이 귀무가설을 설정할 수 있다.

$$\begin{cases} H_0 : \text{학년등급(저학년, 고학년)별 학점의 비율이 모두 동일하다.} \\ H_1 : \text{학년등급(저학년, 고학년)별 학점의 비율이 적어도 하나는 동일하지 않다.} \end{cases}$$

Step 2 검정통계량 값과 유의확률의 계산 : 위 결과로부터 카이제곱 검정통계량 값은 9.6이고, 유의확률의 값은 0.00823임을 알 수 있다.

Step 3 유의수준 α 결정 : 유의수준 α를 0.05로 하자.

Step 4 가설의 기각 여부 결정 : 유의확률 값이 0.00823으로 유의수준 α=0.05보다 작으므로 학년 등급(저학년과 고학년)별 학점의 비율이 모두 동일하다는 귀무가설을 기각할 수 있다. 즉, 학년 등급(저학년과 고학년)에 따라 학점의 비율에 통계적으로 유의한 차이가 있다고 결론지을 수 있다.

실제로 **prop.table( )** 함수를 이용한 교차표의 행별 백분율 결과를 보면 B학점 비율은 저학년과 고학년 모두 75%로 동일하게 나타나고 있지만 고학년(H:3,4학년)의 A학점 비율은 25%로 저학년(L:1,2학년)의 A학점의 비율인 6.25%보다 훨씬 더 높게 나타나고 있다. 또한 저학년은 18.75%가 C학점을 받은 것으로 나타났지만 고학년의 경우 C학점을 받은 학생이 한명도 없음을 알 수 있다.

Chapter 13. 상관분석

두 연속형 변수 사이에 선형적인 관계가 존재하는지, 또한 존재한다면 어느 정도 강한 선형관계가 존재하는지를 파악하기 위한 통계적 분석방법을 상관분석(correlation analysis)이라고 한다. 두 변수 사이에 상관관계가 있는지를 알아보기 위해서 우선적으로 고려해야 하는 문제는 두 변수의 산점도(scatter plot)를 작성하는 것이다. 즉, 두 변수의 대응되는 자료들을 좌표평면에 점으로 표시하여 두 변수간의 관계를 대략적으로 파악하는 것이다. 그러나 산점도는 두 변수 사이에 존재하는 상관관계를 대략적으로만 분석할 수 있으므로 실제 자료를 이용하여 계산되는 상관계수(correlation coefficient) 값을 고려하여 상관관계를 분석한다.

13.1 산점도 작성하기

산점도는 두 변수의 대응되는 자료들을 좌표평면에 점으로 표시하는 것으로 이를 이용하면 두 변수간의 선형적인 관계를 대략적으로 파악할 수 있다. 두 변수 X와 Y의 산점도는 **[그림 13.1]**과 같은 형태로 나타나게 된다. 산점도가 (a)와 같은 형태로 나타나는 경우는 한 변수의 값이 증가하면 다른 변수의 값도 증가하는 경향 즉, 양의 상관(positive correlated)이 있는 것으로 판단할 수 있으며, (b)와 같은 형태를 보인다면 한 변수의 값이 증가하면 다른 변수의 값은 감소하는 경향 즉, 음의 상관(negative correlated)이 있는 것이다. 그리고, (c)와 같은 산점도가 작성되면 두 변수 사이에는 선형관계가 없음 즉, 무상관(uncorrelated)을 나타낸다고 할 수 있다. 여기서, 무상관이라는 것은 두 변수 사이에 선형적인 관계를 찾아볼 수 없다는 것을 의미하는 것으로 두 변수 사이에 아무러 관계가 없다고 판단할 수는 없다.

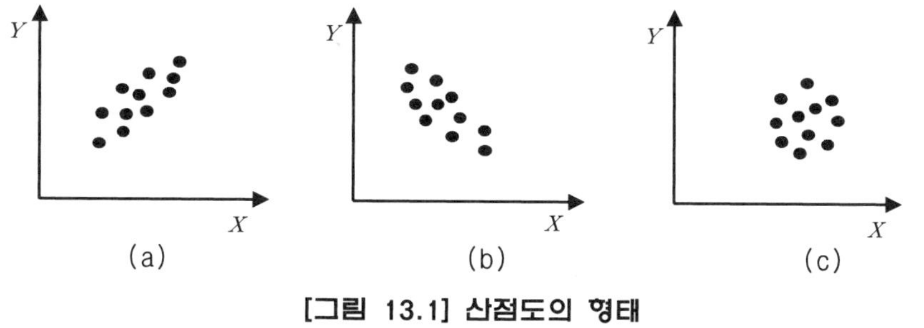

[그림 13.1] 산점도의 형태

두 변수의 산점도를 작성해보면 두 변수 사이에 선형관계가 존재하는지의 여부를 알 수 있으며, 선형관계가 존재하는 경우 어떠한 관계인지를 판단할 수 있다. 그러나 이러한 선형관계는 그래프로 표현되기 때문에 대략적으로만 분석할 수 있는 단점이 있다. 따라서 두 변수 사이에 존재하는 선형관계의 정도를 좀 더 자세하게 분석하기 위한 측도로 상관계수가 사용된다. 두 변수에 대한 산점도를 작성하기 위해서는 다음과 같은 형식으로 사용되는 **plot( )** 함수를 이용한다.

plot( ) > plot(x축 변수, y축 변수, main= , xlab= , ylab=)

위의 일반 사용형식에서 사용되는 옵션은 다음과 같은 의미로 사용된다.

- **x축 변수, y축 변수** : 산점도를 작성할 때 x축과 y축에 지정될 변수의 이름을 지정한다.
- **main=** : 산점도의 제목을 " "에 지정한다.
- **xlab=, ylab=** : x축과 y축에 축 제목을 표시하고자 할 때 이를 " "에 지정한다.

Example 13.1

산점도 작성하기 키(Height)와 몸무게(Weight) 사이에 선형관계가 존재하는지 알아보기 위한 산점도를 작성하고 산점도의 제목과 축 제목을 다음과 같이 나타나도록 작성해 보자.

- 산점도 제목 : Scatter plot of Height vs. Weight
- x축 제목 : Height
- y축 제목 : Weight

```
> plot(Data_fin$Height, Data_fin$Weight,
+       main="Scatter plot of Height vs. Weight", xlab="Height", ylab="Weight")
```

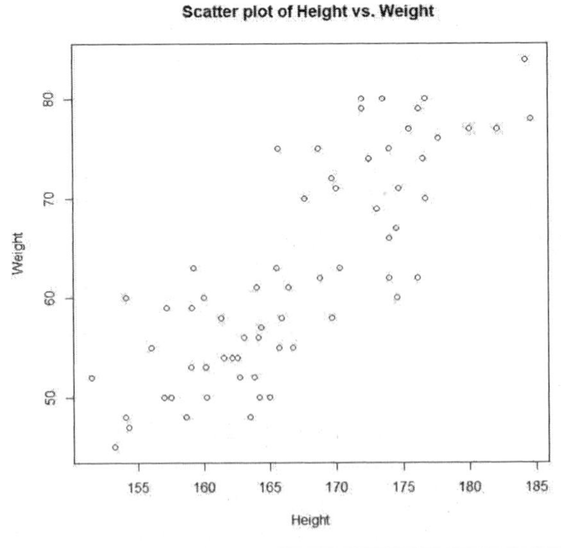

plot( ) 함수를 이용하여 산점도를 작성한 후 작성된 산점도에 격자선을 표시하기 위해 **grid( ) 함수**가 사용되는데, 이 함수를 이용하면 작성된 산점도에 다양한 방법으로 격자선을 표시하는 방법을 지정할 수 있다. 다음은 **grid( )** 함수의 일반적인 사용형식이다.

grid( )	> grid(nx=, ny= , col=)

위의 일반 사용형식에서 사용되는 옵션은 다음과 같은 의미로 사용된다.

- **nx=, ny=** : 산점도에 표시할 x축(가로)과 y축(세로)의 격자선의 갯수를 지정한다. 격자선을 표시하지 않기 위해서는 **NA**를 지정한다. 이 옵션이 지정되지 않으면 x축과 y축에 표시되는 자료 값에 격자선이 표시된다.
- **col=** : 격자선의 색상을 " "에 지정한다.

Example 13.2

산점도에 격자선 표시하기 키(Height)와 몸무게(Weight) 사이에 선형관계가 존재하는지를 알아보기 위한 산점도를 작성하고 격자선을 표시해보자. 격자선의 색상을 "black"으로 하고 y축의 격자선을 10개가 표시되도록 하자.

```
> plot(Data_fin$Height, Data_fin$Weight,
+        main="Scatter plot of Height vs. Weight", xlab="Height", ylab="Weight")
> grid(nx=NA, ny=10, col="black")
```

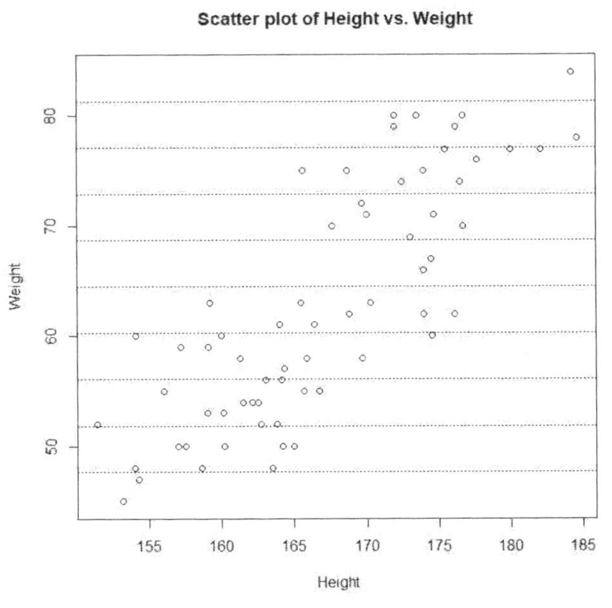

13.2 산점도 행렬 작성하기

앞 절에서는 산점도를 작성하여 두 변수 사이에 선형관계가 존재하는지 살펴보았는데, 여러 변수들 사이의 산점도를 함께 표시하여 이들 사이의 관계를 살펴보는 것이 필요할 때가 있다. 이러한 경우 산점도 행렬을 작성하게 되는데, 산점도 행렬은 **plot( )** 함수를 다음과 같은 형식으로 사용해서 작성한다. **c( )** 함수를 이용하여 산점도 행렬을 작성하고자 하는 변수 이름을 지정하면 된다.

plot( )	> plot(데이터 프레임 이름[, c("변수 1", "변수 2", …)])

Example 13.3

산점도 행렬 작성하기 키(Height), 배꼽높이(Navel), 키를 배꼽높이로 나눈 신체비(Ratio) 변수를 사용하여 산점도 행렬을 작성하고 이들 사이에 선형관계가 존재하는지 분석해 보자.

```
> plot(Data_fin[, c("Height", "Navel", "Ratio")])
```

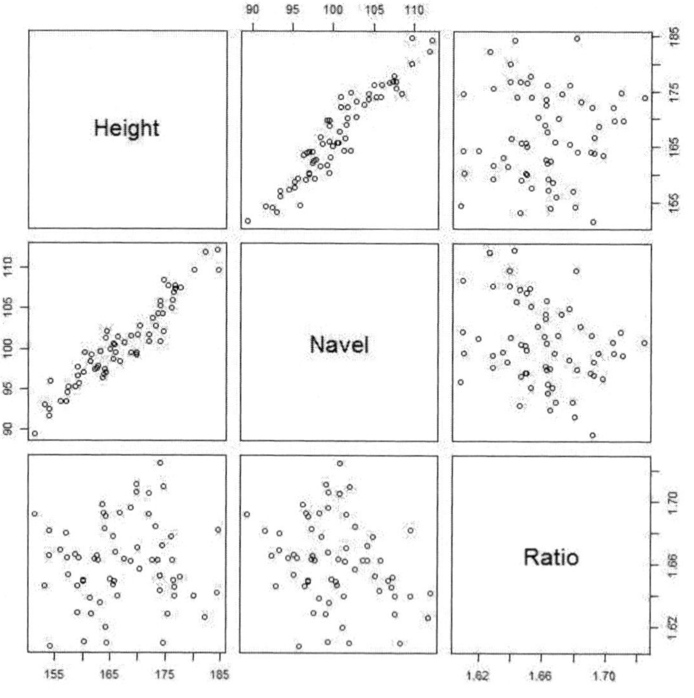

■■■ 결과분석

위의 산점도 행렬에는 세 변수 키(Height), 배꼽높이(Navel)와 키를 배꼽높이로 나눈 신체비(Ratio)의 산점도 행렬이 나타나 있다. 이러한 산점도 행렬로부터 키와 배꼽높이의 산점도, 키와 신체비의 산점도, 배꼽높이와 신체비의 산점도를 각각 살펴볼 수 있다.

먼저 키(Height)와 배꼽높이(Navel) 사이의 산점도를 살펴 보면 이 두 변수 사이에는 강한 선형관계를 보이고 있으므로 강항 양의 상관관계를 가진다고 할 수 있다. 다음으로 배꼽높이(Navel)와 신체비(Ratio) 사이의 산점도를 살펴보면 신체비의 값이 증가할 때 배꼽높이가 다소 감소하는 경향을 보이고 있으므로 음의 상관관계가 있다고 할 수도 있으나 매우 약한 강도를 보인다고 판단된다. 마지막으로 키(Height)와 신체비(Ratio) 사이의 산점도를 살펴보면 두 변수 사이에는 어떠한 선형관계를 찾아볼 수 없다. 즉, 이 두 변수 사이에는 상관관계가 존재하지 않는다고 할 수 있다.

13.3 상관계수 이해하기

1) 피어슨의 상관계수 구하기

두 변수를 이용하여 산점도를 작성해보면 두 변수 사이에 선형관계가 존재하는지의 여부를 알 수 있으며, 선형관계가 존재하는 경우 어떠한 선형관계인지를 시각적으로 판단할 수 있다. 그러나 이러한 선형관계는 그래프로 표현되기 때문에 대략적으로만 분석할 수 있고 분석자의 판단에 따라 주관적으로 분석할 수 밖에 없다는 단점이 있다. 따라서 두 변수 사이에 존재하는 선형관계의 정도를 좀 더 정확하고 객관적으로 분석하기 위한 측도가 필요하며, 이러한 측도가 상관계수이다. 즉, 상관계수는 두 변수 사이에 존재하는 선형관계의 정도를 측정하기 위한 수치적 측도로 피어슨의 상관계수(Pearson correlation coefficient)가 일반적으로 사용된다.

두 변수 사이에 존재하는 흩어진 정도를 나타내는 선형관계의 정도를 파악하기 위해서 공분산(covariance)을 고려할 수 있는데 공분산은 측정단위에 영향을 받고, 이 값의 범위를 알 수 없다.

이러한 공분산을 각 변수의 표준편차로 나누어 정의되는 피어슨의 상관계수는 측정단위에 영향을 받지 않으며, 이 값은 항상 -1과 1사이에 존재하게 된다. 일반적으로 피어슨의 상관계수를 간단히 상관계수라고 하며 r로 나타낸다. 두 변수 X와 Y사이의 상관계수 r은 다음과 같이 정의된다. 여기서, S_{xy}는 두 변수 X와 Y의 공분산이고, S_x와 S_y는 각각 두 변수 X와 Y의 표본표준편차를 나타낸다.

$$r = \frac{S_{xy}}{S_x S_y} = \frac{\frac{1}{n-1}\sum_{i=1}^{n}(X_i - \overline{X})(Y_i - \overline{Y})}{\sqrt{\frac{1}{n-1}\sum_{i=1}^{n}(X_i - \overline{X})^2}\sqrt{\frac{1}{n-1}\sum_{i=1}^{n}(Y_i - \overline{Y})^2}}$$

상관계수의 성질

두 변수 사이의 선형적인 관계를 나타내는 측도인 상관계수 r은 다음과 같은 성질을 가진다.

① 상관계수의 값은 항상 $-1 \le r \le 1$이다.
② $0 < r < 1$일 때 두 변수는 양의 상관관계(한 변수가 증가하면 다른 변수도 증가하는 경향)를 가진다.
③ $-1 < r < 0$일 때 두 변수는 음의 상관관계(한 변수가 증가하면 다른 변수는 감소하는 경향)를 가진다.
④ $r = \pm 1$일 때 두 변수는 양의(또는 음의) 완전상관관계를 가진다.
⑤ $r = 0$일 때, 두 변수는 무상관이다. 이는 두 변수 사이에서 선형적인 관계를 찾아볼 수 없다는 것을 의미한다.

R를 활용해서 두 변수 사이의 피어슨 상관계수를 구하기 위해서는 다음과 같은 형식으로 사용되는 **cor( )** 함수를 사용한다.

cor( )	> cor(변수 1, 변수 2)

Example 13.4

상관계수 구하기 배꼽높이(Navel)와 키를 배꼽높이로 나눈 신체비(Ratio)에 대하여 피어슨의 상관계수를 구해보자.

```
> cor(Data_fin$Navel, Data_fin$Ratio)
[1] -0.2708757
```

■■■ 결과분석

배꼽높이(Navel)와 키를 배꼽높이로 나눈 신체비(Ratio)에 대한 상관계수를 구한 결과 이 값은 -0.2708757로 음의 상관관계를 가지고 있으며, 0에 가까운 값을 가질수록 약한 상관관계를 가지게 되므로 두 변수 사이에는 다소 약한 음의 상관관계가 존재한다고 할 수 있다.

실제로 상관분석을 할 때 위와 같이 두 변수 사이의 상관관계를 분석하는 경우도 있지만 여러 개의 변수들 사이의 상관관계를 동시에 살펴봐야 하는 경우도 있다. 이와 같이 3개 이상의 변수들 사이의 상관계수를 나타내는 상관계수 행렬을 구하기 위해서 다음과 같이 **cor( )** 함수를 사용하면 된다.

cor( )	> cor(데이터 프레임 이름[, c("변수 1", "변수 2", …)])

Example 13.5

상관계수 행렬 구하기 세 변수 키(Height), 배꼽높이(Navel)와 키를 배꼽높이로 나눈 신체비(Ratio)에 대한 피어슨의 상관계수 행렬을 구해보자.

```
> cor(Data_fin[, c("Height", "Navel", "Ratio")])
           Height      Navel       Ratio
Height 1.00000000  0.9469535  0.05256056
Navel  0.94695351  1.0000000 -0.27087570
Ratio  0.05256056 -0.2708757  1.00000000
```

■■■ 결과분석

이 결과를 살펴보면 세 변수 키(Height), 배꼽높이(Navel)와 키를 배꼽높이로 나눈 신체비(Ratio)에 대한 피어슨의 상관계수 행렬이 구해지는데 이 행렬은 대칭행렬이므로 주대각 원소를 중심으로 양쪽의 상관계수 값이 모두 일치한다는 사실을 알 수 있다.
키(Height)와 배꼽높이(Navel)의 상관계수는 0.94695351로 강한 양의 상관관계가 존재한다. 즉, 키(Height)가 큰 사람은 배꼽높이(Navel)도 높아지는 경향이 있다는 사실을 알 수 있다. 그리고 배꼽높이(Navel)와 신체비(Ratio)의 상관계수는 -0.2708757로 음의 값을 가지는데 이는 두 변수 사이에 음의 상관관계가 존재한다는 것으로 배꼽높이(Navel)의 값이 커지면 신체비(Ratio)는 작아진다는 사실을 알 수 있다. 키(Height)와 신체비(Ratio) 사이의 상관계수는 0.05256056으로 거의 0에 가까운 값을 가지고 있다. 따라서, 이러한 경우에는 두 변수 사이에 선형적인 관계를 찾아볼 수 없으며, 무상관이라고 볼 수 있다.

2) 상관계수 검정하기

표본자료를 이용하여 계산되는 피어슨의 상관계수 r의 값은 표본상관계수(sample correlation coefficient)로 이 값을 이용하면, 모집단 상관계수에 대한 유의성 검정을 할 수 있다. 실제로 피어슨의 표본상관계수 값이 의미를 가지기 위해서는 모집단 상관계수 값이 0인지를 검정해 보아야 한다. 모집단 상관계수를 ρ라고 할 때 귀무가설 $H_0 : \rho = 0$를 검정하기 위한 검정통계량은 다음과 같다.

$$T = \frac{r - \rho}{\sqrt{(1 - r^2)/(n-2)}} \sim t_{n-2}$$

이와 같이 정의되는 검정통계량 T는 귀무가설이 참이라는 가정 하에서 자유도가 $(n-2)$인 t-분포를 따르게 된다. 따라서, 이를 이용하면 모집단 상관계수가 0인지에 대한 검정을 할 수 있다. 다음은 모집단 상관계수에 대한 가설검정 절차를 설명하고 있다.

모집단 상관계수에 대한 가설검정

모집단 상관계수 ρ에 대한 가설검정은 다음과 같은 단계로 수행한다.

STEP 1 가설설정 : 모집단 상관계수가 0인지를 검정하는 것으로 다음과 같이 설정된다.

$$\begin{cases} H_0 : \rho = 0 \\ H_1 : \rho \neq 0 \end{cases}$$

STEP 2 검정통계량 값 또는 유의확률 값의 계산

STEP 3 유의수준 α 결정

STEP 4 귀무가설의 기각 여부 결정(유의확률 < α이면 귀무가설 기각)

R에서 상관계수의 통계적 유의성을 검정하기 위해서는 다음과 같은 형식으로 사용되는 **cor.test( )** 함수를 사용한다.

cor.test( )	> cor.test(변수1, 변수2)

Example 13.5에서 키(Height)와 키를 배꼽높이로 나눈 신체비(Ratio)의 상관계수 값은 0.053으로 거의 0에 가까운 값을 가지는 것으로 나타났다. 이 상관계수 값이 통계적으로 유의한 값인지를 검정해 보자.

Example 13.6

상관계수의 유의성 검정하기 키(Height)와 신체비(Ratio) 사이의 상관계수 값이 통계적으로 유의한지를 유의수준 5%에서 검정해보자.

```
> cor.test(Data_fin$Height, Data_fin$Ratio)

        Pearson's product-moment correlation

data:  Data_fin$Height and Data_fin$Ratio
t = 0.41444, df = 62, p-value = 0.68
alternative hypothesis: true correlation is not equal to 0
95 percent confidence interval:
 -0.1957782  0.2945641
sample estimates:
       cor
0.05256056
```

■■■ 결과분석

이 결과를 보면 키(Height)와 키를 배꼽높이로 나눈 신체비(Ratio)의 상관계수는 **sample estimates : cor**로 제공되며, 이 값은 0.05256056이다. 그런데, 실제로 이 상관계수 값이 통계적으로 유의한 값인지를 판단하기 위해서는 다음과 같이 모집단 상관계수가 0인지에 대한 가설검정을 수행하여야 한다.

Step 1 가설설정 : 다음과 같이 가설을 설정할 수 있다.

$$\begin{cases} H_0 : \rho = 0(\text{키와 신체비는 무상관이다.}) \\ H_1 : \rho \neq 0(\text{키와 신체비의 상관계수는 0이 아니다.}) \end{cases}$$

Step 2 유의확률의 계산 : 위 결과로부터 유의확률 값이 0.68임을 알 수 있다.

Step 3 유의수준 α 결정 : 유의수준 α를 0.05로 하자.

Step 4 가설의 기각 여부 결정 : 유의확률 값이 유의수준 α보다 크므로 귀무가설을 기각할 수 없다. 따라서 키(Height)와 키를 배꼽높이로 나눈 신체비(Ratio)의 상관계수는 통계적으로 유의하다고 할 수 없다. 즉, 키와 신체비는 무상관이라고 할 수 있다.

Chapter 14. 회귀분석

회귀분석(regression analysis)이란 독립변수(independent variable)와 종속변수(dependent variable) 또는 설명변수(explanatory variable)와 반응변수(response variable) 사이의 관계를 통계적 모형을 이용하여 규명하고, 이 모형을 이용하여 설명변수의 변화에 따른 반응변수의 변화를 예측하고 분석하는 통계적 기법이다. 이러한 회귀분석 방법에는 선형방정식에 의해서 설명변수와 반응변수 사이의 관계를 분석하는 선형회귀분석(linear regression analysis)과 비선형 방정식에 의해 분석하는 비선형회귀분석(nonlinear regression analysis)이 있다. 이 장에서는 선형회귀분석의 기본 개념을 위주로 살펴보고 R을 이용하여 선형회귀분석을 수행하고 해석하는 방법에 대해 설명하고자 한다.

14.1 단순회귀분석 수행하기

회귀분석은 설명변수(독립변수)와 반응변수(종속변수) 사이의 관련성을 수학적 모형으로 설정하고, 측정된 변수들의 자료로부터 설정된 회귀모형을 추정하고 분석하는 통계적 분석방법이다. 이러한 회귀분석 방법은 선형방정식에 의해서 독립변수와 종속변수 사이의 관계를 분석할 경우 선형회귀분석이라고 하며, 선형회귀분석은 하나의 독립변수와 종속변수 사이의 관계를 설명하는 단순선형회귀분석(simple linear regression analysis)과 두 개 이상의 독립변수가 종속변수에 영향을 미치는 경우인 다중선형회귀분석(multiple linear regression analysis)으로 구분할 수 있다.

일반적으로 회귀분석은 선형모형인 경우에 주로 사용되므로 단순선형회귀분석을 간단히 단순회귀분석, 다중선형회귀분석을 중회귀분석이라고 하며, 선형이 아닌 경우의 회귀분석을 비선형회귀(nonlinear regression)라고 한다.

독립변수와 종속변수

회귀분석에서 사용되는 변수 중 다른 변수에 영향을 주는 변수를 독립변수라고 하며, 독립변수에 의해 영향을 받는 변수로 실제 분석에서 관심 대상이 되는 변수를 종속변수라고 한다. 사회과학분야에서는 독립변수를 설명변수(explanatory variable)로, 종속변수를 반응변수(response variable)로 설명하기도 한다.

종속변수에 영향을 미치는 독립변수가 하나인 단순선형회귀모형은 선형회귀분석의 가장 간단한 형태로 다음과 같은 모형을 가정한다.

$$y = \beta_0 + \beta_1 x + \epsilon$$

여기서, β_0와 β_1은 각각 회귀직선(regression line)의 절편과 기울기를 나타내는 값으로 표본 자료로부터 추정해야 할 모집단 회귀계수(regression coefficient)이다. ϵ은 오차항(error term)으로 독립변수에 의해 설명될 수 없는 종속변수의 변동과 선형모형을 가정하는데서 기인하는 오류 등을 설명하는 부분이다. 일반적으로 오차항 ϵ은 평균이 0이고, 분산이 σ^2이며, 서로 독립인 정규분포를 한다고 가정한다. 이제, 단순선형회귀모형의 예를 고려해보자. 몸무게(Weight)에 영향을 미치는 변수로 키(Height)를 고려해 보자. 즉, 학생들의 키를 사용하여 몸무게를 설명하고자 하는 것이다. 이러한 관계를 선형회귀모형으로 표현하면 다음과 같다.

$$(\text{몸무게}) = \beta_0 + \beta_1 \times (\text{키}) + \epsilon$$

이러한 모형에서 몸무게(Weight)는 반응변수(종속변수)이고, 키(Height)는 몸무게에 영향을 미치는 설명변수(독립변수)가 된다.

1) 회귀계수 추정하기

회귀분석에서 가장 먼저 고려되는 문제는 모집단 회귀계수 β_0와 β_1의 값을 추정하는 문제이다. 모집단 회귀계수를 추정하기 위한 방법은 일반적으로 최소제곱법(least square method)이 사용된다. 최소제곱법에 의해서 추정된 회귀계수를 각각 b_0와 b_1이라고 하면 추정된 회귀직선은

$$\hat{y} = b_0 + b_1 x$$

이 되고, 추정된 회귀직선으로부터 종속변수 y가 독립변수 x에 의해서 어떻게 설명 또는 예측되는지를 분석할 수 있다.

최소제곱법

최소제곱법이란 주어진 표본 자료로부터 모집단 회귀계수를 추정하기 위해서 가장 일반적으로 사용되는 방법으로 오차들의 제곱합을 최소가 되도록 하는 b_0와 b_1을 모집단 회귀계수 β_0와 β_1의 추정값으로 사용하는 방법이다. 최소제곱법에 의해 추정된 b_0와 b_1은 다음과 같이 정의된다.

$$\hat{\beta}_1 = b_1 = \frac{\sum_{i=1}^{n}(x_i - \bar{x})(y_i - \bar{y})}{\sum_{i=1}^{n}(x_i - \bar{x})^2}$$

$$\hat{\beta}_0 = b_0 = \bar{y} - b_1 \bar{x}$$

단순회귀분석에서 모형의 적합성을 검정하고, 모집단 회귀계수를 추정하기 위해서는 다음과 같은 형식으로 사용되는 **lm( )** 함수를 사용한다.

lm( ) | **> lm(반응변수 ~ 설명변수, data=)**

위의 일반 사용형식에서 사용되는 옵션은 다음과 같은 의미로 사용된다.

- **반응변수** : 단순선형회귀모형에서의 반응변수(종속변수)의 이름을 지정한다. **data=**를 생략할 경우에는 **데이터 프레임 이름$변수**의 형태로 지정하고 **data=**에 데이터프레임의 이름을 지정했을 경우에는 변수 이름만 지정하면 된다.
- **설명변수** : 단순선형회귀모형에서의 설명변수(독립변수)의 이름을 지정한다. 이름을 지정하는 방법은 반응변수의 지정방법과 동일하다.
- **data=** : 반응변수와 설명변수가 저장되어 있는 데이터 프레임의 이름을 지정한다. 데이터 프레임 이름이 Data_fin이면 **data=Data_fin**이라고 지정한다. 만약 데이터 프레임이 아닌 벡터 형태로 각각 반응변수와 설명변수가 저장되어 있으면 **data=**를 생략하고 사용한다.

Example 14.1

회귀계수 추정하기 키(Height)가 몸무게(Weight)에 어떠한 영향을 미치는지를 설명하는 단순선형회귀모형에서 회귀계수를 추정하고, 이를 이용하여 회귀직선을 추정해보자. 여기서, 설명변수는 키(Height)이고, 반응변수는 몸무게(Weight)이다. 다음에 사용된 2가지 **lm( )** 함수는 동일한 결과를 제공해준다.

```
> lm(Weight~Height, data=Data_fin)

Call:
lm(formula = Weight ~ Height, data = Data_fin)

> lm(Data_fin$Weight~Data_fin$Height)

Call:
lm(formula = Data_fin$Weight ~ Data_fin$Height)

Coefficients:
    (Intercept)  Data_fin$Height
       -117.943            1.081
```

■■■ 결과분석

이 결과로부터 몸무게(Weight)를 반응변수, 키(Height)를 설명변수로 한 단순선형회귀모형에서 모집단 회귀계수 β_0와 β_1의 추정된 회귀계수는 각각 **Coefficients :**에서 **(Intercept)**와 **Data_fin$Height**의 값으로 $b_0 = -117.943$, $b_1 = 1.081$이다. 따라서 이를 이용하면 회귀직선은

$$(\widehat{\text{몸무게}}) = -117.943 + 1.081 \times (\text{키})$$

와 같이 추정할 수 있다.

2) 회귀모형의 유의성 검정하기

설정된 회귀모형이 반응변수(종속변수) y를 예측하는데 실제로 유용한지를 결정하는 방법은 모형에 포함된 모집단 회귀계수들이 통계적으로 유의한지를 검정하는 것이다. 이를 검정하기 위한 가설은 다음과 같이 설정될 수 있다.

$$\begin{cases} H_0 : \beta_1 = \beta_2 = \cdots \beta_p = 0 \\ H_1 : p\text{개 회귀계수들 중에서 적어도 하나의 값은 0이 아니다.} \end{cases}$$

즉, p개 독립변수의 모집단 회귀계수 중 적어도 하나 이상의 값이 통계적으로 유의해야 설정된 회귀모형이 적합하다고 할 수 있다. 이와 같이 설정된 가설을 검정하기 위해 다음과 같이 정의되는 F-검정 통계량이 사용되며, 이는 자유도가 $\{p,(n-p-1)\}$인 F-분포를 따른다. 여기서 n은 관측치의 수이고 p는 독립변수의 수를 나타낸다. 단순선형회귀모형의 경우 독립변수가 1개이므로 $p=1$이 된다.

$$F = \frac{SSR/p}{SSE/(n-p-1)} = \frac{MSR}{MSE}$$

여기서, SSR(regression sum of squares)은 y의 변동 중에서 회귀모형에 의해 설명되는 회귀변동을 나타내는 값이며, SSE(error sum of squares)는 회귀모형으로 설명하지 못하는 오차변동을 나타내는 값으로 각각 다음과 같이 정의된다.

$$SSR = \sum_{i=1}^{n}(\hat{y_i} - \bar{y})^2, \quad SSE = \sum_{i=1}^{n}(y_i - \hat{y_i})^2$$

그런데, 단순선형회귀모형의 경우 독립변수의 수가 1개이므로 실제로 추정된 회귀모형의 유의성을 검정하는 것은 다음에서 설명된 기울기를 나타내는 모집단 회귀계수 β_1의 유의성을 검정하는 것과 동일한 문제이다. 따라서, 단순선형회귀분석에서는 $T^2 = F$를 만족하게 된다.

회귀계수를 추정하기 위해 사용된 **lm( )** 함수의 실행결과인 **Example 14.1**을 살펴보면 추정된 회귀계수 값만을 제공해주고 있을 뿐 각 회귀계수에 대한 유의성 검정을 위한 검정통계량 값과 유의확률 값이 제공되지 않는다. 또한, 추정된 선형회귀모형이 통계적으로 유의한지 분석하기 위한 결과도 제공되지 않는다.

따라서 이러한 부분을 포함해서 분산분석표와 추정된 선형회귀모형의 유의성 검정을 위한 F 검정통계량, 회귀계수의 유의성 검정을 위한 t 검정통계량 등 회귀분석에서 필요로 하는 값을 구하기 위해서는 다음과 같이 **lm( )** 함수를 사용하면 된다. 즉, **lm( )** 함수의 결과를 A에 저장하고, 이를 **summary( )** 함수에 지정하면 회귀분석을 위해 필요한 여러 가지 결과들을 제공해준다. 또한, 분산분석표를 얻기 위해서는 **lm( )** 함수의 결과가 저장된 A를 **anova( )** 함수에 지정하면 된다.

lm( )

```
> A = lm(반응변수 ~ 설명변수)
> summary(A)
> anova(A)
```

Example 14.2

단순회귀분석 수행하기 키(Height)가 설명변수이고, 몸무게(Weight)가 반응변수인 단순회귀모형에 대한 회귀분석을 수행하고, 유의수준 5%에서 추정된 회귀모형이 유의하다고 할 수 있는지 검정해보자.

```
> Model_1 = lm(Weight~Height, data=Data_fin)
> summary(Model_1)

Call:
lm(formula = Weight ~ Height, data = Data_fin)

Residuals:
    Min      1Q  Median      3Q     Max
-10.847  -3.679  -1.398   4.987  13.885

Coefficients:
             Estimate Std. Error t value Pr(>|t|)
(Intercept) -117.94333   16.29540  -7.238 8.33e-10 ***
Height        1.08127    0.09746  11.095 2.31e-16 ***
---
Signif. codes:  0 '***' 0.001 '**' 0.01 '*' 0.05 '.' 0.1 ' ' 1

Residual standard error: 6.242 on 62 degrees of freedom
Multiple R-squared:  0.665,    Adjusted R-squared:  0.6596
F-statistic: 123.1 on 1 and 62 DF,  p-value: 2.314e-16

> anova(Model_1)

Analysis of Variance Table

Response: Weight
          Df Sum Sq Mean Sq F value    Pr(>F)
Height     1 4796.7  4796.7  123.09 2.314e-16 ***
Residuals 62 2416.1    39.0
---
Signif. codes:  0 '***' 0.001 '**' 0.01 '*' 0.05 '.' 0.1 ' ' 1
```

■■■ 결과분석

추정된 회귀계수, F 검정통계량 값, t 검정통계량 값 등을 산출하기 위해서 **summary( )** 함수를 사용했으며, 분산분석표를 얻기 위해서 **anova( )** 함수를 사용하였다. 위의 결과로부터 다음과 같이 회귀분석을 수행할 수 있다.

회귀분석 결과 가장 먼저 고려해야 하는 부분은 설정된 회귀모형의 유의성에 대한 문제로 이에 대한 검정을 위해서는 F 검정통계량 값과 유의확률을 사용하면 된다. 회귀모형의 유의성 검정에서 귀무가설은 다음과 같이 설정된다.

$$H_0: \text{설정된 회귀모형이 통계적으로 유의하지 않다.}$$

anova( ) 함수를 사용하여 얻어진 분산분석표에서 검정통계량 F값은 123.09이고, 이때의 유의확률 값은 2.314e-16으로 거의 0에 가까운 값을 가지고 있으므로 유의수준 5%에서 귀무가설이 기각된다. 즉, 적합된 선형회귀모형이 통계적으로 유의하다고 할 수 있다. 이 모형에서 반응변수는 몸무게(Weight)이고, 키(Height)는 설명변수이다.

다음으로 모집단 회귀계수 β_0와 β_1의 추정값 b_0와 b_1을 구해야 한다. 모집단 회귀계수 β_0와 β_1의 추정된 회귀계수는 **summary( )** 함수를 사용한 결과에서 **Coefficients : Estimate**로 주어지며, **(Intercept)**는 $b_0 = -117.94333$이고, **Height**의 추정된 회귀계수는 $b_1 = 1.08127$임을 알 수 있다. 따라서 추정된 회귀직선은 다음과 같다.

$$(\widehat{\text{몸무게}}) = -117.94333 + 1.08127 \times (\text{키})$$

이렇게 추정된 회귀직선을 이용하면 어떤 학생의 키가 주어질 경우 이 학생의 몸무게를 예측할 수 있게 된다. 추정된 회귀직선에서 β_1에 대한 추정된 회귀계수인 $b_1 = 1.08127$은 중요한 의미를 갖고 있는데, 이는 독립변수인 키(Height)가 한 단위 증가할 때 종속변수인 몸무게(Weight)가 얼마나 변화하게 되는지를 나타낸다. 즉, 키가 1단위 증가하면 몸무게가 1.08127만큼 증가하게 된다는 의미를 갖는다.

구분	제곱합	자유도	평균제곱합	F값	유의확률
회귀	4796.1	1	4796.1	123.09	2.314e-16
오차	2416.1	62	39.0		
전체	7212.2	63			

anova( ) 함수를 사용해서 얻은 결과로부터 분산분석표를 위와 같이 작성할 수 있다.

이제 추정된 회귀직선을 산점도 위에 그려보자. 산점도 위에 추정된 회귀직선을 추가하기 위해서는 **abline( )** 함수를 사용할 수 있으며, 이 함수이 일반적인 사용형식은 다음과 같다. 먼저 **lm( )** 함수를 사용하여 회귀모형을 추정하고 이 결과를 A에 저장하고, **plot( )** 함수를 이용하여 산점도를 작성한 다음 **abline( )** 함수에 추정된 회귀모형 결과인 A를 지정하면 된다.

abline( )

```
> A = lm(반응변수 ~ 설명변수)
> plot(반응변수 ~ 설명변수, 데이터프레임 이름)
> abline(A)
```

Example 14.3

산점도 위에 추정된 회귀직선 그리기 키(Height)가 설명변수이고, 몸무게(Weight)가 반응변수인 단순회귀모형에 대하여 추정된 회귀직선을 산점도 위에 그려보자. 산점도 위에 추정된 회귀직선을 추가하기 위해서는 회귀모형 추정 결과를 저장한 다음 이를 **abline( )** 함수에 다음과 같이 지정하면 된다.

```
> Model_1 = lm(Weight~Height, data=Data_fin)
> plot(Weight~Height, data=Data_fin)
> abline(Model_1)
```

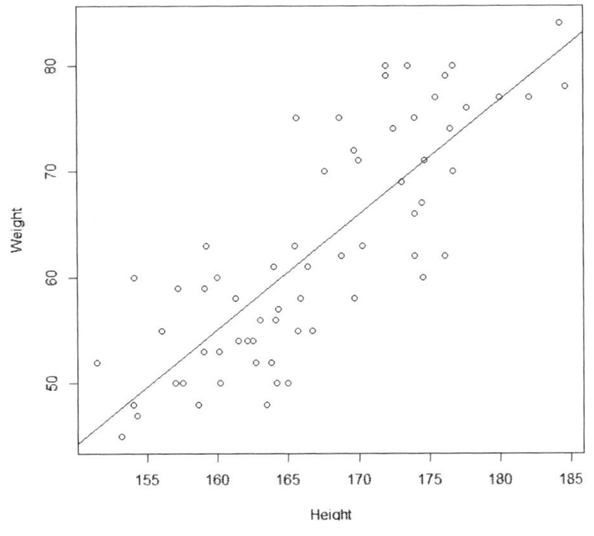

3) 회귀계수의 유의성 검정하기

단순회귀모형에서 적합된 회귀모형이 통계적으로 유의하고, 모집단 회귀계수를 추정한 후에 관심을 갖게 되는 문제는 이와 같이 추정된 회귀계수의 통계적 유의성에 대한 문제이다. 단순회귀모형에서 관심이 되는 두 모집단 회귀계수 β_0와 β_1의 검정문제를 고려해 보자.

❒ β_0의 검정

단순선형회귀모형에서 절편을 나타내는 모집단 회귀계수 β_0의 검정문제를 고려해 보자. 자료에 의해 회귀직선이 추정되면, 실제로 추정된 회귀계수 값이 통계적으로 유의한 의미를 가지는지를 검정해야 하는데, 이를 위해서 $H_0 : \beta_0 = 0$와 같은 귀무가설을 검정하는 문제를 고려할 수 있다. β_0의 유의성을 검정하기 위해 다음과 같이 정의되는 검정통계량 T를 사용한다. 검정통계량 T는 귀무가설이 사실이라는 가정 하에서 자유도가 $(n-2)$인 t-분포를 하므로 이를 이용하여 회귀계수 β_0에 대한 유의성 검정을 할 수 있다.

$$T = \frac{b_0 - \beta_0}{s\sqrt{\dfrac{1}{n} + \dfrac{\overline{x}^2}{\sum (x_i - \overline{x})^2}}} \sim t_{n-2}$$

만약, 회귀모형에서 절편을 나타내는 β_0의 검정 결과 유의하지 않다는 결론을 얻으면, 절편을 포함하지 않는 회귀모형을 다시 적합시켜야 한다.

❒ β_1의 검정

회귀모형의 절편에 대한 검정과 마찬가지로 기울기를 나타내는 모집단 회귀계수 β_1이 통계적으로 유의한 값을 가지는지에 대한 문제를 고려하기 위해서 가설 $H_0 : \beta_1 = 0$를 검정하는 문제를 살펴보자. β_1을 검정하기 위한 검정통계량 T는 다음과 같이 정의되며, 검정통계량 T는 귀무가설이 사실이라는 가정 하에서 자유도가 $(n-2)$인 t-분포를 한다. 이로부터 회귀계수 β_1에 대한 유의성 검정을 할 수 있다. 단순선형회귀모형인 경우 회귀모형의 유의성 검정 부분에서 설명된 바와 같이 $T^2 = F$이 성립한다.

$$T = \frac{b_1 - \beta_1}{\dfrac{s}{\sqrt{\sum (x_i - \bar{x})^2}}} \sim t_{n-2}$$

이제, 추정된 회귀계수의 통계적 유의성 검정에 대한 예를 살펴보자. 이러한 검정을 수행하기 위한 단순선형회귀분석 결과는 **Example 14.2**의 결과와 동일하므로 이를 참조하면 된다. 이 결과를 살펴보면 상수와 키(Height)에 대해 검정통계량 값과 유의확률 값이 **Coefficeints :** 부분에 나타나 있으므로 이를 이용하여 β_0와 β_1에 대한 유의성 검정을 다음과 같이 수행할 수 있다.

Example 14.4

회귀계수의 유의성 검정하기 단순선형회귀분석에서 추정된 회귀계수는 절편을 나타내는 β_0와 기울기를 나타내는 β_1이므로 이들 회귀계수에 대한 유의성 검정이 각각 수행되어야 한다. 키(Height)가 설명변수이고, 몸무게(Weight)가 반응변수인 단순회귀모형에 대하여 추정된 회귀계수의 유의성 검정을 다음과 같이 수행할 수 있다.

```
Coefficients:
             Estimate Std. Error t value Pr(>|t|)
(Intercept) -117.94333   16.29540  -7.238 8.33e-10 ***
Height         1.08127    0.09746  11.095 2.31e-16 ***
---
Signif. codes:  0 ‘***’ 0.001 ‘**’ 0.01 ‘*’ 0.05 ‘.’ 0.1 ‘ ’ 1
```

■■■ **결과분석**

[β_0의 검정]

Step 1 가설설정 : $\begin{cases} H_0 : \beta_0 = 0 \\ H_1 : \beta_0 \neq 0 \end{cases}$

Step 2 검정통계량 T 값과 유의확률의 계산 : 위 결과로부터 검정통계량을 나타내는 **t value**를 보면 $T = -7.238$이고, 이때의 유의확률 값 **Pr(>|t|)**은 0에 가까운 값임을 알 수 있다.

Step 3 유의수준 α결정 : 유의수준 α를 0.05로 설정하자.

Step 4 가설의 기각 여부 결정 : 유의확률 값이 0에 가까운 값으로 유의수준 α 보다 작으므로 귀무가설을 기각한다. 즉, 회귀계수 β_0은 통계적으로 유의하므로 추정된 회귀직선에서 추정값 $b_0 = -117.94333$이 통계적으로 유의함을 알 수 있다.

[β_1의 검정]

Step 1 가설설정 : $\begin{cases} H_0 : \beta_1 = 0 \\ H_1 : \beta_1 \neq 0 \end{cases}$

Step 2 검정통계량 T 값과 유의확률의 계산 : 위 결과로부터 검정통계량 값은 $T = 11.095$이며, 이때의 유의확률 값은 0에 가까운 값임을 알 수 있다. 여기서, $T^2 = 123.099$로 **Example 14.2**의 결과에서 **F statistics:** 에 주어진 값인 123.1과 동일함을 알 수 있다.

Step 3 유의수준 α 결정 : 유의수준 α를 0.05로 설정하자.

Step 4 가설의 기각 여부 결정 : 유의확률 값이 0에 가까운 값으로 유의수준 α 보다 작으므로 귀무가설을 기각한다. 즉, 회귀계수 β_1은 통계적으로 유의하므로 추정된 회귀직선에서 추정값 $b_1 = 1.08127$이 통계적으로 유의함을 알 수 있다.

---

4) 회귀모형의 설명력 구하기

자료로부터 추정된 회귀직선이 실제로 전체 자료를 얼마나 잘 설명하고 있는지를 나타내는 측도로 결정계수(coefficient of determination)를 사용하며, 이는 다음과 같이 정의된다.

$$R^2 = \frac{SSR}{SST} = 1 - \frac{SSE}{SST}$$

여기서, SST(total sum of squares)는 종속변수 y의 전체변동을 나타내는 값으로 y의 변동 중에서 회귀모형에 의해 설명되는 회귀변동을 나타내는 SSR (regression sum of squares)과 회귀모형에 의해 설명되지 못하는 오차변동인 SSE(error sum of squares)의 합으로 나타낼 수 있으며, 다음과 같이 정의된다.

$$SST = SSR + SSE$$

여기서, $SST = \sum_{i=1}^{n}(y_i - \overline{y})^2$, $SSR = \sum_{i=1}^{n}(\hat{y_i} - \overline{y})^2$, $SSE = \sum_{i=1}^{n}(y_i - \hat{y_i})^2$이며, 결정계수는 y의 전체 변동(SST) 중에서 추정된 회귀직선에 의해 설명되는 변동(SSR)의 비율을 나타내는 측도로 항상 $0 \le R^2 \le 1$을 만족하며, 적합된 회귀모형의 설명력을 나타내주는 측도이다.

결정계수

회귀분석에서 결정계수 값은 다음과 같은 의미를 갖는다.

① $R^2=1$이면 모든 자료가 추정된 회귀직선 위에 존재한다.

② $R^2=0$이면 독립변수 x와 종속변수 y 사이에 가정된 회귀모형이 유의하지 않다. 즉, 두 변수 사이의 회귀모형 추정 결과는 의미가 있다고 할 수 없다.

③ R^2의 값이 1에 가까울수록 더욱 유용한 회귀직선이 되며, 0에 가까워지면 추정된 회귀직선이 의미가 없다는 것이다.

④ 단순회귀모형에서 결정계수 값은 상관계수의 제곱과 같다. 즉, $R^2=r^2$이다.

추정된 회귀모형의 설명력을 구하기 위한 방법은 **Example 14.2**와 동일하므로 이를 참조하면 된다.

Example 14.5

회귀모형의 설명력 구하기 몸무게(Weight)와 키(Height) 사이의 관계를 자료로부터 추정된 회귀직선이 어느 정도 설명하고 있는지를 판단하기 위한 측도로 결정계수 값이 사용된다. 다음 결과를 보면 회귀모형의 설명력을 해석할 수 있는 결정계수 값은 0.665로 **Multiple R-squared:** 에 나타나 있으며, 수정된 결정계수 값은 0.6596으로 **Adjusted R-squared:** 로 나타나 있다.

```
Residual standard error: 6.242 on 62 degrees of freedom
Multiple R-squared:  0.665,    Adjusted R-squared:  0.6596
F-statistic: 123.1 on 1 and 62 DF,  p-value: 2.314e-16
```

■■■ 결과분석

일반적으로 결정계수 값은 종속변수를 설명하는데 영향을 미치지 않는 독립변수가 추가되어도 독립변수의 수가 증가되면 항상 커지는 경향이 있는데, 이러한 문제를 해결하여 제공되는 값이 수정된 결정계수 값이다. 따라서 실제 분석에서는 수정된 결정계수 값인 **Adjusted R-squared:** 의 값을 사용하여 회귀직선의 설명력을 분석해야 한다. 이 예에서 수정된 결정계수 값은 0.6596으로 추정된 회귀직선이 전체 자료를 약 66% 정도 설명하고 있음을 알 수 있다.

14.2 다중회귀분석 수행하기

반응(종속)변수에 영향을 미치는 설명(독립)변수가 두 개 이상인 경우 14.1절에서 설명된 단순회귀모형을 다음과 같은 다중회귀모형으로 확장할 수 있다.

$$y=\beta_0+\beta_1x_1+\beta_2x_2+\cdots+\beta_px_p+\epsilon$$

여기서, β_0는 회귀직선의 절편을 나타내는 모집단 회귀계수이고, $\beta_1, \beta_2, \cdots, \beta_p$는 각각 p개 독립변수에 대한 모집단 회귀계수이다. 오차항 ϵ에 대한 기본가정은 단순회귀모형과 동일하다.

이러한 중회귀모형의 예를 고려해 보자. 앞에서 설명한 단순회귀모형의 예에서 몸무게(Weight)에 영향을 미치는 변수로 키(Height) 뿐만 아니라 다른 변수들을 고려해 볼 수 있다. 즉, 키 외에 허리둘레(Waist)나 키를 배꼽높이로 나눈 신체비(Ratio)와 같은 변수들이 몸무게에 어떻게 영향을 미치는지를 알아보기 위해 이 3개의 변수를 독립변수로 하는 다중회귀모형을 다음과 같이 설정할 수 있다.

$$(\text{몸무게}) = \beta_0 + \beta_1 \times (\text{키}) + \beta_2 \times (\text{허리둘레}) + \beta_3 \times (\text{신체비}) + \epsilon$$

여기서, 종속변수는 단순회귀모형에서와 마찬가지로 몸무게이며, 3개의 독립변수로 키, 허리둘레, 키를 배꼽높이로 나눈 신체비(Ratio)를 고려하였다.

1) 다중회귀모형 추정하기

위와 같이 설정된 다중회귀모형에 대해서 14.1절에서 설명된 단순회귀모형에 대한 추론과 마찬가지 방법으로 각 회귀계수 $\beta_0, \beta_1, \beta_2, \beta_3$의 값을 추정한 다음 추정된 회귀계수의 통계적 유의성 검정을 통하여 모형에 유의한 회귀계수만을 포함하도록 하여 회귀직선을 추정한다. 또한, 결정계수를 이용하여 추정된 회귀직선의 설명력을 구할 수 있다. R에서 다중회귀분석을 수행하기 위해서는 단순회귀분석과 유사하게 다음과 같은 형식으로 **lm( )** 함수를 사용한다.

lm( )	> lm(반응변수 ~ 설명변수 1 + 설명변수 2 + … + 설명변수 p, data=)

위의 일반 사용형식에서 반응변수와 **data=**의 지정방법은 단순회귀분석에서의 **lm( )** 함수와 동일하므로 이를 참조하기 바란다. **설명변수 1, … 설명변수 p**는 다중회귀모형에서의 p개의 설명변수(독립변수) 이름을 지정하는 것으로 (+) 기호를 이용하여 지정하며, 변수 이름을 지정하는 방법은 반응변수의 지정방법과 동일하다.

Example 14.6

다중회귀분석 수행하기 키(Height), 허리둘레(Waist), 키를 배꼽높이로 나눈 신체비(Ratio)가 설명변수이고, 몸무게(Weight)가 반응변수인 다중회귀모형에 대한 회귀분석을 수행해보자.

```
> lm(Weight~Height+Ratio+Waist, data=Data_fin)

Call:
lm(formula = Weight ~ Height + Ratio + Waist, data = Data_fin)
```

```
Coefficients:
(Intercept)      Height       Ratio       Waist
  -153.0555      0.7629     33.0897      1.1960
```

단순회귀분석과 마찬가지로 **lm( )**함수를 이용하여 다중회귀분석을 수행하면 위와 같이 추정된 회귀계수의 값만을 제공해준다. 이를 이용하면 다음과 같이 회귀직선을 추정할 수 있다.

$$\widehat{\text{몸무게}} = -153.0555 + 0.7629(\text{키}) + 33.0897(\text{신체비}) + 1.1960(\text{허리둘레})$$

이제 추정된 회귀계수의 유의성을 검정해보자. 이를 위해서는 **summary( )** 함수를 이용한다.

```
> Model_2 = lm(Weight~Height+Ratio+Waist, data=Data_fin)
> summary(Model_2)

Call:
lm(formula = Weight ~ Height + Ratio + Waist, data = Data_fin)

Residuals:
    Min      1Q  Median      3Q     Max
-10.660  -3.725  -1.141   4.064  13.768

Coefficients:
             Estimate Std. Error t value Pr(>|t|)
(Intercept) -153.0555    47.1369  -3.247  0.00191 **
Height         0.7629     0.1311   5.817 2.48e-07 ***
Ratio         33.0897    27.4533   1.205  0.23282
Waist          1.1960     0.3607   3.315  0.00156 **
---
Signif. codes:  0 '***' 0.001 '**' 0.01 '*' 0.05 '.' 0.1 ' ' 1

Residual standard error: 5.8 on 60 degrees of freedom
Multiple R-squared:  0.7202,   Adjusted R-squared:  0.7062
F-statistic: 51.47 on 3 and 60 DF,  p-value: < 2.2e-16
```

■■■ 결과분석

위 결과로부터 설정된 다중회귀모형에 대한 적합성을 검정해보면 검정통계량 F 값이 **F-statistics: 51.47**이고, 이에 대한 유의확률 값이 **p-value: < 2.2e-16**으로 0에 가까운 값이므로 적합된 다중회귀모형이 통계적으로 유의하다고 할 수 있다. 또한 결과에는 3개 독립변수(Height, Ratio, Waist)에 대한 회귀계수의 추정값이 제시되어 있고, 이에 대한 유의확률이 나타나 있다. 먼저 키(Height)의 회귀계수에 대한 추정값은 $\widehat{\beta}_1 = 0.7629$이고, 이 때의 유의확률 값은 0에 가까운 값으로 키가 적합된 회귀모형에 유의한 영향을 끼치는 변수임을 알 수 있다. 두번째로 신체비(Ratio)의 회귀계수에 대한 결과를 살펴보면, 추정값은 $\widehat{\beta}_2 = 33.0897$이고, 이 때의 유의확률 값은 0.23282이다. 유의수준 5%에서 회귀모형의 추정값이 통계적으로 유의한지 검정해보면 신체비에 대한 유의확률 값이 0.05보다 크므로 귀

무가설은 기각될 수 없다. 즉 신체비는 적합시킨 회귀모형에 유의한 영향을 끼치는 변수가 아님을 알 수 있다. 마지막으로 허리둘레(Waist)에 대한 회귀계수의 추정값은 $\widehat{\beta}_3 = 1.1960$이고, 이때의 유의확률 값은 0.00156으로 유의수준 0.05보다 작으므로 허리둘레는 통계적으로 유의한 변수라고 할 수 있다.
또한, 추정된 회귀모형에 의한 설명력은 수정된 R제곱 값인 **Adjusted R-Squared:** 값이 0.7062로 자료를 70.62% 설명하고 있음을 알 수 있다.

---

2) 변수선택 수행하기

종속변수에 영향을 미치는 독립변수가 여러 개인 경우 모든 독립변수들을 포함하여 회귀모형을 적합시키면 실제로는 영향을 미치지 않는 변수가 포함되어 추정된 회귀모형의 설명력을 떨어뜨리거나 종속변수에 중요한 영향을 미치는 변수가 추정된 회귀직선에서 제외되는 경우가 발생한다. 따라서 고려할 수 있는 모든 독립변수들의 조합을 모형으로 고려해 봄으로써 최적 모형을 찾는 것이 중요하다. 그러나 모든 독립변수들의 조합을 구하고, 이들에 대해 회귀모형을 적합시킨 후 이들을 비교하는 문제는 쉽지 않으므로 적합된 모형들을 비교하기 위해서 여러 가지 측도들이 사용될 수 있다. 일반적으로 다중회귀분석에서 최적의 회귀모형을 찾는 방법으로 변수선택법(variable selection method)이 사용된다. 이러한 변수선택법은 설정된 회귀모형에 유의한 영향을 미치는 독립변수들을 모형에 포함시키는 방법에 따라 다음과 같이 3가지 방법으로 구분된다.

❒ 앞으로부터 선택(forward selection)

독립변수들 중에서 가장 큰 영향을 미치는 변수를 하나씩 추가해 가면서 주어진 유의수준에서 더 이상 중요한 변수가 없다고 판단될 때의 모형을 최적 모형으로 선택한다. 이 방법을 사용하는 경우 앞 단계에서 한번 선택된 변수는 모형에서 제거되지 않는다.

❒ 뒤로부터 제거(backward elimination)

모든 독립변수들을 포함하는 모형을 적합시킨 상태에서 모형에 가장 영향력이 작은 변수부터 하나씩 제거해 가면서 주어진 유의수준에서 더 이상 제거할 변수가 없을 때의 모형을 최적 모형으로 선택한다. 이 방법을 사용하는 경우 앞 단계에서 제거된 변수는 다시 모형에 포함될 수 없다.

❒ 단계별 회귀(stepwise regression)

앞으로부터 선택하는 방법과 뒤로부터 제거하는 방법은 앞에서 설명한 바와 같이 앞 단계에서 한 번 추가 또는 제거된 변수는 다음 단계에서 다시 고려되지 않는다. 그러므로 변수들 사이에 존재하는 관계에 의해 어느 특정 변수가 같이 포함되면 변수의 영향력이 커지는 경우 또는 특정변수가 포함되면 선택된 변수의 중요성이 현저하게 떨어지는 경우를 고려하지 못하는 문제점이 있다. 단계별 회귀는 이러한 문제점을 해결할 수 있는 방법으로 앞으로부터 선택하는 방법에서 변수를 추가할 때 앞 단계에서 선택된 변수가 새로운 변수가 추가되어도 중요성을 상실하지 않는지를 단계별로 확인하여 최적의 모형을 선택하는 방법이다.

R에서 위에서 설명한 변수선택 방법을 사용하기 위해서는 다음과 같이 사용되는 **step( )** 함수를 사용한다. 이 함수는 회귀모형을 추정하기 위한 **lm( )** 함수를 먼저 실행한 후에 사용해야 하며, 이 때 **lm( )** 함수에 의해 추정된 회귀모형을 이용하게 된다.

step( )	> 회귀모형 = lm(반응변수 ~ 설명변수 1+ 설명변수 2+ ⋯ + 설명변수 p, data=) > step(회귀모형, direction=)

위의 일반 사용형식에서 사용되는 옵션은 다음과 같은 의미로 사용된다.

- **회귀모형** : **lm( )** 함수에 의해 추정된 회귀모형 이름을 지정한다.
- **direction=** : 변수선택방법을 " "에 지정한다. 앞으로부터 선택방법을 사용하여 변수선택을 하고자 하는 경우 **forward**를 지정한다. **backward**는 뒤로부터 제거하는 방법을 사용하며, 단계별 회귀를 이용하기 위해서는 **both**를 지정한다.

이제 주어진 3개의 독립변수(키, 신체비, 허리둘레)를 고려하여 최적의 모형을 찾기 위한 방법으로 단계별 회귀 방법을 이용하는 예를 살펴보자.

Example 14.7

단계별 회귀방법을 이용한 다중회귀분석 수행하기 키(Height), 허리둘레(Waist), 키를 배꼽높이로 나눈 신체비(Ratio)가 설명변수이고, 몸무게(Weight)가 반응변수인 다중회귀모형에 대하여 단계별 회귀 방법을 사용해서 최적모형을 찾아보자.

```
> Model_2 = lm(Weight~Height+Ratio+Waist, data=Data_fin)
> step(Model_2, direction="both")
Start:  AIC=228.88
Weight ~ Height + Ratio + Waist

         Df Sum of Sq    RSS    AIC
- Ratio   1     48.87 2067.3 228.41
<none>                2018.5 228.88
- Waist   1    369.76 2388.2 237.64
- Height  1   1138.46 3156.9 255.50

Step:  AIC=228.41
```

```
Weight ~ Height + Waist

         Df Sum of Sq    RSS    AIC
<none>                2067.3 228.41
+ Ratio   1     48.87 2018.5 228.88
- Waist   1    348.71 2416.1 236.38
- Height  1   1199.20 3266.5 255.69

Call:
lm(formula = Weight ~ Height + Waist, data = Data_fin)

Coefficients:
(Intercept)       Height        Waist
   -99.6875       0.7789       1.1567
```

■■■ 결과분석

위에 제시된 결과는 단계별 회귀 방법에 의한 변수선택법의 단계별 결과와 최종적으로 적합된 모형의 회귀계수 값을 제공해준다. 이로부터 단계별 회귀 방법을 이용한 최적모형은

$$(\widehat{\text{체중}}) = -99.6875 + 0.7789 \times (\text{키}) + 1.1567 \times (\text{허리둘레})$$

와 같이 키(Height)와 허리둘레(Waist)를 포함하는 모형임을 알 수 있다.

14.3 가변수를 포함한 회귀분석 수행하기

앞에서 살펴본 단순회귀모형과 다중회귀모형에 대한 분석에서는 독립변수가 모두 키, 허리둘레와 같은 양적 변수(quantitative variable)인 경우만을 고려하였다. 그런데, 경제 및 사회 문제 등에서 관심의 대상이 되는 변수들은 이러한 양적인 형태만 가지는 것이 아니라 성별과 같이 질적 변수(qualitative variable)들을 포함하는 경우가 많이 있다. 이러한 질적 변수들도 양적변수들과 마찬가지로 선형회귀모형의 독립변수로 고려될 수 있으므로 독립변수에 질적 변수가 포함된 경우에 대해 살펴보자.

예를 들어 앞에서 살펴 본 몸무게(Weight)와 관련된 선형회귀모형에서 독립변수로 키(Height)와 함께 질적 변수인 성별(Gender)을 추가하여 분석해 보자. 여기서, 성별은 여자인 경우에 “F”로 남자인 경우에 “M”으로 입력되어 있으므로 이를 다음과 같이 가변수(dummy variable)를 이용하여 다시 정의할 수 있는데, 이러한 가변수를 지시변수라고도 한다.

$$\text{Gender}_n = \begin{cases} 1, & \text{성별이 F이면} \\ 0, & \text{성별이 M이면} \end{cases}$$

일반적으로 독립변수로 사용할 질적 변수의 수준의 개수가 m개 이면 $(m-1)$개의 가변수가 필요하게 된다. 여기서는 성별 변수가 갖는 수준의 수가 2(“F” 또는 “M”)

이므로 1개의 가변수만 필요하게 된다. 따라서 고려하고자 하는 회귀모형은 다음과 같이 설정할 수 있다.

$$\text{몸무게} = \beta_0 + \beta_1 \times \text{키} + \beta_2 \times \text{Gender}_n + \epsilon$$

이제, R을 이용해서 위와 같이 설정된 회귀모형을 추정하여 보자. 이를 위해서 7장에서 설명한 조건문을 활용하여 가변수 Gender_n을 먼저 생성해야 한다.

Example 14.8

가변수를 포함한 다중회귀분석 수행하기 키(Height)와 성별(Gender)이 설명변수이고, 몸무게(Weight)가 반응변수인 다중회귀모형에 대한 회귀분석을 수행해 보자. 여기서, 성별을 나타내는 변수 Gender는 질적 변수이므로 가변수를 먼저 생성해야 한다. 7장에서 설명된 **ifelse( )** 함수를 이용하여 다음과 같이 가변수 Gender_n을 먼저 생성한 다음 동일한 방법으로 **lm( )** 함수를 이용하여 회귀분석을 수행하면 된다.

```
> Data_fin$Gender_n = ifelse(Data_fin$Gender == "F", 1, 0)
> Model_3 = lm(Weight~Height+Gender_n, data=Data_fin)
> summary(Model_3)

Call:
lm(formula = Weight ~ Height + Gender_n, data = Data_fin)

Residuals:
     Min       1Q   Median       3Q      Max 
-12.0864  -3.5054  -0.3823   3.6750  10.1025 

Coefficients:
            Estimate Std. Error t value Pr(>|t|)    
(Intercept) -36.0919    23.7898  -1.517    0.134    
Height        0.6196     0.1372   4.516 2.94e-05 ***
Gender_n     -9.4876     2.1970  -4.318 5.88e-05 ***
---
Signif. codes:  0 '***' 0.001 '**' 0.01 '*' 0.05 '.' 0.1 ' ' 1

Residual standard error: 5.508 on 61 degrees of freedom
Multiple R-squared:  0.7435,	Adjusted R-squared:  0.735 
F-statistic: 88.39 on 2 and 61 DF,  p-value: < 2.2e-16
```

■■■ 결과분석

위 결과를 이용하여 다음과 같이 추정된 회귀식을 구할 수 있다.

$$(\widehat{\text{몸무게}}) = -36.0919 + 0.6196 \times \text{키} - 9.4876 \times \text{Gender}_n$$

그리고 위의 추정된 회귀식을 다음과 같이 표현할 수도 있다.

$$(\widehat{\text{몸무게}}) = \begin{cases} -36.0919 + 0.6196 \times \text{키} - 9.4876, & \text{여학생인 경우} \\ -36.0919 + 0.6196 \times \text{키}, & \text{남학생인 경우} \end{cases}$$

이와 같이 설정된 회귀모형에 대해서 유의성 검정을 하기 위한 검정통계량 F값은 **F-statistics: 88.39**이고, 이에 대한 유의확률 값이 **p-value: < 2.2e-16**으로 0에 가까운 값이므로 유의수준 5%에서 적합된 모형은 통계적으로 유의하다고 할 수 있으며, 이 모형의 설명력은 수정된 R제곱 값인 **Adjusted R- Squared:** 값이 0.735이므로 전체 자료를 약 73.5% 설명하고 있음을 알 수 있다.

R 함 수 요 약 — 단계 5

모평균 검정하기

```
> t.test(변수 이름, mu= , alternative=, conf.level= )
> t.test(변수1, 변수2, var.equal=, alternative=,
                                    conf.level= )
> t.test(반응변수 ~ 그룹변수, var.equal= , alternative= ,
                                    conf.level= )
> t.test(변수1, 변수2, paired=T, alternative=, conf.level=)
```

모분산 동질성 검정하기

```
> var.test(변수1, 변수2, alternative= , conf.level= )
> var.test(반응변수 ~ 그룹변수, alternative= , conf.level= )
```

분산분석하기

```
> oneway.test(반응변수 ~ 요인(그룹)변수, var.equal= )
> A=aov(반응변수 ~ 요인(그룹)변수)
> summary(A)
```

범주형자료분석

```
> chisq.test(x= , p= , rescale.p= )
> chisq.test(범주형 변수 1, 범주형 변수 2)
> chisq.test(행렬 이름)
```

산점도 작성 및 격자선 표시하기

```
> plot(x축 변수, y축 변수, main= , xlab= , ylab= )
> grid(nx=, ny= , col= )
> plot(데이터 프레임 이름[ , c("변수 1", "변수 2", … )])
```

상관분석

```
> cor(변수 1, 변수 2)
> cor(데이터 프레임 이름[ , c("변수 1", "변수 2", … )])
> cor.test(변수 1, 변수 2)
```

단순회귀분석

```
> lm(반응변수 ~ 설명변수, data= )
> A=lm(반응변수 ~ 설명변수)
> summary(A)
> anova(A)
> A = lm(반응변수 ~ 설명변수)
> plot(반응변수 ~ 설명변수, 데이터프레임 이름)
> abline(A)
```

다중회귀분석

```
> lm(반응변수 ~ 설명변수 1 + 설명변수 2 + …
                          + 설명변수 p, data= )
> 회귀모형 = lm(반응변수 ~ 설명변수 1 + 설명변수 2 +
                          … + 설명변수 p, data= )
> step(회귀모형, direction= )
```

찾아보기 | R 함수

찾아보기 Example

Chapter 11

Chapter 12

Chapter 13

Chapter 14

저자 소개

정기문
경성대학교 빅데이터 응용통계학과 교수

한성실
부경대학교 데이터정보과학부 통계 · 데이터사이언스 전공 강사

R 데이터분석 입문

저 자	정기문 · 한성실
발 행 인	김지영
발 행 처	자유아카데미
주 소	경기도 파주시 회동길 37-42 파주출판도시
전 화	031-955-1321
팩 스	031-955-1322
홈페이지	www.freeaca.com
전자우편	main@freeaca.com (대표) editor@freeaca.com (편집) crm@freeaca.com (영업)
등 록	제406-2003-017호, 1980. 7. 12
제1판1쇄	2024년 2월 28일 발행

저자와의
협의하에
인지생략

무단 복제를 금하며, 잘못된 책은 바꾸어 드립니다.
ISBN 979-11-5808-587-2 93310